Paris
1819

Sismondi, Jean-Charles-Léonard Simonde de

Nouveaux principes d'économie politique, ou de la Richesse dans ses rapports avec la population

1

NOUVEAUX
PRINCIPES D'ÉCONOMIE
POLITIQUE.

I.

Je déclare que je poursuivrai les contrefacteurs selon toute la rigueur des lois.

Delaunay

IMPRIMERIE DE FAIN, PLACE DE L'ODÉON.

NOUVEAUX
PRINCIPES D'ÉCONOMIE
POLITIQUE,

ou

DE LA RICHESSE

DANS SES RAPPORTS AVEC LA POPULATION;

PAR J.-C.-L. SIMONDE DE SISMONDI,

Correspondant de l'Institut de France, de l'Académie impériale
de Saint-Pétersbourg, de l'Académie royale des sciences de
Prusse, membre honoraire de l'Université de Wilna, de
l'Académie et de la Société des arts de Genève, des Académies
italienne, des Georgofili, de Cagliari, de Pistoia, etc.

TOME PREMIER.

A PARIS,

Chez {DELAUNAY, Libraire, Palais-Royal, galerie de bois.
{Treuttel et Wurtz, Libraires, rue de Bourbon, n°. 17.

1819.

AVERTISSEMENT.

~~~~~~~~~~~~~

L'ouvrage que je soumets aujourd'hui au jugement du public peut, à plusieurs égards, être considéré comme un développement de l'article *Économie politique*, que j'ai inséré dans l'Encyclopédie d'Édimbourg.

Lorsque les éditeurs de cet immense recueil, où l'on trouve tant de savoir uni à des vues si nobles, me firent l'honneur de me demander un article sur cette science, j'acceptai, croyant n'avoir à faire autre chose qu'à exposer des principes universellement admis, à montrer le point où était parvenue une théorie que je considérais comme arrêtée. En effet, j'étais persuadé qu'il n'y avait plus autre chose à faire en économie politique que de répandre, parmi les gouvernans et parmi la masse du peuple, une doctrine sur laquelle les théoriciens me paraissaient universellement d'accord. Je n'avais pas fait autre chose dans divers écrits, que j'avais publiés moi-même à différentes occasions, ou sur l'ensemble de la science, ou sur plusieurs de ses branches. Je me flattais quelquefois d'avoir exposé plus clairement le système d'Adam Smith, mais sans rien ajouter à ses idées, et il ne me semblait pas que les écrivains mes contemporains fussent plus hardis que moi ou fussent plus heureux dans leur hardiesse.

L'ouvrage que j'entrepris pour l'Encyclopédie devait être clair et court. Un écrivain ne peut se flatter d'arriver à ces deux qualités qu'en suivant la marche propre de ses idées, au lieu de se soumettre à celle d'aucun autre. Je remontai aux principes, j'en tirai les conséquences à ma manière, et je recommençai la théorie, comme si rien n'était encore établi. Je ne recourus à aucun livre, sur un sujet qui était depuis si long-temps l'objet de mes méditations; je marchai seul, distinguant à peine ce que je trouvais dans ma mémoire, de ce qui était le résultat d'un raisonnement nouveau. De cette manière, sans en avoir seulement la prétention, je demeurai absolument dégagé de toute autorité systématique.

Il me semble que par cette méthode j'obtins plus de précision dans l'exposition des principes que je regardais depuis long-temps comme arrêtés ; mais surtout, et c'est ce qui me frappa davantage, ils me conduisirent à des résultats très-nouveaux. Depuis plus de quinze ans que j'avais écrit sur la *Richesse commerciale*, j'avais très-peu lu de livres d'économie politique ; mais je n'avais cessé d'étudier les faits. Quelques-uns m'avaient paru rebelles aux principes que j'avais adoptés. Tout à coup ils me semblèrent se classer, s'expliquer l'un l'autre, par le nouveau développement que je donnais à ma théorie. Plus j'avançai et plus je me persuadai de l'importance et de la vérité des modifications que j'apportais au système d'Adam Smith. Tout ce qui jusqu'alors était resté obscur dans la science, considéré de ce nouveau point de vue, s'éclaircissait, et mes principes me donnaient la solution de difficultés auxquelles je n'avais point songé d'avance.

Je terminai mon petit écrit pour l'Encyclopédie; mais je me bornai à y indiquer légèrement tout ce qui me paraissait être des vues nouvelles. Les ouvrages de cette nature doivent être des dépôts où l'on ne peut admettre que les faits et les principes sur lesquels on est universellement d'accord. C'est un monument élevé à la science dans son état actuel, et non un échaffaudage pour la pousser plus loin : toute controverse y serait déplacée, et tout ce qui reçoit un prix particulier du moment présent y serait perdu.

J'ai donc cru convenable de reprendre sous œuvre le même traité, pour développer de préférence ce que je n'avais qu'effleuré, pour établir aussi solidement que j'en suis capable ce que je n'avais hasardé qu'avec timidité. J'étais vivement ému de la crise commerciale que l'Europe a éprouvée dans ces dernières années ; des souffrances cruelles des ouvriers de manufactures,

dont j'avais été témoin en Italie, en Suisse
et en France, et que tous les rapports publics montraient avoir été au moins égales en Angleterre, en Allemagne et en Belgique. J'étais persuadé que les gouvernemens, que les nations faisaient fausse
route, et qu'ils aggravaient la détresse à
laquelle ils s'efforçaient de remédier. J'a-
vais observé avec un sentiment non moins
douloureux les efforts combinés des propriétaires, des législateurs, des écrivains,
pour changer les systèmes d'exploitations
qui répandaient le plus de bonheur dans
les campagnes, et détruire l'aisance des
paysans, dans l'espérance d'obtenir un plus
grand produit net. Les gouvernans comme
les écrivains me paraissaient s'égarer à la re-
cherche, tantôt de ce qui peut augmenter le
plus la richesse, tantôt de ce qui peut augmenter le plus la population ; tandis que
l'une et l'autre, considérées isolément, ne
sont que des abstractions; et que le vrai
problème de l'homme d'État, c'est de trouver la combinaison et la proportion de population et de richesse qui garantira le plus

de bonheur à l'espèce humaine sur un espace donné. De tous côtés il me semblait
voir des gens de bien qui faisaient le mal,
des patriotes qui ruinaient leur pays, des
âmes charitables qui multipliaient les pauvres. Peut-être m'accusera-t-on de pré-
somption, pour avoir attaqué les opinions
de tant d'hommes dont j'honore également
et les lumières et le caractère ; mais, lorsqu'il s'agit de la science du bien public,
un honnête homme ne doit se laisser arrêter par aucune considération personnelle.

Tout ce qui était à peine ébauché dans
mon article d'Encyclopédie me paraît ici
placé sous un jour suffisant, et je me flatte
d'être compris sans fatigue. Peut-être les
lecteurs plus instruits croiront-ils d'abord
repasser dans une ornière rebattue, puisque
les principes d'Adam Smith m'ont constamment servi de guide : c'est cependant de ces
principes, mais en y ajoutant le complé-
ment que je crois nécessaire, qu'ils verront
sortir des conséquences très-différentes. Je
les prie donc de ne point se rebuter en me
suivant dans ce qui leur paraîtra l'exposi-

tion de vérités connues : je les prie de nouveau, lorsqu'ils verront arriver ces conséquences inattendues, de ne point les
rejeter sans examen. J'ai suivi long-temps
la route où ils sont aujourd'hui, et le public a paru juger, lorsque je publiai ma
Richesse commerciale, que si je n'y avais
pas fait de découvertes, du moins je l'a-
vais bien connue. Les motifs qui m'ont fait
abandonner des opinions que j'avais développées avec zèle, me semblent mériter
quelque attention.

Je ne me suis point fait scrupule d'in-
sérer textuellement dans cet ouvrage la
plus grande partie de mon article de l'Encyclopédie : il en forme à peu près le tiers.
Toutes les fois que je croyais avoir exprimé
nettement ma pensée, il aurait été fasti-
dieux de chercher une manière nouvelle
pour redire les mêmes choses, et elles y
auraient perdu sans doute en précision.
D'ailleurs cet ouvrage n'étant publié qu'en
anglais, j'avais moins, en changeant de
langue, le sentiment de me répéter moi-
même. Mais quoique ce petit écrit contînt

le germe de mes idées sur la formation du
revenu , et sur la manière dont il doit limiter la consommation , puis la production ; sur le développement qui convient à
la richesse territoriale , sur les effets d'une
concurrence illimitée , sur ceux des progrès
des machines , enfin sur les limites naturelles de la population , que M. Malthus
me paraît avoir méconnues , ce n'est qu'ici
que j'ai osé donner à ces idées le développement dont elles me paraissent susceptibles, et que j'en ai montré les applications
importantes à la science qui se charge de
veiller au bonheur de l'espèce humaine.

NOUVEAUX
PRINCIPES D'ÉCONOMIE
POLITIQUE.

LIVRE PREMIER.

OBJET DE L'ÉCONOMIE POLITIQUE, ET ORIGINE DE CETTE SCIENCE.

CHAPITRE PREMIER.

Double but de la science du gouvernement.

La science du gouvernement se propose, ou doit se proposer pour but le bonheur des hommes réunis en société. Elle cherche les moyens de leur assurer la plus haute félicité qui soit compatible avec leur nature ; elle cherche en même temps ceux de faire participer le plus grand nombre possible d'individus à cette félicité. Dans aucune des sciences politiques on ne doit perdre de vue ce double but des efforts du législateur : il doit soigner tout ensemble le degré de bon-

heur que l'homme peut atteindre par l'organisation sociale et la participation équitable de
tous à ce bonheur. Il n'a point accompli sa tâche si, pour assurer des jouissances égales à tous,
il rend impossible le développement complet
de quelques individus distingués, s'il ne permet à aucun de s'élever au-dessus de ses semblables, s'il n'en présente aucun comme modèle à
l'espèce humaine, et comme guide dans les
découvertes qui tourneront à l'avantage de
tous. Il ne l'a pas accomplie davantage si,
n'ayant pour but que la formation de ces êtres
privilégiés, il en élève un petit nombre au-
dessus de leurs concitoyens, au prix des souffrances et de la dégradation de tous les autres.
La nation où personne ne souffre, mais où personne ne jouit d'assez de loisir ou d'assez d'aisance pour sentir vivement et pour penser
profondément, n'est qu'à demi civilisée, lors
même qu'elle présenterait à ses classes inférieures une assez grande chance de bonheur.
La nation où la grande masse de la population
est exposée à de constantes privations, à des
inquiétudes cruelles sur son existence, à tout
ce qui peut courber sa volonté, dépraver sa
morale, et flétrir son caractère, est asservie,
dût-elle compter dans ses hautes classes des
hommes parvenus au plus haut degré de féli-

cité humaine, des hommes dont toutes les facultés soient développées, dont tous les droits soient garantis, dont toutes les jouissances soient assurées.

Lorsque le législateur, au contraire, ne perd pas plus de vue le développement de quelques-uns que le bonheur de tous, lorsqu'il réussit à organiser une société dans laquelle les individus peuvent arriver à la plus haute distinction d'esprit et d'âme, comme aux jouissances les plus délicates, mais dans laquelle en même temps tout ce qui porte le caractère humain est assuré de trouver protection, instruction, développement moral et aisance physique, il a accompli sa tâche; et sans doute c'est la plus belle que l'homme puisse se proposer sur la terre. C'est en suivant ce noble but que la science de la législation est la théorie la plus sublime de la bienfaisance. Elle soigne les hommes et comme nation, et comme individus; elle protége ceux que l'imperfection de toutes nos institutions met hors d'état de se protéger eux-mêmes, et l'inégalité qu'elle maintient cesse d'être une injustice, car dans ceux qu'elle favorise elle prépare à toute l'espèce de nouveaux bienfaiteurs.

Mais rien n'est plus commun dans toutes les sciences politiques que de perdre de vue l'une ou l'autre face de ce double but. Les uns, amans passionnés de l'égalité, se révoltent contre toute espèce de distinction : pour évaluer la prospérité d'une nation, ils comparent toujours l'ensemble de sa richesse, de ses droits et de ses lumières avec la quote part de chacun; et la distance qu'ils trouvent entre le puissant et le faible, l'opulent et le pauvre, l'oisif et le manouvrier, le lettré et l'ignorant, leur fait conclure que les privations des derniers sont des vices monstrueux dans l'ordre politique. Les autres, considérant toujours abstraitement le but des efforts des hommes, lorsqu'ils trouvent une garantie pour des droits divers, et des moyens de résistance, comme dans les républiques de l'antiquité, appellent cet ordre liberté, lors même qu'il est fondé sur l'esclavage des basses classes. Lorsqu'ils trouvent un esprit ingénieux, des réflexions profondes, une philosophie inquisitive, une littérature brillante, parmi les hommes distingués d'une nation, comme en France avant la révolution, ils voient dans cet ordre social un haut degré de civilisation, lors même que les quatre cinquièmes de la nation ne savent pas lire, et que toutes les provinces sont plongées dans une ignorance profonde. Lorsqu'ils trouvent une immense accumulation de richesses, une agriculture per-

fectionnée, un commerce prospérant, des manufactures qui multiplient sans cesse tous les
produits de l'industrie humaine, et un gouvernement qui dispose de trésors presque inépui-
sables, comme en Angleterre, ils appellent
opulente la nation qui possède toutes ces choses, sans s'arrêter à examiner si tous ceux qui
travaillent de leurs bras, tous ceux qui créent
cette richesse ne sont pas réduits au plus étroit
nécessaire, si le dixième d'entre eux ne recourt
pas chaque année à la charité publique, et si
les trois cinquièmes des individus de la nation
qu'ils appellent riche, ne sont pas exposés à plus
de privations qu'une égale proportion d'individus dans la nation qu'ils appellent pauvre.

L'association des hommes en corps politique n'a pu avoir lieu autrefois, et ne peut se
maintenir encore aujourd'hui qu'en raison de
l'avantage commun qu'ils en retirent. Aucun
droit n'a pu s'établir entre eux s'il n'est fondé
sur cette confiance qu'ils se sont réciproquement accordée, comme tendant tous au même
but. L'ordre subsiste, parce que l'immense
majorité de ceux qui appartiennent au corps
politique, voit dans l'ordre sa sécurité; et le
gouvernement n'existe que pour procurer, au
nom de tous, cet avantage commun que tous
en attendent.

Ainsi les biens divers, inégalement répartis dans la société, sont garantis par elle lorsque de leur inégalité même résulte l'avantage de tous. Les moyens de faire parvenir quelques individus à la plus haute distinction possible, les moyens de tourner cette distinction individuelle au plus grand avantage de tous, les moyens de préserver tous les citoyens également de la souffrance, et d'empêcher qu'aucun ne soit froissé par le jeu des passions ou la poursuite des intérêts de ses coassociés, tous ces objets divers font également partie de la science du gouvernement; car tous sont également essentiels au développement du bonheur national.

CHAPITRE II.

Division de la science du gouvernement. Haute politique
et économie politique.

La science du gouvernement se divise en deux grandes branches, d'après les moyens qu'elle emploie pour atteindre la félicité générale qui est son but. L'homme est un être mixte qui éprouve des besoins moraux et physiques, et son bonheur se compose aussi de conditions physiques et morales. Le bonheur moral de l'homme, autant qu'il peut être l'ouvrage de son gouvernement, est intimement lié avec son perfectionnement, et il est le but de la haute politique qui doit étendre sur toutes les classes de la nation l'heureuse influence de la liberté, des lumières, des vertus et des espérances. La haute politique doit enseigner à donner aux nations une constitution qui, par la liberté, élève et ennoblisse l'âme des citoyens, une éducation qui forme leur cœur à la vertu et ouvre leur esprit aux lumières, une religion qui leur présente les espérances d'une autre vie, pour les dédommager des souffrances de celle-ci. Elle doit chercher, non ce qui convient à un homme ou à une classe d'hommes, mais ce qui peut rendre plus heureux en les rendant meilleurs, tous les hommes soumis à ses lois.

Le bien-être physique de l'homme, autant qu'il peut être l'ouvrage de son gouvernement, est l'objet de l'économie politique. Tous les besoins physiques de l'homme, pour lesquels il dépend de ses semblables, sont satisfaits au moyen de la richesse. C'est elle qui commande le travail, qui achète les soins, qui procure tout ce que l'homme a accumulé pour son usage et pour ses plaisirs. Par elle la santé est conservée, la vie est soutenue, l'enfance et la vieillesse sont pourvues du nécessaire; la nourriture, le vêtement et le logement sont mis à la portée de tous les hommes. La richesse peut donc être considérée comme représentant tout ce que les hommes peuvent faire pour le bien-être physique les uns des autres; et la science qui enseigne au gouvernement le vrai système d'administration de la richesse nationale est par là même une branche importante de la science du bonheur national.

Le gouvernement est institué pour l'avantage de tous les hommes qui lui sont soumis; il doit donc avoir sans cesse en contemplation l'avantage de tous. De même que par la haute politique il doit étendre sur tous les citoyens les bienfaits de la liberté, des vertus et des lumières, il doit aussi, par l'économie politique, soigner pour tous, les avantages de la fortune nationale; il doit chercher l'ordre qui assurera au pauvre comme au riche une participation à l'aisance, aux douceurs, au repos de la vie; l'ordre qui ne laissera dans la nation personne en souffrance, personne dans l'inquiétude sur son lendemain, personne dans l'impossibilité de se procurer par son travail la nourriture, le vêtement, le logement, qui sont nécessaires à lui et à sa famille, pour que la vie soit une jouissance et non un fardeau. L'accumulation des richesses dans l'état n'est point, d'une manière abstraite, le but du gouvernement, mais bien la participation de tous les citoyens aux jouissances de la vie physique, que la richesse représente. Le dépositaire du pouvoir de la société est appelé à seconder l'œuvre de la Providence, à augmenter la masse du bonheur sur la terre, et à n'encourager la multiplication des hommes qui vivent sous ses lois qu'autant qu'il peut multiplier pour eux les chances de félicité.

Ce n'est point en effet d'une manière absolue que la richesse et la population sont les signes de la prospérité des états; c'est seulement dans leurs rapports l'une avec l'autre. La ri-

chesse est un bien lorsqu'elle répand l'aisance
dans toutes les classes; la population est un
avantage lorsque chaque homme est sûr de
trouver par le travail une honnête existence.
Mais un état peut être misérable encore que
quelques individus y accumulent des fortunes
colossales; et si sa population, comme celle de
la Chine, est toujours supérieure à ses moyens
de subsistance, si elle se contente pour vivre
du rebut des animaux, si elle est sans cesse menacée par la famine, cette population nombreuse, loin d'être un objet d'envie ou un
moyen de puissance, est une calamité.

L'ordre social perfectionné est en général
avantageux au pauvre aussi-bien qu'au riche,
et l'économie politique enseigne à conserver
cet ordre en le corrigeant, non pas à le renver-
ser. C'est une Providence bienfaisante qui a
donné à la nature humaine et des besoins et
des souffrances, parce qu'elle en a fait les ai-
guillons qui doivent éveiller notre activité, et
nous pousser au développement de tout notre
être. Si nous réussissions à exclure la douleur
de ce monde, nous en exclurions aussi la vertu;
de même, si nous pouvions en chasser le besoin, nous en chasserions aussi l'industrie. Ce
n'est donc point l'égalité des conditions, mais

le bonheur dans toutes les conditions que le législateur doit avoir en vue. Ce n'est point par
le partage des propriétés qu'il procure ce bonheur, car il détruirait ainsi l'ardeur pour le
travail, qui seul doit créer toute propriété, et
qui ne peut trouver de stimulant que dans ces
inégalités mêmes, que le travail renouvelle sans
cesse ; mais c'est au contraire en garantissant
toujours à tout travail sa récompense : c'est en
entretenant l'activité de l'âme et l'espérance,
en faisant trouver au pauvre aussi-bien qu'au
riche une subsistance assurée, et en lui faisant
goûter les douceurs de la vie dans l'accomplis-
sement de sa tâche.

Le titre qu'a donné Adam Smith à son immortel ouvrage sur cette seconde branche de la
science du gouvernement, *De la nature et des
causes de la richesse des Nations*, en est en
même temps la définition la plus précise. Il en
donne une idée bien plus exacte que le nom,
désormais adopté, d'*économie politique*. Du
moins ce nom doit-il être pris selon l'accep-
tion moderne du mot *économie*, dont nous
avons fait le synonyme d'*épargne*, et non dans
son sens étymologique de *loi de la maison*. On
appelle aujourd'hui *économie* l'administration
préservatrice et ménagère de la fortune ; et

c'est parce que nous disons, avec une sorte de tautologie, *économie domestique* pour l'administration d'une fortune privée, que nous avons pu dire *économie politique* pour l'administration de la fortune nationale.

CHAPITRE III.

Administration de la richesse nationale, avant que sa théorie
fût devenue l'objet d'une science.

DEPUIS que les hommes ont formé des corps
sociaux, ils ont dû s'occuper des intérêts communs que leur donnait leur richesse. Une partie de la fortune publique fut destinée, dès l'o-
rigine des sociétés, à pourvoir aux besoins publics. La perception et l'administration de ce
revenu national, qui n'appartient plus à chacun, mais à tous, devint une partie essentielle
de la science des hommes d'état. C'est celle
que nous nommons *la finance*.

Les fortunes privées, d'autre part, compli-
quèrent les intérêts de chaque citoyen ; elles
furent exposées aux attaques de la cupidité et
de la fraude ; elles doivent être défendues par
l'autorité publique, d'après le contrat fondamental des sociétés, qui avait réuni les forces
individuelles pour protéger chacun avec la
puissance de tous. Les droits sur la propriété,
les partages de celle-ci, les moyens de la transmettre, devinrent une des branches les plus
importantes de la jurisprudence civile ; et l'ap-

plication de la justice à la distribution de la fortune nationale fut une des fonctions les plus essentielles du législateur.

Le besoin avait stimulé l'industrie, et celle-ci avait créé divers genres de richesses à l'aide d'une expérience routinière. A mesure que les hommes acquirent plus de lumières, ils réfléchirent davantage sur les opérations par lesquelles ils pourvoyaient à leurs besoins; ils les réduisirent en corps de science, et ils éclairèrent leur théorie par des observations sur les lois générales de la nature. L'agriculture avait fourni aux premiers besoins de l'homme longtemps avant de devenir une science; mais, dans le temps où elle prodiguait ses trésors aux habitans de la Grèce et de l'Italie, des hommes ingénieux avaient réduit en corps de doctrine les moyens de multiplier cette partie de la richesse nationale : les métiers, les manufactures étaient nés dans l'intérieur des familles; mais bientôt les hommes industrieux empruntèrent aux naturalistes, aux physiciens, aux mathématiciens, la connaissance des propriétés des corps divers, et des moyens d'imiter ceux que produit la nature; celle des forces mortes que l'homme peut diriger, celle enfin des calculs de la dynamique; et l'industrie des villes eut sa science comme celle des champs.

Le commerce, qui comparait les besoins et les richesses des peuples divers, et qui rendait les dernières profitables à tous par des échanges, eut aussi la sienne; elle était fondée sur des connaissances variées, et elle supposait tout ensemble l'étude des choses, celle des nombres, celle des hommes et celle des lois.

Mais, tandis que chaque partie de la richesse publique avait une théorie, cette richesse elle-même n'en avait aucune. Les anciens avaient considéré la richesse publique comme un fait dont ils ne s'étaient jamais souciés de rechercher la nature ou les causes. Ils l'avaient entièrement abandonnée aux efforts individuels de ceux qui s'occupaient à la créer; et, lorsque le législateur était appelé de quelque manière à les limiter, il croyait encore n'avoir affaire qu'à des intérêts individuels, et il ne fixait jamais son attention sur l'intérêt pécuniaire de la généralité. Les sciences, qui avaient pour objet chacune des branches de la richesse nationale, ne se rapportaient point à un tronc commun; elles n'étaient point autant de corollaires d'une science générale; elles étaient traitées isolément, et comme si elles avaient eu en elles-mêmes leurs propres principes. Ainsi, dans l'établissement des impôts, le financier ne considérait que la résistance plus ou moins

grande qu'il trouverait dans le contribuable ;
l'égalité de la répartition, la certitude du recouvrement, tandis qu'il n'examinait jamais
quelle influence chaque nature de taxe aurait
sur l'accroissement ou la diminution de la fortune publique. Le jurisconsulte s'occupa avec
soin de toutes les garanties à donner à la propriété, de tous les moyens de la perpétuer dans
les familles, de tous les droits dormans qu'il
cherchait à réserver dans leur entier ou à faire
revivre ; mais il ne songea jamais, en inven-
tant ces hypothèques, ces substitutions, ces
distinctions ingénieuses entre le domaine réel
et utile, à s'enquérir s'il contribuait ainsi à
augmenter ou à diminuer la valeur de la propriété nationale, et s'il convenait à l'accroissement des richesses que l'intérêt de celui qui les
fait valoir fût partagé ou suspendu. L'agronome
ne considéra jamais que sous le rapport de l'intérêt du maître, et non sous celui de l'intérêt
public, la cruelle question de la culture par
esclaves ; et la législation rurale, industrielle,
commerciale, ne fut jamais fondée sur la re-
cherche de ce qui devait procurer le plus grand
développement de la richesse publique. Dans
la vaste collection des lois romaines, où l'on
trouve tour à tour tant de justesse d'esprit et
tant de philosophie subtile, et où les motifs de

la législation nous sont exposés avec autant de soin que ses règles, on ne rencontre pas une sanction qui soit fondée sur un principe d'économie politique, et ce défaut s'est maintenu jusqu'à ce jour dans nos lois. Quant aux philosophes de l'antiquité, ils s'occupaient d'enseigner à leurs disciples que les richesses sont inutiles au bonheur, plutôt que d'indiquer aux gouvernemens les lois par lesquelles ils en favorisent, celles par lesquelles ils en arrêtent l'accroissement (1).

Cependant l'esprit spéculatif des Grecs s'était proposé d'atteindre toutes les sciences humaines. Il nous reste un petit nombre d'écrits de leurs philosophes relatifs aux études économiques; il est juste de leur donner un moment d'attention, ne fût-ce que pour juger à quel point les principes de la création de la richesse ont pu être ignorés par des peuples qui arrivèrent cependant presque au plus haut terme connu du développement social, et qui rassemblèrent, pour une population nombreuse, tout ce qui peut rendre la vie douce, tout ce qui peut developper les organes de l'homme, comme tout ce qui peut former son esprit.

Xénophon, dans ses *Économiques*, après avoir défini l'économie, l'art d'améliorer sa

(1) Socrate, *in Xenoph OEconom.*, tom. VI, p. 441.

maison, et déclaré qu'il entendait par maison
toutes nos possessions, tout ce que nous tour-
nons à notre usage (1), considère cette économie sous le point de vue du philosophe,
plutôt que du législateur. Il insiste sur l'importance de l'ordre et dans la distribution des choses, et dans celle des ouvrages; il s'occupe de
la formation du caractère de la femme, qui
doit présider à cet ordre domestique; il la suit
dans la conduite des esclaves, et, tout en rap-
pelant que l'éducation de ceux-ci les rappro-
chait des animaux plus que des hommes, il re-
commande de les diriger par la douceur, l'é-
mulation, les récompenses. Il compare ensuite
les deux carrières qui peuvent mener à la fortune, celle des arts mécaniques et celle de l'a-
griculture; il justifie le mépris, alors universel, pour les premiers, en raison de ce qu'ils
débilitent le corps, qu'ils altèrent la santé,
qu'ils abrutissent l'âme, et qu'ils énervent le
courage, tandis qu'il fait une peinture char-
mante de l'agriculture, source de bonheur pour
les familles qui s'en occupent, et qu'il montre
son intime alliance avec la force de corps, le
courage, l'hospitalité, la générosité, et toutes
les vertus. Cet ouvrage respire un amour du

beau, de l'honnête, une douce philanthropie, une piété sincère et tendre, qui en rendent la lecture très-attrayante; mais ce n'est point là l'économie politique que nous cherchons.

Aristote, dans le premier livre de son *Traité de la République*, a consacré quatre ou cinq chapitres (VIII à XIII) à la science qui nous occupe; il lui donne même un nom plus propre à la désigner que celui que nous avons adopté : (*Chrématistique*, χρηματιςτική) *La Science des Richesses*. Sa définition des richesses, *l'abondance des choses ouvrées domestiques et publiques*, est fort juste (1). L'exposition de l'invention du numéraire ne l'est pas moins. Son esprit, riche en définitions et en distinctions, classe avec assez de précision les diverses manières d'acquérir, par l'agriculture, par les arts mécaniques et par l'intérêt des capitaux. De même que tous les anciens, il donne hautement la préférence à l'agriculture; puis il rejette toute sa *Chrématistique*, de la politique proprement dite : c'est la matière, dit-il, sur laquelle les lois s'exercent, et non leur objet.

D'après cette décision, on s'attendrait à trouver des choses plus précises dans ses deux livres

---

(1) Edit. Paris., fol., tom. II, pag. 304, *de Republicâ*.

sur *les Économiques*. Mais le texte grec de la
plus grande partie de ceux-ci a péri, et l'ouvrage ne repose plus que sur la foi douteuse
d'une traduction latine de Léonard Arétin. Le
premier livre est consacré aux personnes qui
composent la famille, le second aux choses.
Ce dernier commence par une division de l'administration économique des rois, des satra-
pes, des villes et des particuliers, qui semble
promettre des observations curieuses sur la richesse publique; cependant il ne se compose
que d'une énumération bizarre de tous les expédiens employés par des tyrans, des gouver-
neurs ou des villes libres, pour lever de l'argent dans les momens de détresse. Il n'y aurait pas probablement d'invention moderne de
la maltôte dont on ne trouvât quelque exemple dans ce livre; mais, ce qu'il y a d'étrange,
c'est qu'Aristote, ou l'auteur pseudonyme,
les rapporte sans ordre, bonnes et mauvaises,
et jusqu'aux plus violentes et aux plus extrava-
gantes, sans les blâmer ou en indiquer le danger.

Enfin Platon, dans le second livre de *la
République*, voulant exposer l'origine de la
cité ou de la société humaine, développe son
système économique avec une clarté et une
précision que ne surpasserait point un disciple
d'Adam Smith. L'intérêt réciproque, selon lui,

rapproche les hommes les uns des autres, et les force à réunir leurs efforts : Platon montre comment ce principe seul doit amener la division des métiers, comment chacun fit mieux la chose qu'il fit seul, et comment tous produisirent ainsi davantage. Le commerce est pour lui le résultat des progrès des manufactures et de l'agriculture ; et le premier encouragement qu'il demande pour ce commerce, c'est la liberté. Il distingue d'avec ce commerce actif et entreprenant, la routine sédentaire du boutiquier, qui se borne à débiter les biens que le marchand rassemble. Du progrès seul de la société il fait résulter l'opulence de quelques-uns de ses membres, qui se livrent à l'oisiveté, aux plaisirs ou à l'étude, justement parce que les autres travaillent. L'inégalité des biens, l'altération de la santé, celle de la justice, et les besoins croissans des cités rivales, lui font conclure enfin qu'il doit exister une population gardienne, maintenue aux dépens du reste du peuple, et par une participation à son travail (1).

Ce n'est pas sans quelque étonnement qu'on voit le philosophe qui, dans sa république, établira la communauté des biens et celle des

---

(1) *Divi Platonis de Rep.*, lib. II, p. 369, et seq., édit. fol. 1578, Henrici Stephani.

femmes, tout au moins pour sa population gardienne , analyser avec tant de justesse l'origine des intérêts pécuniaires et la formation de la société. Les anciens se laissaient quelquefois égarer par la vivacité de leur imagination, et ils étaient trop enclins à substituer l'essai de théories toutes spéculatives, aux leçons d'une expérience qui leur manquait. Mais du moins ils ne perdaient jamais de vue que la richesse n'avait de prix qu'autant qu'elle contribuait au bonheur national ; et justement parce qu'ils ne la considéraient jamais abstraitement , leur point de vue était quelquefois plus juste que le nôtre.

Les Romains nous ont laissé quelques livres sur l'économie rurale , mais aucun sur la science qui nous occupe.

Au reste, l'intérêt personnel n'attend pas que les philosophes lui aient tracé une théorie de la richesse avant de la rechercher; et les ruines de l'antique civilisation des Grecs et des Romains, que nous voyons encore subsister, nous attestent que l'opulence des nations peut arriver presque au plus haut terme, sans que la science qui enseigne à hâter ses développemens ait été cultivée.

CHAPITRE IV.

Première révolution opérée dans l'économie politique au seizième siècle, par les ministres de Charles-Quint.

Sɪ les Romains et les Grecs, parvenus au faîte de la civilisation, n'avaient point songé que l'économie politique pouvait être l'objet d'une science, eux qui avaient exercé leur esprit ingénieux sur une si grande variété de sujets, qui cherchaient à se rendre raison de tous les faits qu'ils observaient, et qui, jouissant d'une grande liberté, en avaient fait usage pour l'étude de la science des gouvernemens, et l'avaient portée, sous plusieurs rapports, à une si haute perfection, on ne devait pas s'attendre à ce que cette science naquît dans le moyen âge, lorsqu'on se permettait à peine une découverte dans un chemin qui n'aurait pas été tracé par les anciens, et lorsque le pouvoir de généraliser les idées semblait avoir été retiré aux hommes. En effet, c'est dans un temps bien plus rapproché de nous que l'attention des spéculateurs fut enfin ramenée sur les richesses nationales, par les besoins des états et la détresse des peuples.

Un grand changement survenu dans la politique générale de l'Europe, au seizième siècle, ébranla presque partout la liberté publique, opprima les petits états, détruisit les priviléges des villes et des provinces, et transporta le droit de disposer de la fortune nationale à un petit nombre de souverains absolument étrangers à l'industrie par laquelle les richesses s'accumulent ou se conservent. Jusqu'au règne de Charles-Quint, une moitié de l'Europe, soumise au régime féodal, n'avait point de liberté, point de lumières et point de finances; mais l'autre moitié, qui était déjà arrivée à un haut degré de prospérité, qui augmentait chaque jour sa richesse agricole, ses manufactures et son commerce, était gouvernée par des hommes qui avaient fait dans la vie privée l'étude de l'économie, qui, en élevant leur propre fortune, avaient appris ce qui convient à celle des états, et qui, chefs d'un peuple libre, envers lequel ils étaient responsables, prenaient l'intérêt de tous pour guide de leur administration, et non leur ambition privée. On ne voyait, au quinzième siècle, de richesse et de crédit que dans les républiques italiennes, dans celles de la ligue anséatique, les villes impériales de l'Allemagne, les villes libres de la Belgique et de l'Espagne, et peut-être encore quelques villes de France et d'Angleterre, qui jouissaient de grands priviléges municipaux. Les magistrats de toutes ces villes étaient des hommes constamment élevés dans les affaires, et qui, sans avoir réduit l'économie politique en principes, avaient cependant le sentiment aussi-bien que l'expérience de ce qui pouvait servir et de ce qui pouvait nuire aux intérêts de leurs concitoyens.

Les terribles guerres qui commencèrent avec le seizième siècle, et qui renversèrent tout l'équilibre de l'Europe, élevèrent au pouvoir absolu trois ou quatre monarques tout-puissans, qui se partagèrent le domaine de la civilisation. Charles-Quint réunit sous son empire tous les pays qui jusqu'alors avaient été célébrés pour leur industrie et leur richesse; l'Espagne, l'Italie presque entière, la Flandre et l'Allemagne; mais il les réunit après les avoir ruinés, et son administration, qui supprima tous leurs priviléges, les empêcha de se rétablir.

Les rois les plus absolus ne gouvernent pas plus par eux-mêmes que ceux dont l'autorité est limitée par les lois. Ils remettent leur pouvoir à des ministres qu'ils se figurent choisir, au lieu de prendre ceux qui leur seraient désignés par la confiance populaire. Mais ils les pren-

nent dans un autre ordre de personnes que les
gouvernemens libres. La première recomman-
dation à leurs yeux est celle d'un rang assez
élevé pour que leurs mandataires aient vécu
dans un noble loisir, ou tout au moins dans
une complète ignorance de l'économie domestique. Les ministres de Charles-Quint, quelque
talent qu'ils eussent pour les négociations ou
l'intrigue, étaient tous également ignorans
dans les affaires pécuniaires. Ils ruinèrent les
finances publiques, l'agriculture, les manufactures, le commerce, et toute espèce d'industrie, d'une extrémité à l'autre de l'immense
monarchie autrichienne, et ils firent sentir au
peuple toute la différence qu'on devait en effet
s'attendre à trouver entre leur ignorance, et les
connaissances pratiques des magistrats répu-
blicains.

Charles-Quint, et son rival François Ier., et
Henri VIII, qui voulait tenir entre eux la balance, s'étaient engagés dans des dépenses supérieures à leurs moyens. L'ambition de leurs
successeurs, et l'obstination de la maison d'Au-
triche, qui continua pendant plus d'un siècle
des guerres ruineuses, firent augmenter sans
cesse ces dépenses, en dépit de la misère publique. Mais plus la souffrance fut générale,
plus les amis de l'humanité sentirent l'obliga-

tion qui leur était imposée de prendre en mains
la défense du pauvre. Ce fut de la science des finances que naquit celle de l'économie politique,
par un ordre inverse à celui de la marche naturelle des idées. Les philosophes voulaient garantir le peuple des spoliations du pouvoir absolu; ils sentirent que, pour se faire écouter, il
fallait parler aux princes de leur intérêt, et non
de la justice ou du devoir; ils cherchèrent à
leur bien faire voir quelles étaient la nature et
les causes de la richesse des nations, pour leur
enseigner à la partager sans la détruire.

CHAPITRE V.

Le système mercantile.

Il y avait aux seizième et dix-septième siècles, trop peu de liberté en Europe, pour que les premiers philosophes qui s'occupèrent d'économie politique, pussent soumettre leurs spéculations aux yeux du public; et les finances étaient enveloppées d'un trop profond secret, pour que ceux qui n'étaient pas dans les affaires connussent les faits, d'où ils auraient pu déduire des règles générales. Aussi ce fut dans les ministères que commença l'étude de l'économie politique, lorsque, par un heureux hasard, les rois placèrent à la tête de leurs finances des hommes qui réunissaient les talens à la probité, et à l'amour du bien public.

Deux grands ministres en France, Sully sous Henri IV, et Colbert sous Louis XIV, portèrent les premiers quelque lumière sur un sujet, jusqu'alors considéré comme un secret d'état, où le mystère avait nourri et caché de monstrueuses erreurs. Malgré tout leur génie et toute leur puissance, rétablir dans les finances l'ordre, la clarté, et une certaine uniformité, était une tâche au-dessus de leurs forces. Cependant l'un et l'autre, après avoir réprimé les voleries effroyables des traitans, et avoir rendu, par leur protection, quelque sûreté aux fortunes privées, entrevirent les vraies sources de la prospérité nationale, et s'occupèrent de les faire couler avec plus d'abondance. Sully accorda surtout sa protection à l'agriculture : il répétait que *pâturage et labourage étaient les deux mamelles de l'état.* Colbert, qui paraît issu d'une famille engagée dans le commerce des draps, origine que la vanité de la cour de Louis XIV le contraignit à dissimuler, chercha surtout à faire prospérer les manufactures et le commerce. Il s'entoura des conseils des négocians, et il sollicita de partout leurs avis. Tous deux ouvrirent des routes et des canaux, pour faciliter les échanges entre les divers genres de richesses ; tous deux protégèrent l'esprit d'entreprise, et honorèrent l'activité industrieuse, qui répandait l'abondance dans leur pays.

Colbert, le plus récent de ces deux ministres, précéda de long-temps les écrivains qui ont traité de l'économie politique comme d'une science, et qui l'ont réduite en corps de doctrine. Il avait cependant un système sur la richesse nationale ; il en fallait un pour donner de l'ensemble à ses opérations, et pour dési-

gner clairement à sa vue l'objet auquel il voulait atteindre : ce système lui fut probablement
suggéré par les négocians qu'il consulta ; c'est
celui qu'on désigne par le nom de *mercantile*,
et quelquefois aussi par celui de *colbertisme*;
non que Colbert en soit l'auteur, non qu'il l'ait
développé dans aucun ouvrage , mais parce
qu'il est sans comparaison le plus illustre entre
ceux qui l'ont professé ; parce que , malgré
les erreurs de la théorie, il en a tiré des applications hautement utiles, et parce que ,
entre les nombreux écrivains qui ont exposé
les mêmes opinions, il n'y en a aucun qui ait
fait preuve d'assez de talent seulement pour
fixer son nom dans la mémoire des lecteurs (1).

Il est juste cependant de séparer absolument
le système mercantile du nom de Colbert; c'était
un système inventé par des marchands sujets et
non pas citoyens, qu'on écartait des affaires
publiques tout en leur demandant des conseils,

---

(1) Le système mercantile se trouve développé dans divers
ouvrages de Charles Davenant, 1699, 1700; dans Melon,
Essai politique sur le Commerce, 1734 ; dans James
Steuart, *Inquiry into the Principles of political œconomy*, 4 vol. Lond., 1763; et dans Anton. Genovesi, *Lez-
zioni di Commercio, ossia d'Economia civile*. Milano ,
2 vol., 1768.

et qu'on forçait de ne connaître que leurs propres intérêts, en leur faisant juger ceux des autres. C'était aussi un système adopté par tous
les ministres des gouvernemens absolus, lorsqu'ils se donnaient la peine de réfléchir sur les
finances ; et Colbert n'y a eu d'autre part que
celle de l'avoir suivi sans le réformer.

Après avoir long-temps traité le commerce
avec un orgueilleux mépris, les gouvernemens
avaient enfin reconnu en lui une des sources les
plus abondantes des richesses nationales. Toutes les grandes fortunes de leurs états n'appartenaient pas aux négocians ; mais quand ils
éprouvaient des besoins subits, quand ils voulaient lever à la fois des sommes considérables,
les négocians seuls les pouvaient servir. Les
propriétaires de terre avaient souvent d'immenses revenus, les chefs de manufactures faisaient exécuter d'immenses travaux ; mais les
uns et les autres ne pouvaient disposer que de
leurs rentes, que de leurs produits annuels ; les
négocians seuls offraient au besoin la totalité
de leur fortune au gouvernement. Comme leur
capital était représenté tout entier par des denrées déjà prêtes pour la consommation, par
des marchandises destinées à l'usage immédiat
du marché où ils les avaient transportées, ils
pouvaient les vendre d'une heure à l'autre, et

réaliser, avec moins de perte qu'aucun autre citoyen, les sommes qu'on leur demandait. Les
négocians trouvèrent donc moyen de se faire
écouter, parce qu'ils avaient en quelque sorte
le commandement de tout l'argent de l'état, et
qu'en même temps ils étaient presque indépendans de l'autorité; car ils pouvaient le plus
souvent soustraire aux coups du despotisme
une fortune qui demeurait inconnue, et la trans-
porter d'un moment à l'autre, avec leur personne, dans un pays étranger.

Les gouvernemens auraient volontiers augmenté les profits des marchands, sous condition de partager avec eux. Ils crurent qu'il ne
s'agissait pour cela que de s'entendre. Ils offri-
rent aux marchands la force pour appuyer l'industrie; et puisque le bénéfice de ceux-ci consistait à vendre cher, et à acheter bon marché,
ils crurent qu'ils protégeraient efficacement le
commerce, s'ils lui donnaient les moyens de
vendre plus cher encore, et d'acheter meilleur
marché. Les marchands qu'ils consultèrent,
saisirent avidement ces offres; c'est ainsi que
naquit le système mercantile. Antonio de Leyva,
Fernand de Gonzague, le duc de Tolède, ces
avides vice-rois de Charles-Quint et de ses
descendans, inventeurs de tant de monopoles,
n'avaient pas d'autre notion d'économie poli-

tique. Dès qu'on voulut cependant réduire en
système cette spoliation méthodique des consommateurs, dès qu'on en occupa des assem-
blées délibérantes, dès que Colbert consulta des
corporations, dès que le public enfin commença
à s'emparer de ces matières, il fallut chercher
une base plus honorable à ces transactions, il
fallut s'occuper, non pas seulement de l'avantage du financier et du marchand, mais de celui de la nation ; car les calculs de l'égoïsme
ne peuvent se présenter au grand jour ; et le
premier bienfait de la publicité, c'est de forcer
au silence les sentimens vicieux.

Le système mercantile reçut alors une forme
plausible ; et il faut sans doute qu'elle soit telle,
puisque, jusqu'à ce jour, elle a séduit le plus
grand nombre des gens d'affaire, dans la finance
et dans le commerce. La richesse, disent ces
premiers économistes, c'est l'argent. Les deux
mots étaient reçus presque comme synonymes
dans l'usage universel, et personne ne songea
à révoquer en doute l'identité de l'argent avec
la richesse. L'argent, ajoutèrent-ils, dispose
du travail de l'homme et de tous ses fruits;
c'est lui qui les fait naître, lorsqu'il offre de les
payer; c'est par lui que l'industrie se soutient
dans un état, c'est à lui que chaque individu
doit sa subsistance, et la continuation de sa

vie. L'argent est surtout nécessaire dans les rapports de nation à nation ; l'argent fait la force des armées et assure le succès de la guerre ; le peuple qui en a , commande à celui qui n'en a pas. Toute la science de l'économie politique doit donc avoir pour but de donner à la nation beaucoup d'argent. Mais l'argent que possède un état ne peut être augmenté en quantité , qu'autant qu'on en extrait de nouveau de la terre, ou qu'on en importe du dehors. Il faut donc ou travailler avec ardeur aux mines d'argent, si l'on en possède, ou chercher à se procurer , par le commerce étranger, celui que d'autres nations ont extrait de leurs mines.

En effet , ajoutent les auteurs de ce système , tous les échanges qui se font dans un pays, toutes les ventes , tous les achats que des Anglais, par exemple, contractent entre eux, n'augmentent pas d'un sou le numéraire enfermé entre les rivages de l'Angleterre ; par conséquent, tous les profits qu'on obtient par un commerce ou une industrie intérieurs sont illusoires. Les particuliers s'enrichissent bien , mais aux dépens d'autres qui se ruinent ; ce que l'un gagne, l'autre l'a perdu , et la nation ayant, après tous ces marchés, précisément le même nombre d'écus qu'auparavant , n'en est ni plus riche, ni plus pauvre, quelles qu'aient été l'industrie des uns, la fainéantise ou la prodigalité des autres.

Mais le commerce étranger a de tout autres conséquences, puisque toutes ses transactions étant accomplies avec de l'argent, son résultat naturel est d'en faire entrer, ou d'en faire sortir de l'état. Pour que la nation s'enrichisse, pour qu'elle augmente le nombre de ses écus, il faut donc régler son commerce étranger de telle sorte, qu'elle vende beaucoup aux autres nations, et qu'elle achète peu d'elles. En poussant le système à la rigueur on devrait dire, il faut qu'elle vende toujours et qu'elle n'achète jamais; mais comme on sait bien qu'une telle prohibition d'acheter, détruirait tout commerce, les auteurs de cette théorie se sont contentés de demander qu'une nation ne fît d'autres échanges que ceux dont le résultat final devrait lui être soldé en argent ; car, disent-ils, de même que chaque marchand, en traitant avec son correspondant, voit, au bout de l'année, s'il lui a plus vendu qu'acheté, et se trouve alors créancier ou débiteur d'une balance de compte qui est soldée en argent ; de même une nation, en additionnant tous ses achats et toutes ses ventes avec chaque nation, ou avec toutes ensemble, se trouve, chaque année, créancière ou débitrice d'une balance commerciale qui doit être soldée en argent. Si elle la paye, elle s'appauvrit constamment; si elle la reçoit, elle ne cesse de s'enrichir.

La conséquence nécessaire de ce système était de faire accorder par le gouvernement une faveur constante au commerce d'exportation; de l'appeler en même temps à surveiller sans cesse l'industrie, pour lui faire prendre la seule direction qui fût avantageuse à l'état sans l'être davantage aux particuliers. Il était reconnu que le marchand qui s'enrichissait dans un commerce intérieur n'enrichissait point sa patrie, qu'il la ruinait en lui faisant acheter des marchandises étrangères, et que, dût-il au contraire se ruiner lui-même en vendant des marchandises nationales aux étrangers, il profitait au public en faisant entrer des écus. Tout fut donc soumis à des règlemens, pour suppléer à l'intérêt privé auquel on ne croyait pas pouvoir se fier; l'industrie fut enrégimentée pour la forcer à exporter sans cesse, et les frontières furent couvertes de gardes, pour l'empêcher d'importer, ou pour retenir l'argent, si on voulait le faire sortir.

Les auteurs du système avaient encore représenté au gouvernement, que, pour tirer beaucoup d'argent des étrangers, il importait

de leur vendre , non pas les produits bruts du
territoire , mais ces produits après que l'industrie nationale en avait élevé la valeur; que les
manufactures des villes doublaient et souvent
décuplaient le prix des produits de la campagne ; que c'était donc les manufactures qu'il
importait d'encourager , et que l'autorité devait intervenir pour empêcher qu'une matière
première qui pourrait recevoir une grande valeur par une industrie nationale , ne passât aux
étrangers dans son état non ouvré , lorsqu'elle
ne valait encore que peu d'argent. Les règlemens nés du système mercantile , prirent donc
un second caractère ; ils prohibèrent la sortie
des matières premières , en encourageant celle
des matières ouvrées , et tout occupés des profits des marchands exportans , ils combinèrent
toute chose pour leur donner le moyen d'acheter
bon marché et de vendre cher , dût-il en résulter une perte évidente pour les autres classes de
la nation.

Le système mercantile n'est plus aujourd'hui
ouvertement professé par aucun écrivain, mais
il a laissé de profondes racines dans l'esprit de
tous ceux qui se mêlent du gouvernement. Il
agit encore par la force du préjugé , et par la
confusion du langage , sur ceux qui redoutent
de s'engager dans des théories abstraites. La

plupart des règlemens auxquels les peuples
sont assujettis, ne sont aujourd'hui même que
des applications de ce système, et la balance
commerciale n'existe que pour ceux qui l'adop-
tent, quoique plusieurs s'obstinent encore à la
calculer. Ce n'est point une tâche peu importante
que celle de ramener à leur origine les idées
généralement répandues, et de montrer à ceux
qui croient tenir un principe, qu'il n'est lui-
même que la conséquence d'une autre opinion
non encore discutée.

CHAPITRE VI.

Le système agricole ou des économistes.

Le système mercantile a été pendant un siècle universellement adopté par les cabinets, universellement invoqué par les négocians et les chambres de commerce, universellement commenté par les écrivains, comme s'il était démontré avec la plus haute évidence, sans que personne se donnât la peine de l'établir sur des preuves nouvelles. Mais, après le milieu du dix-huitième siècle, le docteur Quesnay lui opposa son tableau économique, commenté ensuite par Mirabeau et par l'abbé de Rivière, développé par Dupont de Nemours, analysé par Turgot, et adopté par une secte nombreuse qui se forma en France sous le nom d'économistes. Cette secte gagna aussi des partisans en Italie : c'est celle de toutes qui a le plus écrit sur la science qui nous occupe. Cependant elle avait admis les principes du docteur Quesnay avec une si aveugle confiance, elle y est demeurée si implicitement fidèle, qu'on découvre à peine quelque différence d'opinions ou quelque progrès entre ses écrivains (1).

Quesnay fonda donc le second système en économie politique, qu'on nomme encore le système des physiocrates, mais plus communément le système agricole ou économiste. Il commença par reconnaître que l'or et l'argent, signes de toutes les richesses, moyens d'échange entre tous les hommes, prix de tous les marchés, ne formaient point par eux-mêmes la richesse des états, et qu'on ne devait point juger de la prospérité d'une nation par la seule abondance de ces métaux précieux. Il porta ensuite ses regards sur les différentes classes d'hommes qui, tous attachés à gagner de l'argent et à faire circuler les richesses, lors même qu'ils en accumulaient pour eux, ne lui paraissaient encore occupés que d'échanges. Il cherchait à démêler entre eux quels étaient ceux qui avaient un pouvoir créateur. C'était chez eux que devait commencer la richesse, tandis que toutes les transactions du commerce lui

---

(1) *Tableau économique*, et *Maximes générales du Gouvernement économique*; par François Quesnay. Versailles, 1758. —*L'Ami des Hommes*, par Mirabeau. Paris, 1759. — *L'Ordre naturel et essentiel des Sociétés politiques*, par Mercier de La Rivière. Paris, 1767. — *Physiocratie*, par Dupont de Nemours. Paris, 1768.

semblaient ne faire autre chose que la transmettre de mains en mains.

Le négociant, qui porte d'un continent à l'autre les productions des deux hémisphères, et qui, rentré dans les ports de sa patrie, retrouve, lorsqu'il vend sa cargaison, une somme double de celle avec laquelle il avait commencé ses courses, ne parut néanmoins au docteur Quesnay avoir fait autre chose qu'un échange. S'il avait vendu aux colonies les étoffes d'Europe à un prix plus élevé qu'elles ne lui avaient coûté, c'est qu'elles valaient réellement davantage. Avec leur prix d'achat il devait encore se faire rembourser de la valeur de son temps, de ses soins, de sa subsistance, et de celle de ses matelots et de ses agens, pendant ses voyages. Il avait un remboursement semblable à prétendre sur le prix de vente des cotons ou des sucres qu'il rapportait en Europe. Si, à la fin de son voyage, il lui restait quelque profit, c'était le fruit de son économie et de son savoir-faire. Le salaire que lui avaient alloué les consommateurs pour la peine qu'il avait prise en voyage était plus ample que la somme qu'il avait dépensée; n'importe, car il est de la nature d'un salaire de devoir être dépensé en entier par celui qui le gagne; et, s'il avait dépensé le sien, il n'aurait rien ajouté à la ri-

chesse nationale par le travail de toute sa vie,
puisque les marchandises qu'il rapportait ne
faisaient que compenser tout juste la valeur
des marchandises qu'il avait données en échange, ajoutée au salaire de lui-même et de tous
ceux qui s'étaient employés avec lui dans son
commer.

D'après ce raisonnement, le philosophe
français donna au commerce de transport le
nom de *commerce d'économie*, qui lui est
demeuré. Il n'est, dit-il, point destiné à pourvoir aux besoins de la nation qui l'exerce, mais
seulement à servir les convenances de deux nations étrangères. La première n'en retire d'autre bénéfice qu'un salaire, et ne peut s'enrichir
que par l'économie qu'elle fait sur ce salaire.

Le docteur Quesnay, passant ensuite aux manufactures, les considéra comme un échange,
tout aussi bien que le commerce. Mais, au lieu
d'avoir pour objet deux valeurs présentes, leur
contrat primitif fut à ses yeux l'échange du présent contre l'avenir. Les marchandises produites par le travail de l'artisan ne furent, selon
lui, que l'équivalent de son salaire accumulé.
Pendant qu'il travaillait il avait consommé
pour vivre les fruits de la terre; un autre produit de la terre était l'objet de son travail. Mais
le tisserand devait retrouver dans le prix de la

toile détachée de son métier, d'abord le prix
du lin ou du chanvre dont elle était fabriquée,
ensuite le prix du blé et de la viande qu'il avait
consommés pendant tout le temps qu'il avait
été occupé à la filer et à la tisser. L'ouvrage
qu'il avait achevé ne représentait autre chose
que ces diverses valeurs accumulées.

Enfin l'économiste français porta ses regards
sur l'agriculture. Le laboureur lui parut être
dans la même condition que le commerçant et
l'artisan. Comme le dernier, il fait avec la terre
un échange du présent contre l'avenir. Les récoltes qu'il fait naître renferment la valeur accumulée de son travail ; elles lui paient un salaire auquel il a le même droit que l'artisan et
le marchand, car c'est de même la compensation de tous les fruits de la terre qu'il a consommés pour en faire naître de nouveaux.
Mais, après que ce salaire a été prélevé, il
reste un revenu net qu'on ne voyait point naître des manufactures ou du commerce : c'est
celui que le laboureur paie au propriétaire pour
l'usage de sa terre.

Ce revenu des propriétaires de terre parut à
Quesnay d'une nature toute différente de tous
les autres. Ce n'étaient point des *reprises*, selon l'expression qu'il avait adoptée pour désigner le recouvrement des avances faites aux

travailleurs; ce n'était point un salaire, ce n'é-
tait point le résultat d'un échange, mais le prix
du travail spontané de la terre, le fruit de la
bienfaisance de la nature; et puisque seul il ne
représentait point des richesses préexistantes,
seul il devait aussi être la source de toutes les
autres. En suivant la valeur de toutes les choses
créées, sous toutes leurs transformations, Quesnay voyait toujours leur première origine dans
les fruits de la terre. Le travail du laboureur,
de l'artisan, du marchand, consommait ces
fruits comme salaires, et les reproduisait sous
des formes nouvelles. Le propriétaire seul les
recevait à la source, des mains de la nature, et
par eux il se trouvait en état de payer un salaire à tous ses compatriotes, qui ne travaillaient que pour lui.

Ce système ingénieux renversait, par ses bases, celui des mercantiles. Les économistes
niaient l'existence de cette balance commerciale, à laquelle leurs antagonistes attachaient
tant d'importance. Ils croyaient impossible
d'attirer du dehors, dans un pays, un courant
non interrompu d'espèces monnayées, et,
eût-on pu y réussir, ils n'y voyaient aucun
avantage; ils refusaient enfin la faculté de rien
produire aux artisans et aux négocians, favoris
du système mercantile; car, divisant la nation

en trois grandes classes, ils n'y reconnaissaient
que des propriétaires de terre, seuls dispensateurs de la fortune nationale ; des laboureurs,
seuls ouvriers productifs qui faisaient naître le
revenu des premiers ; et des salariés, parmi lesquels ils rangeaient aussi-bien les négocians et
les artisans, que tous les officiers de l'état, destinés à y maintenir l'ordre et la sûreté.

Les conseils que les deux sectes donnaient
au gouvernement ne différaient pas moins que
leurs principes. Tandis que les mercantiles
voulaient faire intervenir l'autorité en toute
chose, les économistes lui répétaient sans cesse :
Laissez faire et laissez passer; car, de même
que l'intérêt public se compose de la réunion
de tous les intérêts personnels, l'intérêt personnel est pour chaque homme un meilleur guide
vers l'intérêt public que le gouvernement.

En politique, les économistes, voyant dans
les propriétaires de terre les hôtes qui rece-
vaient la nation entière dans leurs foyers, les
dispensateurs de toute richesse, et les maîtres
de la subsistance dè tous leurs concitoyens, les
considérèrent aussi comme seuls souverains de
l'état. Leurs principes les conduisaient à l'établissement d'une aristocratie absolue, quoiqu'ils les
accommodassent au gouvernement monarchi-
que sous lequel ils étaient nés. Les devoirs qu'ils

imposaient aux propriétaires fonciers et à l'autorité publique étaient les mêmes, et la disposition de toute la force sociale devait demeurer
entre les mains de ces propriétaires.

En finance, les économistes, confondant
tous les revenus dans celui que la terre donne annuellement à ses propriétaires, ne dou-
taient point que tous les impôts, sous quelque
forme qu'ils fussent perçus, ne fussent acquit-
tés en dernière analyse par ce revenu; ils esti-
maient donc que le fisc devait demander directement l'impôt unique à celui qui, en dernière
analyse, devait toujours le payer; que cet impôt devait toujours être assis sur le revenu de
la terre, et que toute autre manière de le percevoir avait pour résultat de coûter beaucoup
plus cher au même propriétaire qui le rem-
boursait, et de vexer inutilement tous ceux qui
en faisaient l'avance.

En administration, les économistes profes-
saient que tout l'art du gouvernement devait
tendre à garantir aux sujets de la première
classe, ou aux propriétaires de terre, l'entière
disposition du terrain, et la jouissance paisible
de ses fruits; à la seconde, ou aux cultivateurs,
leur salaire et la restitution de leurs dépenses
annuelles; à la troisième, classe subordonnée
qui comprend les fabricans, les commerçans,

ceux qui cultivent les beaux-arts, et ceux qui exercent les métiers, tous les droits qu'ils exprimaient par les trois mots de *liberté*, *immunité* et *concurrence*.

Dans les relations du commerce extérieur, les économistes établissaient en principe qu'on ne défendrait jamais la sortie d'aucune production ou d'aucune marchandise nationale;

Qu'on ne défendrait jamais l'entrée d'aucune production ou d'aucune marchandise étrangère;

Qu'on ne mettrait jamais aucun impôt sur l'exportation des productions et des marchandises du pays;

Qu'on ne mettrait jamais aucun impôt sur l'importation des productions et des marchandises venant de l'étranger;

Qu'on ne mettrait dans les ports et dans les marchés aucune différence entre les étrangers et les nationaux.

Une très-grande fermentation fut excitée chez les Français par le système des économistes. Le gouvernement de cette nation lui permettait alors de s'occuper des affaires publiques, mais non pas de les connaître. La discussion sur la théorie était assez libre; mais aucun des faits, aucun des documens dont l'administration était dépositaire ne devait être

mis sous les yeux du public. On peut reconnaître, dans le système des économistes français,
les effets de ce mélange de théorie ingénieuse
et d'ignorance involontaire. Il séduisit la nation,
parce que, pour la première fois, il l'occupa de
ses affaires. Mais dans le même temps naissait
chez une nation libre, et qui avait le droit de
savoir les siennes, un système non moins ingénieux, et bien plus nourri de faits et d'observations ; système qui, après une courte lutte,
repoussa enfin les deux autres dans l'ombre,
parce que la vérité triomphe toujours à la fin
des erreurs, même les plus brillantes.

CHAPITRE VII.

Système d'Adam Smith. Division du reste de cet ouvrage.

Aᴅᴀᴍ Smith, auteur du troisième *système d'Économie politique*, au lieu de chercher, comme ses prédécesseurs, à inventer *à priori* une théorie à laquelle il s'efforcerait ensuite de rattacher tous les faits, reconnut que la science du gouvernement était expérimentale; qu'elle ne pouvait se fonder que sur l'histoire des peuples divers, et que c'était seulement d'une observation judicieuse des faits qu'on pouvait déduire des principes. Son immortel ouvrage, *De la nature et des causes de la richesse des Nations*, qu'il publia en 1776, et qu'il avait fait précéder, dès 1752, de *Leçons sur l'Économie politique*, est presque aussi précieux, par le jour qu'il jette sur l'histoire du genre humain, et par l'analyse des révolutions économiques des temps passés, que par les lois générales de l'accroissement des richesses qu'on y vit exposées pour la première fois.

Rejetant également deux systèmes exclusifs, dont l'un ne voulait attribuer la richesse qu'au commerce, et l'autre qu'à l'agriculture, Adam Smith en chercha la source dans le travail. Tout travail qui laisse après lui une valeur échangeable, lui parut productif, soit qu'il appartînt aux champs ou à la ville, soit qu'il créât l'objet échangeable, qui devenait partie de la richesse, soit qu'il augmentât la valeur d'une chose qui existait déjà.)

De même que le travail fut à ses yeux le seul créateur de la richesse, l'économie fut pour lui le seul moyen de l'accumuler. L'économie créa les capitaux, nom sous lequel il ne comprit pas seulement l'or et l'argent, comme faisaient les économistes mercantiles, mais les richesses de tout genre, amassées par le travail de l'homme, et employées par leurs propriétaires, moyennant un bénéfice, à faire exécuter un nouveau travail.

La richesse nationale se composa, à ses yeux, de la terre, qui, rendue productive par le travail de l'homme, non-seulement compense ce travail avec avantage, mais produit encore, en faveur de son propriétaire, un revenu net qu'il nomma la rente; des capitaux, qui, employés à animer l'industrie, la rendent lucrative, en sorte que leur circulation produit pour leurs propriétaires un second revenu qu'il nomma le profit; du travail, enfin, qui pro-

duit pour ceux qui l'exécutent un troisième revenu qu'il nomma le salaire.

Adam Smith ne reconnut pas seulement que
chaque espèce de travail contribuait à son tour
à l'avantage de tous et à l'accroissement de la
richesse; il établit en principe que la société
demandait alternativement le travail dont elle
avait le plus besoin, par l'organe de ceux qui
s'offraient à le payer; que ces demandes et ces
offres étaient la seule expression de ses convenances à laquelle on pût se fier, et que l'autorité pouvait, avec une pleine sécurité, se reposer sur l'intérêt individuel, quant à la marche de l'industrie.

Il affirma que le travail qui serait le plus demandé serait toujours le plus convenable à l'intérêt de tous; qu'il serait, par cette raison, le
mieux payé; qu'il serait aussi le mieux exécuté.
A mesure que la richesse s'augmentait, et que
la nation pouvait disposer de plus de capitaux
et de plus de bras, il jugea qu'elle exploiterait
l'agriculture, le commerce intérieur, les manufactures destinées à la consommation intérieure, le commerce étranger, les manufactures destinées à la consommation étrangère,
enfin le commerce de transport : il affirma que
la demande du marché déterminerait toujours
le passage des capitaux et des bras, d'une in-

dustrie languissante à une industrie plus profitable ; il ne demanda au gouvernement d'autre faveur, pour l'agriculture ou le commerce, qu'une entière liberté, et il appuya tout l'espoir du développement des richesses nationales sur *la concurrence* (1).

Il serait superflu d'exposer ici avec plus de détails un système que le but de tout cet ouvrage est de développer et de compléter. La doctrine d'Adam Smith est la nôtre ; le flambeau que son génie apporta sur le champ de la science, ayant fait entrer ses sectateurs dans la vraie voie, tous les progrès que nous y avons faits depuis, lui sont dus, et ce serait une vanité puérile que celle qui s'attacherait à montrer tous les points sur lesquels ses idées n'étaient pas encore éclaircies, puisque c'est à lui que nous devons jusqu'à la découverte des vérités que lui-même n'avait pas connues.

---

(1) La doctrine d'Adam Smith est exposée dans son propre ouvrage, *An Inquiry into the nature and causes of the wealth of Nations*, 3 vol. in-8°. Voyez aussi *Traité d'Économie politique*, de J.-B. Say, 2 vol in-8°., Paris. *Cours d'Économie politique*, ou *Exposition des principes qui déterminent la prospérité des nations;* par Henri Storch. 6 vol. in-8°. Pétersbourg, 1815. Enfin un ouvrage que j'ai publié il y a quinze ans, *De la Richesse commerciale*, 2 vol in-8°., Genève, 1803.

Après cette profession de notre admiration profonde pour ce génie créateur, de notre vive reconnaissance pour une lumière que nous ne devons qu'à lui, on s'étonnera sans doute d'apprendre que le résultat pratique de la doctrine que nous empruntons de lui nous paraît souvent diamétralement opposé à celui qu'il en a tiré, et que, combinant ses principes mêmes avec l'expérience d'un demi-siècle, sur lequel ses écrits ont prodigieusement influé, nous croyons pouvoir démontrer qu'il fallait, en plus d'une circonstance, en tirer de tout autres conclusions.

Nous professons, avec Adam Smith, que le travail est la seule origine de la richesse, que l'économie est le seul moyen de l'accumuler; mais nous ajoutons que la jouissance est le seul but de cette accumulation, et qu'il n'y a accroissement de la richesse nationale que quand il y a aussi accroissement des jouissances nationales.

Adam Smith, ne considérant que la richesse, et voyant que tous ceux qui la possèdent ont intérêt de l'accroître, a conclu que cet accroissement ne pourrait jamais être mieux favorisé qu'en abandonnant la société au libre exercice de tous les intérêts individuels. Il a dit au gou-

vernement : La somme des richesses privées
forme la richesse de la nation ; il n'y a pas de
riche qui ne s'efforce de devenir plus riche encore : laissez-le faire ; il enrichira la nation
en s'enrichissant lui-même.

Nous avons considéré la richesse dans ses
rapports avec la population qu'elle doit faire
vivre ou rendre heureuse ; une nation ne nous
a point paru croître en opulence par la seule
augmentation de ses capitaux, mais seulement
lorsque ses capitaux, en croissant, répandaient
aussi plus d'aisance sur la population qu'ils devaient faire vivre ; car, sans doute, vingt millions d'hommes sont plus pauvres avec six
cents millions de revenus, que dix millions
d'hommes avec quatre cents millions. Nous
avons vu que les riches pouvaient augmenter
leurs richesses, soit par une production nouvelle, soit en prenant pour eux une plus grande
part de ce qui était auparavant réservé aux pauvres, et nous invoquons presque constamment,
pour surveiller le progrès de la richesse, cette
intervention du gouvernement qu'Adam Smith
repoussait. Nous regardons le gouvernement
comme devant être le protecteur du faible contre le fort, le défenseur de celui qui ne peut
point se défendre par lui-même, et le repré-

sentant de l'intérêt permanent, mais calme, de tous, contre l'intérêt temporaire, mais passionné, de chacun.

L'expérience nous paraît justifier ce point de vue nouveau d'un ancien système. Quoique l'autorité d'Adam Smith n'ait point été reçue, à beaucoup près, dans toutes les parties de la législation économique, le dogme fondamental d'une concurrence libre et universelle a fait de très-grands progrès dans toutes les sociétés civilisées; il en est résulté un développement prodigieux dans les pouvoirs de l'industrie, mais souvent aussi il en est résulté une effroyable souffrance pour plusieurs classes de la population. C'est par l'expérience que nous avons senti le besoin de cette autorité protectrice que nous invoquons; elle est nécessaire pour empêcher que des hommes ne soient sacrifiés aux progrès d'une richesse dont ils ne profiteront point. Elle doit toujours intervenir, pour comparer le calcul égoïste de l'augmentation des produits, avec le seul calcul national de l'augmentation des jouissances et de l'aisance de tous (1).

---

(1) D'autres, avant nous, avaient remarqué que l'expérience ne confirmait point pleinement les doctrines d'Adam Smith; et l'un des plus illustres parmi ses sectateurs, M. Ga-

Nous croyons devoir avertir d'avance notre
lecteur de cette différence importante dans
les résultats, en même temps que nous renon-
çons à en faire un objet de controverse. Nous
ne nous arrêterons point pour combattre celles
des opinions d'Adam Smith, que nous ne parta-
geons pas, ou pour signaler les occasions où
nous nous séparons de lui et des nombreux
écrivains qui l'ont commenté. Les principes
de la science politique doivent former un seul
ensemble et découler les uns des autres. Nous les
avons présentés dans ce qui nous paraît être leur
enchaînement naturel, sans prétendre distinguer
ce qui est à nous de ce qui est à nos devanciers.
Si ces principes s'appuient en effet les uns sur
les autres, et s'ils composent un tout bien lié,
nous serons parvenus à notre but; car nous ne
prétendons point élever un système nouveau en
opposition à celui de notre maître, mais montrer seulement quelles modifications l'expé-

---

nilh, s'est entièrement écarté d'un système qu'il avait d'abord
professé. En général, Adam Smith avait trop considéré la
science comme exclusivement soumise au calcul, tandis
qu'elle est, sous plusieurs rapports, du domaine de la sensi-
bilité et de l'imagination, qui ne se calculent point. M. Ga-
nilh, il est vrai, en poursuivant d'autres calculs, dont les
bases sont bien incertaines, nous paraît s'être davantage encore éloigné du but de la science.

rience doit nous forcer d'apporter au sien.

Nous rangerons ce système sous six chefs qui nous paraissent comprendre toute la science du gouvernement dans ses rapports avec le bien-être physique de ses sujets ; savoir : 1°. formation et progrès de la richesse; 2°. richesse territoriale; 3°. richesse commerciale ; 4°. numéraire ; 5°. impôt; et 6°. population. Chacun formera le sujet d'un livre. La richesse territoriale et la population n'ont point été traitées par Adam Smith.

C'est par une marche absolument opposée qu'aujourd'hui même, en Angleterre, les disciples d'Adam Smith se sont éloignés de sa doctrine, et plus encore, à ce qu'il nous semble, de sa manière de rechercher la vérité. Adam Smith considérait l'économie politique comme une science d'expérience; il s'efforçait d'examiner chaque fait dans sa position sociale, et de ne jamais perdre de vue les circonstances diverses auxquelles il était lié , les résultats divers par lesquels il pouvait influer sur le bonheur national. En le critiquant aujourd'hui, nous nous permettons d'observer qu'il n'a pas toujours été fidèle à cette manière synthétique de raisonner; qu'il n'a pas toujours eu en vue le but essentiel qu'il se proposait, les rapports de la richesse avec la population ou avec la

jouissance nationale. Ses nouveaux disciples,
en Angleterre, se sont au contraire jetés dans
des abstractions qui nous font absolument perdre la terre de vue. La science entre leurs mains
est tellement spéculative, qu'elle semble se
détacher de toute pratique. D'après son obscurité, on croirait qu'elle demande de bien plus
fortes combinaisons : elle exige en effet beaucoup plus de fatigue pour la suivre; mais nous
croyons qu'en cela elle s'est autant éloignée de
la vérité que de la clarté.

L'ouvrage ingénieux de M. D. Ricardo, qui
vient de paraître, traduit en français et enrichi,
par M. Say, de notes où brille une critique lu-
mineuse, nous semble un exemple remarquable
de cette direction nouvelle suivie par les économistes en Angleterre. Ces *Principes de l'É-
conomie politique et de l'Impôt* ont produit
un effet prodigieux dans ce dernier pays. Un
journal, dont l'autorité est imposante dans la
science (1), les annonce comme ayant fait faire
à l'économie politique le plus grand pas qu'elle
ait fait depuis Adam Smith; cependant nous
sentons tellement que nous marchons sur un
autre terrain, qu'à peine aurions-nous eu occasion de citer cet ouvrage, ou pour nous ap-

(1) *Edimburgh Review*, N°. 59. June 1818.

puyer sur ses calculs, ou pour les combattre, si sa célébrité ne nous en avait quelquefois fait un devoir.

Un administrateur français, dont le nom n'est point un secret, quoiqu'il ne l'ait pas attaché à son livre, vient aussi de publier des *Élémens d'Économie politique*, qu'il destine, dit-il, à ceux qui travaillent dans les administrations. Je suis étonné que, dans ce but, il ait considéré la science sous un point de vue aussi abstrait. Il y a dans ses prétendus *Elémens* beaucoup d'esprit sur l'économie politique; mais il me semble que la partie positive, si essentielle à un homme d'état, est demeurée bien loin de ses méditations.

FIN DU PREMIER LIVRE.

LIVRE SECOND.

FORMATION ET PROGRÈS DE LA RICHESSE.

CHAPITRE PREMIER.

Formation de la richesse pour l'homme isolé.

L'HOMME, en naissant, apporte sur cette terre des besoins qu'il doit satisfaire pour vivre, des désirs qui lui font attendre son bonheur de certaines jouissances, et une industrie, ou une aptitude au travail, qui le met en état de satisfaire les uns et les autres. Cette industrie est la source de sa richesse; ses désirs et ses besoins lui donnent un emploi. Tout ce à quoi l'homme met du prix est créé par son industrie, tout ce qu'il a créé doit être consommé pour satisfaire ses besoins ou ses désirs. Mais, entre le moment de la création, par son travail, et celui de la consommation, par sa jouissance, la chose destinée à son usage peut avoir une existence plus ou moins prolongée. C'est cette chose, c'est ce fruit du travail, accumulé et non encore consommé, qu'on appelle *la richesse*.

La richesse peut exister, non-seulement sans aucun signe d'échange, ou sans argent, mais encore sans aucune possibilité d'échange, ou sans commerce ; d'autre part elle ne peut exister sans travail, non plus que sans des désirs ou des besoins que ce travail doive satisfaire. Qu'un homme soit abandonné dans une île déserte, la propriété de cette île entière, que personne ne lui dispute, ne le rendra pas riche, quelle que soit la fertilité naturelle de son sol, l'abondance du gibier qui erre dans ses forêts, du poisson qui se joue sur ses rivages, des mines que recèlent ses entrailles. Au contraire; au milieu de ces secours qui lui sont offerts par la nature, il pourra être réduit au dernier degré de misère, il pourra même mourir de faim. Mais si cet homme, par son industrie, atteint vivans quelques-uns des animaux qui errent dans ces bois, et si, au lieu de les dévorer aussitôt, il les réserve pour ses besoins futurs; si, dans cet intervalle, il réussit à les apprivoiser, à vivre de leur laitage, à les associer à son travail, à les multiplier, il commencera à devenir riche, parce que son travail lui aura acquis la propriété de ces animaux, et qu'un nouveau travail les aura rendus domestiques. La mesure de sa richesse ne sera point le prix qu'il pourrait en obtenir en échange, puisque tout

échange lui est impossible, mais l'étendue des
besoins qu'il pourra satisfaire, ou, si l'on veut,
le temps pendant lequel il pourra vivre du fruit
de ses peines, sans recourir à un nouveau
travail.

En domptant les animaux, cet homme en a
fait sa propriété et sa richesse; en domptant la
terre, il la changera de même en richesse et
en propriété. L'île qu'il habite était sans valeur
tant qu'elle était sans travail; mais si, au lieu
de dévorer ses fruits au moment où il a pu les
atteindre, il les a réservés pour ses besoins futurs; s'il les a confiés de nouveau à la terre
pour qu'ils multipliassent, s'il a labouré ses
champs pour augmenter leurs pouvoirs productifs; s'il les a enclos pour les défendre contre les bêtes sauvages; s'il les a plantés d'arbres
dont il n'attend la récolte que dans de longues
années, il a créé la valeur, non-seulement du
produit annuel de la terre que son travail fait
naître, mais encore de la terre elle-même,
qu'il a apprivoisée comme les animaux, et qu'il
a rendue propre à le seconder. Il est riche alors;
et il l'est d'autant plus, qu'il pourrait plus long-
temps suspendre son travail sans éprouver de
nouveaux besoins.

Ce solitaire n'étant plus sous l'empire du plus
pressant de tous les besoins, celui de la faim,

pourra consacrer son travail à se procurer le logement et le vêtement, et à les rendre plus commodes. Il se bâtira une chaumière ; il la garnira de meubles que son travail solitaire suffira à fabriquer. Il changera les peaux de ses moutons, ou leurs toisons, en chaussures ou en étoffes ; et plus sa maison sera rendue commode, plus son magasin sera rempli de provisions pour sa nourriture et son vêtement à venir, plus il pourra se dire riche.

L'histoire de cet homme est celle de la race humaine. Il est plus important qu'on ne pense d'étudier toutes les opérations par lesquelles il peut passer de la misère à l'opulence : l'esprit peut les suivre dans un individu ; il les perd bientôt de vue dans la société. Cependant la richesse de tous n'est que la somme des richesses de chacun ; elle commence pour tous comme elle a commencé pour chacun, par le travail ; elle s'accumule pour tous comme pour chacun, par la supériorité des produits du travail journalier sur les besoins journaliers ; elle est destinée, par tous comme par chacun, à procurer les jouissances qui doivent la consommer et la détruire : si elle cessait de procurer ces jouissances, s'il ne se trouvait plus personne qui pût l'appliquer à ses besoins, elle aurait perdu son prix, elle ne serait plus richesse. Tout ce qui est vrai de l'individu, est vrai de la société, et réciproquement. Mais, tandis que rien n'est si facile à concevoir que l'opulence ou la misère d'un homme isolé, les échanges, en déplaçant sans cesse cette richesse, troublent notre vue, et d'un objet positif en font un presque métaphysique.

. Quelle que soit la bienfaisance de la nature, elle ne donne rien à l'homme gratuitement; mais elle est prête à le seconder et à multiplier ses pouvoirs à l'infini lorsqu'il s'adresse à elle. L'histoire de toute richesse est toujours enfermée entre ces mêmes bornes : le travail qui crée, l'économie qui accumule, la consommation qui détruit. La chose qui n'est point née ou qui n'a point reçu sa valeur d'un travail médiat ou immédiat, n'est point une richesse, quelque utile, quelque nécessaire qu'elle soit à la vie. La chose qui n'est point utile à l'homme, qui ne satisfait point ses désirs, qui ne peut point être employée à son usage médiat ou immédiat, n'est de même point une richesse, par quelque travail qu'elle ait été produite. La chose, enfin, qui ne peut point s'accumuler, qui ne peut point se garder pour une consommation future, n'est point une richesse, encore qu'elle ait été produite par le travail, et qu'elle se consomme par la jouissance.

Nous avons dit que le travail qui crée la richesse peut être médiat ou immédiat. En effet, l'homme, en s'appropriant les objets naturels, leur donne souvent une valeur, seulement parce qu'il les réserve ainsi pour un travail à venir, ou qu'il les y associe, quoiqu'il ne change point leur substance. Le solitaire, lorsqu'il a enclos un pré, a donné de la valeur aux gazons qu'il n'a point touchés, mais qu'il a seulement mis à l'abri des insultes des bêtes fauves ; lorsqu'il a multiplié son bétail, il a donné de la valeur aux pâturages qui sont plus à sa portée ; lorsqu'il a profité d'une chute d'eau pour faire tourner sa meule, il a donné de la valeur au torrent lui-même. Ce qui est vrai de l'homme isolé l'est plus encore de la société ; le travail qu'on a fait donne une valeur aux choses qui serviront au travail qu'on peut faire.

Nous avons dit aussi que l'usage peut être médiat ou immédiat ; ainsi le foin que recueille le solitaire a de la valeur, non pour lui-même, mais pour son bétail qu'il nourrit.

Nous avons dit, enfin, que tout objet qui ne réunit que deux des trois conditions que nous avons énumérées, n'est point une richesse dès que la troisième lui manque. L'air, l'eau, le feu, ne sont pas seulement utiles ; ils sont nécessaires à la vie : ils peuvent être réservés pour une jouissance future; mais en général on n'a besoin d'aucun travail pour se les procurer, ils ne sont point une richesse. Tous les travaux qui ont manqué leur but ne sont point une richesse dès qu'on n'en peut retirer aucune jouissance, encore que l'ouvrage fait subsiste. L'exercice, la musique, la danse, sont tout ensemble des travaux et des jouissances; mais ils ne font point partie de la richesse, parce qu'on ne peut point en réserver la jouissance pour un autre temps.

Avant d'avoir aucun moyen d'échange, avant de songer aux métaux précieux qui les facilitent pour nous, le solitaire, que nous avons supposé dans son île, aura déjà appris à distinguer les travaux dans leur rapport avec la richesse. S'ils ne produisent aucune jouissance, ils sont inutiles; si leurs fruits sont de nature à ne pouvoir jamais être réservés pour une consommation future, ils sont improductifs ; tandis que les seuls travaux productifs, ou qui créent la richesse, sont ceux qui laissent après eux un gage au moins égal en valeur, aux yeux mêmes du solitaire, à la peine qu'ils lui ont coûté. Ainsi le solitaire, trompé par l'analogie, a pu croire qu'il multiplierait ses oliviers en semant des olives ; il a pu ignorer que leur noyau ne germait point comme celui des autres fruits;

il a pu préparer pour elles le terrain par un
labour profond, par un travail fatigant; et
l'expérience lui apprendra que ce travail est
inutile, car il ne verra naître aucun olivier.
D'autre part il a pu défendre sa demeure contre les ours ou les loups : travail fort utile,
mais improductif; car ses fruits ne peuvent
s'accumuler : s'il avait connu autrefois la civilisation, il a pu passer des heures à jouer d'une
flûte que nous supposerons qu'il aura dérobée
à son naufrage; travail utile encore, et qu'il
regardera peut-être comme son unique plaisir,
mais également improductif, et pour la même
raison. Il a pu donner aux soins de sa personne,
à ceux de sa santé, des heures très-utilement
employées, mais qui ne produisent pas plus de
richesses. Le solitaire saura fort bien distinguer
d'avec le travail productif, ces heures où il n'a-
masse rien pour l'avenir; et, sans s'interdire
ce genre d'occupations, il l'appellera un temps
perdu.

CHAPITRE II.

Formation de la richesse dans la société, par des échanges.

Nous avons vu quels étaient la formation, la conservation et l'emploi de la richesse pour l'homme isolé. Les mêmes opérations se font précisément de la même manière et avec le même but par l'homme réuni en société; avec la seule différence que le premier n'a pu considérer que lui seul, et que dans la création de sa richesse il n'en a jamais perdu de vue l'emploi, c'est-à-dire, sa propre jouissance et son propre repos; tandis que le second, vivant au milieu d'un grand nombre d'associés, avec lesquels il fait un échange continuel de services, travaille pour que d'autres jouissent et se reposent, et compte sur le travail des autres pour ses propres jouissances et son propre repos. L'homme dès-lors, faisant partie de la société, être abstrait, dont les richesses et le besoin sont hypothétiques, ne peut plus suivre son travail jusqu'au moment où les fruits en sont consommés, ne peut plus juger du besoin auquel il doit pourvoir, ou du moment où il doit se reposer : il travaille sans relâche pour remplir les greniers communs, laissant à la société le soin de trouver l'emploi de la chose qu'il a faite.

L'échange entre deux hommes travaillant de même, et produisant comme notre solitaire la richesse qu'ils voulaient consommer, était né d'abord de la surabondance. *Donnez-moi cela qui ne vous sert pas, et qui me serait utile,* avait dit l'un des contractans, *et je vous donnerai en retour ceci qui ne me sert pas, et qui vous serait utile.* Cependant l'utilité présente n'avait pas été la seule mesure des choses échangées. Chacun avait estimé de son côté la peine et le temps que lui avait coûté la production de la chose qu'il donnait : ce sont les bases du prix des vendeurs ; et il les avait comparées à la peine et au temps au moyen desquels il pourrait se procurer lui-même la chose dont il avait besoin, calcul qui établit le prix de l'acheteur. L'échange n'avait eu lieu que lorsque les deux contractans, en faisant leur compte, avaient reconnu, chacun de son côté, qu'il valait mieux pour eux se procurer ainsi la chose dont ils avaient besoin, que de la fabriquer eux-mêmes.

L'échange cependant n'avait point altéré la nature de la richesse ; c'était toujours une chose

créée par le travail , mise en réserve pour un
besoin futur, et qui n'avait de valeur qu'à cause
de ce besoin. Le rapport entre la production et
la consommation était le même, encore qu'un
autre se fût mis à la place du producteur pour
consommer. On peut, à l'égard de la chose
produite, faire abstraction de tous les échanges
dont elle a été l'objet : un homme l'a élaborée,
un homme l'a mise en réserve, parce qu'un
homme en avait besoin et la consommera; peu
importe que cet homme soit le même; plusieurs échanges successifs n'ont fait du dernier
que le représentant du premier.

L'échange n'eut pas seulement les choses
pour objet, il s'étendit aussi sur le travail, au
moyen duquel toutes choses sont produites. Celui qui avait des provisions en réserve , offrit
de nourrir celui dont les greniers étaient épui-
sés, à condition que ce dernier travaillerait
pour lui. Cet entretien donné en échange du
travail fut nommé *salaire*.

L'échange n'altère pas plus la nature du travail, qu'il n'altère celle des choses produites.
Il peut y avoir , pour la société comme pour le
solitaire , un travail inutile et un travail improductif. Quand même l'un et l'autre obtiennent un salaire, ils n'en conservent pas moins
leur caractère propre, toutes les fois que le pre-

mier ne répond ni aux désirs ni aux besoins de celui qui emploie le travailleur, que le second n'admet aucune accumulation de ses fruits. Le salaire que reçoivent l'un et l'autre ouvriers, ne doit point nous faire illusion : celui qui paie un salaire met ainsi l'ouvrier à sa place ; le rôle que nous supposions fait par un seul se trouve divisé entre deux, ou un plus grand nombre de personnes : le résultat n'en est pas moins toujours le même. Le journalier qui aura semé des olives, n'aura fait pour son maître qu'un travail inutile, encore que pour lui-même il ait pu être avantageux, s'il en a reçu le salaire. Celui qui aura défendu son maître contre les ours, ou la société contre les ennemis ; celui qui aura soigné ou la santé ou la personne des autres ; celui qui leur aura procuré les jouissances de la musique, de la comédie, de la danse, aura, tout comme le solitaire, fait un travail utile, puisqu'il était agréable ; et lucratif pour lui, puisqu'il en recevait le salaire, tandis qu'il en abandonnait la jouissance à celui qui le payait. Néanmoins ce travail était improductif, puisqu'il ne pouvait se soumettre à l'économie et s'accumuler. En effet, celui qui avait payé son salaire, n'a plus ni le salaire lui-même, ni la chose contre laquelle il l'a donné.

Le travail et l'économie, pour l'homme so-

cial comme pour le solitaire, sont toujours les
vraies et les seules sources des richesses ; l'un
comme l'autre en peuvent attendre le même
genre d'avantages. Cependant la formation de
la société, et avec elle l'introduction du commerce et des échanges, ont altéré la progression de la richesse, soit en augmentant les pouvoirs productifs du travail par sa division, soit
en donnant un but plus précis à l'économie,
et en multipliant les jouissances que les richesses
procurent. Ainsi les hommes réunis en société
produisirent davantage que si tous avaient travaillé isolément, et ils conservèrent mieux ce
qu'ils avaient produit, parce qu'ils en sentirent mieux le prix.

L'avantage accidentel que deux hommes
égaux en moyens de travailler et d'acquérir
avaient trouvé à échanger des produits dont ils
n'avaient pas un besoin immédiat, fit bientôt
découvrir à tous deux qu'ils trouveraient dans
ces échanges un avantage constant, toutes les
fois qu'ils offriraient la chose qu'ils savaient
bien faire, en retour pour celle que tout autre
faisait mieux qu'eux. Or, tout ce qu'ils faisaient
constamment, ils le faisaient bien ; tout ce
qu'ils ne faisaient qu'occasionellement, ils le
faisaient avec lenteur et maladresse. Plus ils se
consacraient exclusivement à un seul genre de

travail, et plus ils y acquéraient de dextérité,
plus aussi ils trouvaient moyen de le rendre facile et expéditif. Cette observation donna lieu
à la division des métiers, et le laboureur s'a-
perçut bientôt qu'il ne ferait pas en un mois
tous les instrumens d'agriculture que le maréchal faisait pour lui en un jour.

Le même principe qui avait fait séparer d'a-
bord les métiers du laboureur, du berger, du
maréchal et du tisserand, subdivisa ensuite ces
métiers à l'infini ; chacun sentit qu'en simpli-
fiant l'opération dont il se chargeait, il la faisait d'une manière toujours plus prompte et
plus parfaite. Le tisserand renonça aux métiers
de fileur et de teinturier ; les fileurs de chanvre, de coton, de laine et de soie se séparèrent ; les tisserands se subdivisèrent davantage
encore, d'après la destination et le tissu de
leurs étoffes ; et à chaque division, chaque ouvrier, en concentrant son attention sur une
seule chose, vit augmenter ses pouvoirs productifs. Dans l'intérieur de chaque manufacture
cette division fut encore répétée, et toujours
avec les mêmes effets. Vingt ouvriers travail-
lèrent ensemble à une seule chose ; mais chacun lui fit subir une opération différente, et les
vingt ouvriers se trouvèrent faire vingt fois

plus d'ouvrage qu'ils n'auraient fait si chacun avait travaillé séparément.

Les machines naquirent de la division du travail. La nature nous présente des forces aveugles, infiniment supérieures à celles de l'homme, mais qui ne sont point destinées à le servir. Ce fut une conquête pour l'industrie que de les enchaîner et de les rendre obéissantes : dès qu'on put leur faire faire un ouvrage humain, elles le firent avec une rapidité, avec une étendue, dont l'homme seul n'aurait pu approcher. L'eau, le vent, le feu ne pouvaient se charger d'opérations compliquées, mais la division du travail avait rendu toutes les opérations plus simples. Lorsque dans une manufacture chaque ouvrier fut chargé d'une seule manipulation, il trouva bientôt le mouvement uniforme par lequel il pouvait l'accomplir; il trouva peu après la direction qu'il pouvait imprimer à un agent naturel, pour qu'il l'accomplît sans son aide. Les eaux se chargèrent alors de moudre le blé, de faire avancer les scies, de soulever les pilons; et des travaux auxquels des milliers d'hommes n'auraient pu suffire, furent accomplis par des ouvriers insensibles, qui n'avaient aucun besoin.

La division des travaux augmenta d'une autre manière encore la faculté de produire qu'avait l'homme. Plusieurs membres de la société, abandonnant les travaux manuels, se consacrèrent à ceux de l'entendement. Ils étudièrent la nature et ses propriétés, la dynamique et ses lois, la mécanique et ses applications, et ils déduisirent de leurs recherches des moyens presque infinis d'augmenter les pouvoirs productifs de l'homme. Ce sont ces moyens de produire que de nos jours on a compris sous le nom de *pouvoir scientifique*, et qui font accomplir par des agens bien plus puissans que nous, un ouvrage que l'espèce humaine n'aurait jamais pu entreprendre avec ses seules forces.

~~~~~~

CHAPITRE III.

Augmentation des besoins de l'homme social , et bornes
de la production.

Depuis que les hommes s'étaient réunis en
société, depuis qu'ils s'étaient partagé les travaux, beaucoup plus d'ouvrage fut fait sur la
terre. Chacun, en ne s'occupant que d'une
seule opération, avait acquis pour l'accomplir
une dextérité extraordinaire; chacun avait profité pour augmenter son ouvrage des forces
aveugles de la nature qu'il avait réussi à asser-
vir; chacun avait multiplié sa propre action
par les pouvoirs scientifiques, dont les méca-
niciens lui avaient révélé l'emploi. Tandis que
dans l'état sauvage, un homme par le travail de
toute sa journée pouvait à peine pourvoir à ses
plus pressans besoins, il suffirait, dans la société la plus perfectionnée, qu'un homme sur
cent, qu'un homme sur mille peut-être, travaillât dans les manufactures, de la même manière, pour produire une quantité égale d'ouvrage, tandis que tous les autres pourraient
rester oisifs. Les travaux de l'agriculture, il est

vrai, ne sont pas susceptibles d'une pareille économie de main-d'œuvre.

Mais si les progrès de la civilisation firent accomplir beaucoup plus d'ouvrage, ils en firent aussi demander beaucoup plus pour la consommation. Le solitaire, qui travaillait pour lui-même, ne pouvait avoir que des besoins bornés et des jouissances bornées; la nourriture, le vêtement, le logement, lui étaient, il est vrai, nécessaires; mais il ne songeait pas même aux goûts délicats par lesquels la satisfaction de ces besoins pouvait être changée en plaisirs, ou aux besoins artificiels que la société lui donnerait, et dont la satisfaction lui procurerait de nouvelles jouissances. Le but du solitaire avait été seulement d'amasser, de manière à pouvoir se reposer ensuite. Il avait devant lui un point rapproché dans l'accumulation des richesses, après lequel il y aurait eu de la folie à lui d'accumuler encore, car il ne pouvait pas augmenter proportionnellement sa consommation. Mais les besoins de l'homme social parurent infinis, parce que le travail de l'homme social lui présenta des jouissances infiniment variées; quelque richesse qu'il eût amassée, il n'eut point occasion de dire : *C'est assez*; il trouva toujours moyen de la convertir en jouissance, et de se figurer, tout au moins, qu'il l'appliquait à son usage.

Cependant c'est une grande erreur, dans laquelle sont tombés la plupart des économistes modernes, que de se représenter la consommation comme une puissance sans bornes, toujours prête à dévorer une production infinie. Ils ne cessent d'encourager les nations à produire, à inventer de nouvelles machines, à perfectionner leurs travaux, pour que la quantité d'ouvrage achevée dans l'année surpasse toujours celle de l'année précédente : ils s'affligent de voir multiplier le nombre des ouvriers improductifs ; ils signalent les oisifs à l'indignation publique, et, dans une nation où les pouvoirs des ouvriers ont été centuplés, ils voudraient que chacun fût ouvrier, que chacun travaillât pour vivre.

Mais d'abord le solitaire travaillait pour avoir du repos ; il accumulait des richesses pour en jouir sans rien faire : le repos est un goût naturel à l'homme, c'est le but et la récompense du travail ; et les hommes renonceraient probablement à tous les perfectionnemens des arts, à toutes les jouissances que nous donnent les manufactures, s'il fallait que tous les achetassent par un travail constant, tel que celui de l'ouvrier. La division des métiers et celle des conditions, en partageant les rôles, n'a point changé le but du travail humain. L'homme ne se fatigue que pour se reposer ensuite ; il n'accumule que pour dépenser; il n'ambitionne les richesses que pour jouir. Les efforts sont aujourd'hui séparés de leur récompense : ce n'est pas le même homme qui travaille et qui se repose ensuite; mais c'est parce que l'un travaille que l'autre doit se reposer.

Ensuite, les besoins de l'homme qui travaille sont nécessairement fort bornés. D'après la multiplication prodigieuse des pouvoirs productifs du travail, on aurait bientôt pourvu, avec les forces de toute la société, à sa nourriture, à son logement, à son vêtement. Si la nation entière travaillait comme font les seuls manouvriers ; si par conséquent elle produisait dix fois plus de nourriture, de logement, de vêtement que chacun d'eux n'en peut consommer, se figure-t-on que la part de chacun en serait meilleure? Bien au contraire. Chaque ouvrier aurait à vendre comme dix et à acheter seulement comme un : chaque ouvrier vendrait d'autant plus mal, et se trouverait d'autant moins en état d'acheter; et la transformation de la nation en une grande manufacture d'ouvriers productifs constamment occupés, loin de causer la richesse, causerait la misère universelle (1).

Dès qu'il y a surabondance de produits, le travail superflu doit être consacré à des objets de luxe. La consommation des objets de première nécessité est limitée, celle des objets de luxe est sans limites. On aura bientôt produit tous les habits, tous les souliers, tout le blé, toute la viande que consommeront les artisans, dans la condition à laquelle ils sont aujourd'hui réduits. Lors même que, par une organisation plus équitable de la société, on réussirait à leur réserver une plus grande part dans les richesses qu'ils créent, on aurait encore bientôt pourvu aux jouissances qui peuvent s'accorder avec le travail. On n'arrivera pas sans doute à les envoyer à leur atelier en carrosse, ou à les faire travailler à leurs métiers en habits de velours ou de brocart d'or : si tel devait être le résultat de ce zèle pour produire

_____

(1) Je fais, dans ce raisonnement, abstraction du commerce extérieur. Si on veut le prendre en considération, une nation pourra en effet être la pourvoyeuse de sa voisine; mais le raisonnement se retrouvera vrai pour le genre humain, ou pour toute cette partie du genre humain qui commerce ensemble, et qui ne forme plus aujourd'hui, en quelque sorte, qu'un seul marché.

qu'excitent tous les écrivains et qu'encouragent tous les gouvernemens, les ouvriers renonceraient bien vite au luxe qu'on leur ferait acheter par un pénible travail.

La multiplication indéfinie des pouvoirs productifs du travail, ne peut donc avoir pour résultat que l'augmentation du luxe ou des jouissances des riches oisifs. L'homme isolé travaillait pour se reposer, l'homme social travaille pour que quelqu'un se repose ; l'homme isolé amassait pour jouir ensuite, l'homme social voit amasser le fruit de ses sueurs par celui qui doit en jouir ; mais dès l'instant que lui et ses égaux produisent plus, et infiniment plus qu'ils ne peuvent consommer, il faut bien que ce qu'ils produisent soit destiné à la consommation de gens qui ne vivront point en égaux, et qui ne produiront point.

Mais ces riches, qui consomment les produits du travail des autres, ne peuvent les obtenir que par des échanges. S'ils donnent cependant leur richesse acquise et accumulée en retour contre ces produits nouveaux, qui sont l'objet de leur fantaisie, ils semblent exposés à épuiser bientôt leur fonds de réserve ; ils ne travaillent point, avons-nous dit, et ils ne peuvent même travailler : on croirait donc que chaque jour doit voir diminuer leurs vieilles richesses, et que, lorsqu'il ne leur en restera plus, rien ne sera offert en échange aux ouvriers qui travaillaient exclusivement pour eux. Les ouvriers, comme nous l'avons vu, ne feront jamais usage ni de carrosses, ni d'habits de velours ; si les riches cessent d'être riches, justement pour en avoir fait quelque temps usage, les carrossiers et les fabricans de velours devront périr de misère.

Mais dans l'ordre social, la richesse a acquis la propriété de se reproduire par le travail d'autrui, et sans que son propriétaire y concoure. La richesse, comme le travail, et par le travail, donne un fruit annuel qui peut être détruit chaque année sans que le riche en devienne plus pauvre. Ce fruit est le *revenu* qui naît du *capital* ; la distinction entre l'un et l'autre devient la base de la prospérité sociale. La production est arrêtée dès qu'elle ne trouve plus à s'échanger contre le revenu. Si tout à coup toute la classe riche prenait la résolution de vivre de son travail comme la plus pauvre, et d'ajouter tout son revenu à son capital, les ouvriers, qui comptaient sur l'échange de ce revenu pour vivre, seraient réduits au désespoir et mourraient de faim ; si, au contraire, la classe riche ne se contentait pas de vivre de son revenu, mais dépensait encore son capital, elle se trouverait bientôt sans revenu, et ce même échange, si nécessaire à la classe pauvre, cesserait aussi. Nous verrons ailleurs que ce ne serait pas le seul résultat funeste qui suivrait la déperdition du capital. Ainsi, la production dut trouver sa mesure dans le revenu social, et ceux qui encouragent une production indéfinie, sans se soucier de connaître ce revenu, poussent une nation à sa ruine, en croyant lui ouvrir le chemin des richesses.

CHAPITRE IV.

Comment le revenu naît du capital.

Le commerce, c'est le nom générique qu'on donne à l'ensemble des échanges, compliqua le rapport qui devait exister entre la production et la consommation; mais il augmenta en même temps son importance bien loin de la diminuer. Chacun avait commencé par produire ce qu'il avait voulu consommer lui-même : connaissant ses besoins, il réglait d'après eux son travail. Mais depuis que chacun travailla pour tous, la production de tous dut être consommée par tous, et chacun dut avoir en vue, dans sa production, la demande finale de la société à laquelle il destinait le fruit de son travail : cette demande ne lui était qu'imparfaitement connue, mais elle était bornée; car chacun, pour pouvoir continuer sa dépense, dut la soumettre à de certaines limites, et la somme de ces dépenses privées faisait celle de la société.

La distinction entre le capital et le revenu, qui était encore confuse pour le solitaire, devint donc essentielle dans la société. L'homme

social dut proportionner sa consommation à
ses revenus, et la société, dont il faisait partie, dut suivre la même règle; elle ne dut,
elle ne put, sous peine de se ruiner, consommer annuellement que des revenus annuels. Si
elle entamait une fois ses capitaux, elle détrui-
sait tout ensemble ses moyens de reproduction
et ses moyens de consommation future. Cependant la totalité de ce qu'elle produisait était
destinée à la consommation ; et si ses produits
annuels, apportés sur le marché auquel ils
étaient destinés, n'y trouvaient point de consommateurs, la reproduction était arrêtée, et
la nation se ruinait au sein de l'abondance.
Nous abordons ici la question la plus abstraite
et la plus difficile de l'économie politique. La
nature du capital et celle du revenu se confondent sans cesse dans notre imagination ; nous
voyons ce qui est revenu pour l'un, devenir capital pour l'autre, et le même objet, en passant
de mains en mains, recevoir successivement
différentes dénominations; tandis que sa valeur, qui se détache de lui, semble une quantité métaphysique que l'un dépense et que l'autre échange, qui périt dans l'un avec l'objet
lui-même, qui se renouvelle dans l'autre et
dure autant que la circulation. Cependant, s'il
est si difficile de distinguer le capital d'avec le

revenu de la société, aucune distinction n'est plus importante. Plus d'un système ruineux a été fondé sur leur confusion. Tantôt l'on a excité à la prodigalité, comme moyen d'encourager l'industrie; tantôt l'on a frappé d'impôts les capitaux au lieu des revenus, et l'on a rejeté comme des visionnaires ceux qui invoquaient, pour la conservation du capital national, l'apologue de la poule aux œufs d'or.

Trois sources permanentes de richesse existent dans la société; on peut y puiser et se servir sans crainte des eaux qui s'en écoulent : c'est à la source seulement qu'il ne faut pas toucher, de peur de la tarir.

La terre est la première; elle a par elle-même une puissance productive qu'il ne s'agit que de diriger vers les usages de l'homme; elle donne alors à celui qui s'en est emparé un produit annuel, indépendant de la compensation du travail de celui qui l'a fait naître : ce produit est un revenu; on peut le consommer sans reproduction, pourvu qu'on ne détourne point la terre qui l'a donné, de sa destination à subvenir aux usages de l'homme.

La seconde source de richesses est le travail : lorsqu'il est fait avec intelligence, il produit, en faveur de celui qui le fait exécuter, plus qu'il ne lui coûte. Ce qu'il lui coûte est ce qu'on nomme proprement le capital circulant; ce qu'il lui produit, comprend le même capital, plus, le profit. Ainsi le profit est un revenu qui peut se dépenser sans reproduction, pourvu qu'on ne détourne point le capital qui l'a fait naître, de salarier un nouveau travail.

La troisième source de richesses est la vie de la génération laborieuse : tant que celle-ci se conserve, elle produit la puissance de travailler, et cette puissance est aussi un revenu; elle peut se dépenser ou s'échanger contre les choses qui se consomment, sans reproduction, pourvu que la vie elle-même, et la vigueur de celui qui peut travailler, soient conservées de manière à renouveler son travail.

Observons, dès leur naissance et durant leur cours naturel, ces sources diverses de richesses, dans une économie domestique.

Aux yeux du solitaire, toute richesse n'était autre chose qu'une provision préparée d'avance pour le moment du besoin. Néanmoins il distinguait déjà deux choses dans cette provision : la partie que, dans son économie, il lui convenait de tenir en réserve pour son usage immédiat, ou à peu près immédiat, et celle dont il n'avait pas besoin avant le temps où il pourrait obtenir par elle une production nouvelle. Ainsi une partie de son blé devait le nourrir jusqu'aux futures moissons; une autre partie, mise en réserve pour la semence, devait fructifier dans l'année suivante. La formation de la société, et l'introduction des échanges, permit de multiplier presque indéfiniment cette semence, cette portion fructifiante de la richesse accumulée, et c'est elle qu'on a nommée *le capital.*

Le solitaire ne pouvait faire travailler de concert avec lui que la terre et les animaux; mais dans la société l'homme riche put faire travailler l'homme pauvre. Le cultivateur, après avoir mis en réserve tout le blé dont il prévoyait qu'il aurait besoin jusqu'à la prochaine récolte, comprit qu'il lui convenait d'employer le surplus du blé qui lui restait, à nourrir d'autres hommes qui laboureraient pour lui la terre, et feraient naître de nouveau blé; qui fileraient et tisseraient ses chanvres et ses laines, qui travailleraient ses mines; qui, enfin, sous quelque forme que ce fût, prendraient de ses mains la denrée toute prête à être consommée, et lui rendraient, au bout d'un certain temps, une denrée de plus grande valeur, destinée à la consommation.

En faisant cette opération, le cultivateur changeait une partie de son revenu en un capital; et c'est en effet toujours ainsi qu'un capital nouveau se forme. Le blé qu'il avait récolté par delà celui qu'il devait manger pendant son propre travail, et par delà celui qu'il devait semer pour maintenir son exploitation au même point, était une richesse, qu'il pouvait donner, dissiper, consommer dans l'oisiveté, sans en devenir plus pauvre : c'était un revenu ; mais une fois qu'il l'avait employé à nourrir des ouvriers productifs ; une fois qu'il l'avait échangé contre le travail, ou contre les fruits à venir du travail de ses laboureurs, de ses tisserands, de ses mineurs, c'était une valeur permanente, multipliante, et qui ne périssait plus ; c'était un capital. Or cette valeur se détachait de celle de la denrée qui l'avait créée ; elle demeurait comme une quantité métaphysique et insubstantielle, toujours dans la possession de ce même cultivateur, pour qui elle revêtait seulement des formes différentes. Elle avait d'abord été du blé, puis une valeur égale de travail ; ensuite une valeur égale dans les fruits de ce travail ; plus tard une valeur égale dans une créance sur celui à qui ces fruits avaient été vendus à terme ; puis de l'argent, puis de nouveau du blé ou du travail. Tous ces échanges successifs n'altéraient point le capital, ils ne le faisaient point sortir des mains de celui qui l'avait pour la première fois épargné.

Pendant le même temps, chacun des échanges que ce capital avait accomplis , avait fourni à d'autres, des objets de consommation , le plus souvent anéantis comme revenus, sans qu'il en résultât une perte. Un échange suppose toujours deux valeurs ; chacune peut avoir un sort différent , mais la qualité de capital ou de revenu ne suit pas l'objet échangé ; elle s'attache à la personne qui en est propriétaire. Ainsi les ouvriers n'ont pour revenu que leur travail ; ils l'ont donné en échange contre du blé , qui devient alors pour eux leur revenu, et ils ont pu le consommer, sans qu'il y ait eu déperdition de substance , tandis que leur travail est devenu capital pour leur maître : celui-ci en a ensuite échangé les fruits ; c'étaient des tissus de laine qu'il a remis à un marchand : l'échange s'est fait entre eux de capital contre capital ; chacun a gardé le sien, mais sous une forme différente. Le marchand enfin a vendu les tissus de laine au consommateur, qui voulait en faire un habit. Celui-ci les a achetés avec son revenu ; il a donc pu les consommer, sans déperdition de substance ; mais la partie de ce revenu qu'il a donnée au marchand , est devenue pour ce dernier, portion de son capital.

Puisque le travail seul a la faculté de créer la richesse, en préparant des objets propres à satisfaire les besoins de l'homme , tout capital

dut être primitivement employé à mettre en
train un travail ; car toute richesse qu'on ne
voulut pas détruire, dut être échangée contre
une richesse future que le travail devait produire. Le salaire fut le prix pour lequel l'homme riche obtint en échange le travail de l'homme
pauvre. La division du travail avait fait naître
la distinction des conditions. A chaque génération nouvelle , plusieurs individus entraient
dans le monde sans autre revenu que leur travail ; ils étaient en conséquence obligés d'accepter l'espèce de travail qu'on leur offrait à
faire. Mais celui qui s'était réduit à ne faire
plus qu'une opération très-simple dans une
manufacture , s'était mis dans la dépendance
de celui qui voudrait l'employer. Il ne produisait plus un ouvrage complet , mais seulement
une partie d'ouvrage , pour laquelle il avait besoin du concours d'autres ouvriers, tout comme
des matières premières , des outils, et du commerçant qui se chargeait de faire l'échange de
la chose qu'il avait contribué à achever. Lorsqu'il traitait avec un chef d'atelier, de l'échange
de son travail contre sa subsistance , sa condition était toujours désavantageuse ; car il avait
bien plus besoin de subsistance , et bien plus
d'impossibilité de s'en procurer par lui-même,
que le chef d'atelier n'avait besoin de travail :

aussi bornait-il presque toujours sa demande à
l'étroit nécessaire, sans lequel le travail qu'il
offrait n'aurait pas pu se continuer, tandis que
le chef d'atelier profitait seul de tout l'accroissement des pouvoirs productifs qu'avait opéré
la division du travail.

La dépendance des ouvriers, et l'état de misère de ceux qui créent la richesse nationale,
n'ont cessé de s'accroître avec les progrès de la
population : le nombre de ceux qui n'ont d'autre revenu que leurs bras, et qui demandent
du travail, étant toujours plus grand, ils ont
dû être toujours plus empressés d'accepter le
travail quelconque qu'on leur offrait, de se
soumettre aux conditions qu'on leur imposait,
et de réduire leur salaire au plus étroit nécessaire. Ce partage inégal crée une partie du bénéfice de l'entrepreneur des travaux; il est
cause que plusieurs travaux sont souvent entrepris, qui ne donnent réellement pas un bénéfice suffisant à la société, puisqu'ils réduisent
à la dernière misère ceux qui les exécutent,
tandis qu'ils n'assurent à celui qui les dirige
qu'un revenu ordinaire.

Toutes les fois cependant que l'homme riche
obtint un profit en faisant travailler, il se trouva, à tous égards, dans la condition du laboureur qui sème la terre. Le salaire qu'il payait à

ses ouvriers était de même une semence qu'il leur confiait, et qui, dans un temps donné, devait fructifier. De même que le laboureur, il savait que cette semence lui apporterait une récolte, savoir, l'ouvrage achevé de ses ouvriers, et que, sur le produit de cette récolte, il retrouverait d'abord une valeur égale à la semence, ou à tout le capital qu'il avait employé à faire exécuter l'ouvrage, et qui demeurait pour lui une quantité inaliénable; ensuite un surplus de produit qu'il nommait son profit, et qui formait son revenu. Celui-ci, renaissant annuellement d'une richesse égale, pouvait être consommé ou détruit sans reproduction, et sans que pour cela son propriétaire en demeurât plus pauvre.

L'entrepreneur de travaux, de même que le laboureur, n'emploie point en semences toute sa richesse productive; il en consacre une partie aux bâtimens, aux usines, aux outils qui rendent le travail plus facile et plus productif; comme une partie de la richesse du laboureur avait été consacrée aux travaux permanens qui rendent la terre plus fertile. Ainsi nous voyons naître et se séparer successivement les différentes espèces de richesses. Une partie de celles que la société a accumulées, est consacrée par chacun de ses détenteurs à rendre le travail plus profitable en se consommant lentement, et à faire exécuter par les forces aveugles de la nature un travail humain ; on la nomme le *capital fixe*, et elle comprend les défrichemens, les canaux d'arrosement, les usines, les outils des métiers, et les mécanismes de toute espèce. Une seconde partie de la richesse est destinée à se consommer rapidement pour se reproduire dans l'ouvrage qu'elle fait accomplir, à changer sans cesse de forme en gardant la même valeur ; cette partie, qu'on nomme le *capital circulant*, comprend en soi les semences, les matières premières destinées à être ouvrées, et les salaires. Enfin une troisième partie de la richesse se détache de cette seconde ; c'est la valeur dont l'ouvrage achevé surpasse les avances qui l'ont fait faire : cette valeur, qu'on nomme *le revenu* des capitaux, est destinée à être consommée sans reproduction ; elle s'échange une dernière fois, avant d'être consommée, contre la chose dont chacun a besoin pour son usage. La masse de toutes les choses que chacun consacre à satisfaire ses besoins, choses qui pour lui ne se reproduisent plus, et qu'il a achetées au prix de son revenu, est désignée par le nom de *fonds de consommation*.

Il est bien essentiel de remarquer que ces

trois espèces de richesse marchent de même à leur consommation ; car tout ce qui a été créé n'a de valeur pour l'homme qu'en s'appliquant à ses besoins, et ses besoins ne sont satisfaits que par la consommation. Mais le capital fixe ne s'y applique que d'une manière indirecte ; il se consomme lentement pour aider à reproduire ce que l'homme consacre à son usage ; le capital circulant, au contraire, ne cesse d'être appliqué directement à l'usage de l'homme. Il passe au fonds de consommation de l'ouvrier dont il forme le salaire, et qui se l'est procuré en échange du travail qui est son revenu ; lorsque l'opération s'est accomplie, et qu'il s'est reproduit, il passe au fonds de consommation d'une autre classe d'hommes, à celui de l'acheteur qui se l'est procuré avec un revenu quelconque. Toutes les fois qu'une chose est consommée, il y a quelqu'un pour qui elle l'est sans retour, en même temps qu'il peut y avoir quelqu'un pour qui elle est consommée avec reproduction.

Ce mouvement de la richesse est tellement abstrait ; et il demande une si grande force d'attention pour le bien saisir, que nous croyons utile de le suivre dans la plus simple de toutes les opérations, en fixant nos regards sur une seule famille. Un fermier solitaire dans une colonie éloignée, et à l'entrée des déserts, a récolté cent sacs de blé cette année : il n'a point de marché où il puisse les porter : ce blé, dans tous les cas, doit être consommé à peu près dans l'année ; autrement il n'aurait point de valeur pour le fermier; mais celui-ci, avec sa famille, n'en mange que trente sacs ; ce sera sa dépense, c'est l'échange de son revenu, ils ne se reproduisent pour personne. Il appellera ensuite des ouvriers ; il leur fera abattre des bois, dessécher des marais dans son voisinage, et mettre en culture une partie du désert. Ces ouvriers mangeront trente autres sacs de blé ; pour eux ce sera une dépense ; ils se seront mis en état de la faire, au prix de leur revenu, savoir leur travail ; pour le fermier ce sera un échange ; il aura converti ces trente sacs en capital fixe. Enfin il lui reste quarante sacs ; il les sèmera cette année, au lieu de vingt qu'il avait semés l'année précédente ; ce sera son capital circulant qu'il aura doublé. Ainsi les cent sacs se trouveront consommés ; mais sur ces cent il y en aura soixante et dix qui pour lui seront réellement placés, et qui reparaîtront avec un grand accroissement, les uns dès la récolte prochaine, les autres à toutes les récoltes subséquentes.

L'isolement même du fermier que nous venons de supposer nous fait mieux sentir les bornes d'une telle opération. S'il n'a trouvé à faire manger cette année que soixante sacs sur les cent qu'il a récoltés, qui mangera l'année suivante les deux cents sacs produits par l'augmentation de ses semailles? On répondra *sa famille, qui se multipliera*. Sans doute ; mais les générations humaines ne croissent pas si vite que la subsistance. Si notre fermier avait des bras pour répéter chaque année l'opération supposée, sa récolte en blé doublerait toutes les années, et sa famille pourrait tout au plus doubler tous les vingt-cinq ans.

Nous avons distingué trois espèces de richesses dans une famille privée ; reprenons-les en considérant chaque espèce par rapport à la nation entière, et voyons comment le revenu national peut naître de ce partage.

De même qu'il a fallu au fermier un travail primitif pour abattre les bois, ou dessécher les marais qu'il voulait mettre en culture, il faut pour toute espèce d'entreprise, un travail primitif qui facilite et augmente la reproduction du capital circulant. Il faut ouvrir la mine avant d'atteindre le minerai, amener l'eau dans les canaux, et construire le moulin ou l'usine avant de les faire travailler ; bâtir la manufacture, et faire exécuter le métier, avant

de tisser la laine, le chanvre ou la soie. Cette
première avance est toujours accomplie par un
travail, ce travail est toujours représenté par
un salaire, et ce salaire est toujours échangé
contre les objets nécessaires à la vie, que les
ouvriers consomment pendant qu'ils exécutent
ce travail. C'est donc une partie de la consommation annuelle qui est transformée en établissemens durables, propres à augmenter les pouvoirs productifs d'un travail à venir, et que
nous avons nommée capital fixe. Ces établissemens eux-mêmes vieillissent, tombent en décadence, et se consomment lentement à leur
tour, après avoir long-temps contribué à augmenter la production annuelle.

De même qu'il a fallu au fermier des semences qui, après avoir été confiées à la terre, re-
paraissent au quintuple dans la récolte, il faut
à tout entrepreneur de travaux utiles des matières premières qu'il fera ouvrer, et des salaires d'ouvriers, qui équivalent aux objets
nécessaires à la vie, que les ouvriers consomment pendant leur travail. Son opération commence donc par une consommation, qui doit
être suivie par une reproduction plus abondante; car cette reproduction doit être équiva-
lente aux matières premières qui ont été ouvrées, aux objets nécessaires à la vie qui ont

été consommés par les ouvriers pendant leur travail, à l'aliquote dont les métiers et tous les capitaux fixes se sont détériorés pendant la production, enfin aux bénéfices de tous ceux qui ont concouru au travail, et qui n'en ont supporté les fatigues et les risques que dans l'espérance d'y gagner. Le fermier semait vingt sacs de blé pour en récolter cent ; le manufacturier doit faire un calcul à peu près semblable ; et de même que le fermier doit retrouver dans sa récolte, non-seulement ses semences, mais la compensation de tous ses travaux, le manufacturier doit trouver dans sa production, non-seulement les matières premières, mais tous les salaires de ses travailleurs, tous les intérêts et profits de ses capitaux fixes, tous les intérêts et profits de ses capitaux circulans.

Enfin le fermier peut bien augmenter chaque année ses semailles, mais il ne doit pas perdre de vue que ses récoltes, s'augmentant dans la même proportion, il n'est pas sûr qu'il trouve toujours des hommes pour les manger. Le manufacturier, consacrant de même chaque année ses économies à augmenter sa reproduction, ne doit pas perdre de vue la nécessité de trouver des acheteurs et des consommateurs pour les produits croissans de ses ateliers.

Comme le fonds de consommation ne pro-

duit plus rien, et comme chacun travaille sans
cesse à conserver et à augmenter sa fortune,
chacun aussi restreint son fonds de consommation; et, au lieu d'accumuler dans sa maison
des provisions égales à la totalité de son revenu annuel, qui doit successivement passer à
ce fonds, il augmente, au moins momentanément, son capital fixe ou circulant de tout ce
qu'il n'est pas encore prêt à dépenser. Dans
l'état actuel de la société, une partie du fonds
de consommation repose entre les mains des
marchands détaillans, qui attendent la commodité de chaque acheteur; une autre, destinée à se consommer fort lentement, comme
les maisons, les meubles, les voitures, les chevaux, est entre les mains de gens qui font métier d'en louer l'usage, sans en abandonner la
propriété. Une partie considérable de la richesse des nations opulentes est toujours rejetée dans le fonds de consommation; mais,
quoiqu'elle donne encore des bénéfices à ses
détenteurs, elle a cessé d'ajouter à la reproduction nationale.

CHAPITRE V.

Partage du revenu national entre les diverses classse
de citoyeus.

Nous avons dit que trois sources permanentes
de richesses existaient dans la société, et qu'elles donnaient naissance à trois revenus. La
première de ces sources est la terre, dont
la force spontanée, constamment employée à
produire, a seulement besoin d'être dirigée à
l'avantage de l'homme : elle reçoit cette direction du travail. Le capital employé à salarier
le travail est la seconde de ces sources ; la vie,
qui donne la puissance de travailler, est la troisième. Ainsi, toutes trois ont une relation directe avec le travail, et sans travail il n'y a
point de richesse.

La terre, comme source de revenus, a des
rapports faciles à saisir avec le capital fixe, avec
les usines, les moulins, les forges, les mines,
dont la propriété donne aussi un revenu, qui
n'attend pour naître que d'être développé par
le travail de l'homme. La terre, comme l'usine, seconde ce travail et le rend plus productif : les fruits de ce travail comprennent, avec

les gages de l'ouvrier, dans un cas les gages de
la terre, dans l'autre les gages de l'usine, qui
ont travaillé comme des êtres humains.

Mais la puissance de l'usine, pour produire,
est due entièrement à un travail antérieur de
l'homme, qui l'a créée de fond en comble. La
puissance productive de la terre n'est due qu'en
partie à ce travail antérieur, qui l'a enclose,
qui l'a défrichée, qui l'a rendue apte à produire aussitôt qu'un travail annuel la féconde-
rait. Il y a aussi dans la terre, il y a dans la
nature une force productive qui ne vient point
de l'homme, et dont il s'attribue la propriété,
en retour seulement de la peine qu'il prend pour
la diriger. Il en résulte que le travail, consacré
à féconder la terre, est beaucoup plus productif qu'aucun autre, puisqu'il est secondé par
une force spontanée qu'il lui suffit seulement
d'éveiller. Cependant ce même travail, dans
notre vieille Europe, est le moins lucratif de
tous, parce que ses fruits se trouvent partagés
entre l'ouvrier, le fermier, le propriétaire et
le fisc. Dans les colonies où la terre appartient
à qui veut la prendre, et où il n'y a point
d'impôt foncier, l'industrie territoriale a repris son rang naturel.

Par opposition avec la terre, on pourrait
réunir les deux autres sources de richesses ; la

vie qui donne la faculté du travail, et le capital qui le salarie. Lorsque ces deux puissances
sont réunies, elles possèdent en commun une
force expansive, et le travail que l'ouvrier fera
dans cette année, vaudra plus que le travail de
l'année passée, avec lequel cet ouvrier s'entre-
tiendra. C'est à cause de cette mieux value que
l'industrie procure un accroissement constant
de richesses, qui peut, ou former le revenu
des classes industrieuses, ou s'ajouter à leurs
capitaux. Mais en général, le capital qui salarie
le travail et qui le rend possible, n'est point
resté aux mains de celui qui travaille. Il en est
résulté un partage plus ou moins inégal entre
le capitaliste et l'ouvrier, partage dans lequel
le capitaliste s'efforce de ne laisser à l'ouvrier
que justement ce qu'il lui faut pour maintenir
sa vie, et se réserve à lui-même tout ce que
l'ouvrier a produit par-delà la valeur de cette
vie. L'ouvrier, de son côté, lutte pour conserver une part un peu plus considérable dans le
travail qu'il a accompli.

Pour examiner cette lutte, dont les résultats
sont importans, il sera plus simple de faire
abstraction de tous les ouvriers qui sont en
même temps capitalistes, de tous les capitalistes qui sont en même temps ouvriers; selon
que le revenu qu'ils attendent de leurs journées

ou de leurs capitaux est plus considérable, ils
pencheront vers l'un ou l'autre parti. Il faut aussi
faire abstraction de la différence essentielle que
nous venons de signaler entre les revenus qui
naissent de la terre, et ceux qui naissent des capitaux. C'est aussi par les capitaux et le travail
que les premiers naissent de la terre; car les
fermiers, les entrepreneurs de travaux ruraux,
sont des capitalistes. Ils sont, vis-à-vis de leurs
ouvriers, dans une position analogue à celle des
capitalistes des villes; après leur avoir fait l'a-
vance de leur entretien, ils s'efforcent de se
réserver pour eux-mêmes tout le profit de leur
travail, et de ne laisser à l'ouvrier que la part
nécessaire pour le maintenir en vie, et lui
conserver la vigueur dont il a besoin pour recommencer son travail.

Sous ce second point de vue, le revenu national se compose seulement de deux parties,
l'une comprise dans la production annuelle,
l'autre qui lui est étrangère : la première est
le profit qui naît de la richesse, la seconde est
la puissance de travailler qui résulte de la vie.
Sous le nom de richesse, nous comprenons cette
fois la propriété territoriale aussi-bien que les capitaux; et sous le nom de profit, nous rangeons
aussi-bien le revenu net qui sera rendu aux propriétaires, que le bénéfice du capitaliste. Les

premiers ne prennent aucune part à la lutte, et
ce n'est qu'après son résultat que leur rente,
dégagée des profits des capitaux, leur sera livrée.

De même la production annuelle, ou le résultat de tous les travaux faits dans l'année par la
nation, se compose de deux parties; l'une est
la même dont nous venons de parler, le profit
qui résulte de la richesse; l'autre est supposée
égale à la puissance de travailler, contre laquelle elle se donne en échange : c'est la subsistance de ceux qui travaillent.

Ainsi, le revenu national et la production
annuelle se balancent mutuellement et paraissent des quantités égales. Cependant il ne faut
point oublier que la puissance de travailler est
incommensurable avec la richesse. Le salaire
ne représente pas une quantité absolue de travail, mais seulement une quantité de subsistances qui a suffi pour entretenir les travailleurs de
l'année précédente. La même quantité de subsistances mettra en mouvement, l'année suivante, une quantité de travail plus ou moins
grande; et de cette fluctuation, dans l'appréciation de ces deux valeurs, résultent l'augmentation ou la diminution de la richesse nationale, l'aisance ou la misère de la classe productive, la multiplication ou la destruction de
la population.

Il faut encore remarquer que le revenu national se compose de deux quantités, dont l'une est passée et l'autre présente; ou, si l'on veut, l'une présente et l'autre future. L'une, le profit de la richesse, est actuellement dans les mains de ceux qui veulent consommer, et elle résulte des travaux faits dans l'année précédente; l'autre, la volonté et la puissance de travailler, ne devient une richesse réelle qu'à mesure que l'occasion de travailler se présente, et que cette puissance s'échange en même temps contre des objets de consommation.

La totalité du revenu annuel est destinée à être donnée en échange contre la totalité de la production annuelle; par cet échange, chacun pourvoit à sa consommation, chacun remplace un capital reproducteur, chacun fait place et cause une demande pour une reproduction nouvelle. Si le revenu annuel n'achetait pas la totalité de la production annuelle, une partie de cette production resterait invendue, elle obstruerait les magasins des producteurs, elle paralyserait leurs capitaux, et la production s'arrêterait.

Si ceux dont le revenu consiste dans le profit de la richesse éprouvent de telles pertes que ce profit ne leur suffise pas pour vivre, ou bien s'ils se livrent à des habitudes de luxe et des prodigalités qui les engagent à augmenter leur dépense sans que leurs revenus soient augmentés ; si enfin, pour quelque cause que ce soit, ils consacrent à leur consommation au-delà de leurs revenus, ils ne peuvent prendre ce surplus que sur leur capital ; mais, dans ce cas, ils diminuent d'autant le revenu de la classe travaillante ; car tout ce qu'ils nomment capital doit être donné en échange du travail, qui est le revenu de cette classe. Le riche fait la loi au pauvre ; s'il mange son capital, il se ruine il est vrai, et son intérêt seul doit l'en empêcher ; mais s'il ferme les yeux sur cet intérêt, s'il mange son capital, le reste de ce capital diminué est tout ce que le pauvre recevra pour prix de son travail de l'année. Le revenu du pauvre est bien le même, car il a encore la même puissance de travailler ; mais l'estimation de ce revenu n'est plus la même ; car en échange de son travail il recevra une moindre part de la production annuelle, ou moins de subsistance.

Lorsque le riche, au contraire, épargne sur ses revenus pour ajouter à son capital, il prend pour lui-même une moindre part dans le produit annuel de l'industrie, et il en laisse une plus grande à donner en échange du travail : autant il a retranché sur son revenu, autant le

revenu du pauvre est augmenté; non-seulement parce qu'il reçoit une plus grande part
de subsistance en échange de son travail, mais
aussi parce que ce travail qu'il donne est plus
considérable. Si la population ne suffit pas
pour se livrer à une augmentation de travail, la
population s'accroît bientôt en raison de l'augmentation de salaire; car il n'y a jamais que la
misère qui arrête la multiplication de l'espèce
humaine. Dès que la misère cesse, les enfans,
qui seraient morts en bas âge, vivent pour
jouir de cette nouvelle abondance; les céliba-
taires, qui n'auraient point eu d'enfans, se
marient pour en avoir et les faire profiter de
la demande de travail.

Le riche fait donc le bien du pauvre lorsqu'il
épargne sur son revenu pour ajouter à son capital, car faisant lui-même le partage de la
production annuelle, tout ce qu'il nomme revenu, il le garde pour le consommer lui-même;
tout ce qu'il nomme capital, il le cède au pauvre, pour que celui-ci en fasse son revenu.
Mais le riche, en faisant ce partage, doit avoir
une autre considération devant les yeux, celle
de ne jamais encourager un travail qui n'est
pas demandé; car le produit du travail qu'il
aura ordonné sans de justes motifs, ou ne se
vendra pas, ou se vendra mal : alors les profits

qu'il en attendait l'année suivante, ou seront diminués, ou se changeront même en perte; et après avoir fait naître une population active, qui n'avait de revenus que ses bras, il la privera de la subsistance qu'il lui avait fait espérer en échange de son travail.

Après ces réflexions générales sur le premier partage du revenu, il conviendra de le suivre dans sa distribution entre toutes les branches de la société.

Le fermier, après avoir prélevé sur sa récolte, des semences égales à celles de l'année précédente, y trouve encore la partie dont il se nourrit avec sa famille; il se l'approprie et la consomme en échange de son revenu qui consistait dans son travail annuel; il y trouve aussi la partie dont il nourrit ses manouvriers, au même titre, en échange de leur travail; il y trouve encore la partie avec laquelle il satisfera le propriétaire de terre, qui a acquis un droit à ce revenu par les travaux primitifs des défriche-mens, qu'il ne renouvelle plus, ou simplement par l'occupation d'un terrain vacant. Enfin, il y trouve la partie avec laquelle il paiera l'intérêt de ses dettes, ou se compensera à lui-même l'emploi de son propre capital, et c'est un revenu auquel il a acquis des droits par le travail primi-tif auquel son capital a dû sa naissance. On

peut même ajouter une cinquième partie, qui
naîtra aussi de la production annuelle de ses
champs, c'est la rétribution qu'il paiera à tous
les gardiens de ses droits, de sa personne et
de la société. Ces gardiens, magistrats, soldats, jurisconsultes, médecins, y acquièrent
des droits par un travail non-productif, ou qui
ne laisse point de traces.

De même le manufacturier trouve, dans le
produit annuel de sa manufacture, d'abord la
matière première qu'il a employée, puis l'é-
quivalent du salaire de lui-même et de ses ouvriers, revenu auquel le travail seul leur donne
des droits ; l'équivalent de l'intérêt et du détriment annuel de ses capitaux fixes, revenu auquel lui-même, ou leur propriétaire, a acquis
des droits par un travail primitif ; l'équivalent,
enfin, de l'intérêt et du profit de ses capitaux
circulans, auxquels un autre travail primitif a
donné naissance ;

On voit que, malgré l'opposition que nous
avons établie entre les revenus qui naissent de
la richesse, et ceux qui ne sont qu'une puissance de travail, il règne entre eux, cependant,
un rapport essentiel ; leur origine est la même,
mais à une époque différente. Parmi ceux qui
se partagent le revenu national, les uns y acquièrent chaque année un droit nouveau par

un nouveau travail, les autres y ont acquis antérieurement un droit permanent par un travail primitif, qui a rendu le travail annuel plus avantageux. Chacun n'obtient sa part du revenu national, qu'en raison de ce que lui-même ou ses ayant-cause ont fait ou font pour le faire naître ; ou bien, comme nous le verrons bientôt, il la reçoit de seconde main, en compensation des services qu'il rend aux autres. Or, celui qui consomme sans remplir la condition qui seule lui donne des droits au revenu, celui qui consomme sans avoir de revenu, ou par delà son revenu, se ruine, et la nation, composée de tels consommateurs, se ruine aussi ; car le revenu est une quantité dont la richesse nationale s'est augmentée chaque année, et qui peut, par conséquent, être détruite, sans que la nation demeure plus pauvre. Mais la nation qui détruit une quantité de richesses supérieure à cette augmentation annuelle, sans la reproduire, détruit les moyens mêmes auxquels elle aurait dû une égale reproduction dans les années subséquentes.

CHAPITRE VI.

Détermination réciproque de la production par la consommation, et de la dépense par le revenu.

La richesse nationale, dans sa progression, suit un mouvement circulaire; chaque effet devient cause à son tour, chaque pas est réglé par celui qui le précède, et détermine celui qui le suit, et le dernier ramène le premier dans le même ordre. Le revenu national doit régler la dépense nationale, celle-ci doit absorber, dans le fonds de consommation, la totalité de la production; la consommation absolue détermine une reproduction égale ou supérieure, et de la reproduction naît le revenu. La richesse nationale continue à s'accroître, et l'état à prospérer, si une consommation prompte et entière détermine toujours une reproduction supérieure, et si les autres parties de la richesse, qui sont en rapport les unes avec les autres, suivent ce mouvement d'un pas égal, et continuent à s'accroître d'une manière graduelle; mais dès que la proportion entre elles est rompue, l'état dépérit.

Le revenu national doit régler la dépense

nationale. Nous avons vu que ce revenu est de deux natures, un profit matériel chez les riches, une puissance de travailler chez les pauvres. Les premiers n'ont besoin que de se consulter eux-mêmes pour échanger ce profit sur la richesse qui fait leur revenu, contre les divers objets de consommation qui satisferont leurs besoins ou leurs désirs; mais, s'ils dépassent leur revenu, ils sont nécessairement forcés d'emprunter sur le capital même de cette richesse d'où leurs profits sont nés, ils diminuent leurs profits pour l'avenir, ils se ruinent.

Les pauvres qui n'ont que leur travail pour revenu, sont, avant de le dépenser, dans la dépendance de la classe supérieure. Il faut qu'ils réalisent ce travail, il faut qu'ils le vendent avant de pouvoir obtenir la jouissance de ses fruits ; et ils ne peuvent le vendre qu'à ces riches qui, après avoir dépensé leur revenu pour eux-mêmes, échangent leur capital restant avec les pauvres. La puissance de travailler est un revenu dès que cette puissance est employée; elle n'est rien si elle ne trouve point d'acheteur ; et, même employée en son entier, elle augmente ou diminue de valeur selon qu'elle est plus ou moins recherchée. Le pauvre ne dépensera donc son revenu, le travail, qu'après l'avoir vendu, et il réglera sa dépense sur le prix auquel il l'aura vendu. Toute dépense qu'il fait par delà ce prix, qu'il y pourvoie par ses petites épargnes ou par ses emprunts, est ruineuse pour lui-même et pour la société; d'autre part, toute privation qu'il s'impose, d'après la modicité ou la cessation de ce prix, est également ruineuse pour la société, dès qu'elle attaque sa vie, sa santé ou ses forces, car elle diminue ou détruit sa faculté future de travailler, qui fait une partie si essentielle du revenu social.

Ainsi le pauvre comme le riche ne doivent pas dépasser dans leur dépense leur revenu réalisé, et toute la dépense sociale est réglée par le revenu social.

D'autre part, la dépense nationale doit absorber, dans le fonds de consommation, la totalité de la production nationale. Pour suivre ces calculs avec plus de sûreté, et simplifier ces questions, nous faisons, jusqu'à présent, complétement abstraction du commerce étranger, et nous supposons une nation isolée; la société humaine est elle-même cette nation isolée, et tout ce qui serait vrai d'une nation sans commerce, est également vrai du genre humain.

Nous avons vu que le but unique du travail de l'homme est de pourvoir à ses besoins, que rien entre ses produits n'a de valeur que ce qui s'applique à son usage; que cet usage consiste toujours à détruire, tantôt avec rapidité, tantôt avec une extrême lenteur; mais qu'enfin, dès le moment où il commence à jouir de la richesse et où il la retire de la circulation, il commence à la consommer. Il n'importe pas, pour que la richesse ait atteint son but, qu'elle soit déjà dissipée à l'usage de l'homme; il suffit qu'elle soit déja retirée du marché et changée en jouissance, ou qu'elle ait passé au fonds de consommation.

Tant que la richesse n'a pas reçu cette destination, elle arrête la reproduction de la quantité égale qui doit la remplacer. Le solitaire, quand il a une fois plus de nourriture, plus de vêtemens, plus de logemens qu'il n'en peut destiner à son usage, cesse de travailler. Il n'ira pas semer pour ne pas récolter, tisser pour ne pas se vêtir, bâtir pour ne pas habiter; il trouvera sans doute de la jouissance dans un certain superflu, et, s'il le peut, il créera pour lui-même, non le nécessaire, mais l'abondance. Cette abondance est un plaisir de l'imagination; elle a cependant ses bornes. Quand le superflu ne flattera pas plus son imagination qu'il ne sera nécessaire à ses besoins, le solitaire cessera de travailler; il trouvera que

c'est payer trop cher un si mince plaisir que
de l'acheter par de la fatigue. La société est
exactement comme cet homme : en se partageant les rôles, elle n'a point changé les motifs qui la déterminent. Elle ne veut plus de
nourriture quand il n'y a personne pour la
manger, et quand personne ne croit qu'il
la mangera ; elle ne veut plus d'habits quand
personne ne veut en mettre davantage dans sa
garde-robe, plus de logemens quand personne
ne veut les réserver pour son habitation.

Mais la borne que la consommation met à
la reproduction se fait encore bien plus sentir
dans la société que dans l'individu isolé : alors
même que la société compte un très-grand nombre d'individus mal nourris, mal vêtus, mal
logés, elle ne veut que ce qu'elle peut acheter ;
et, comme nous l'avons vu, elle ne peut acheter
qu'avec son revenu. Si l'on crée pour elle beaucoup plus d'objets de luxe que les riches ne perçoivent de revenus de leurs capitaux, ces riches
auront peut-être envie de les avoir, ils conce-
vront comment ils pourraient en tirer de nouvelles jouissances ; ils ne les achèteront pas,
cependant, sous peine de se ruiner, car il faudrait pour cela qu'ils empruntassent sur leurs
capitaux, c'est-à-dire, qu'ils retranchassent du
revenu actuel du pauvre, et de leurs propres

revenus à venir. Celui d'autre part qui aura
produit ces objets de luxe, ne trouvant point à
les échanger contre le revenu du riche, ne
rentrant point dans son capital, ne pourra
recommencer son opération, et son travail
sera suspendu.

Si l'on crée pour les pauvres beaucoup plus
d'objets de subsistance, non pas qu'ils n'en
peuvent consommer, mais qu'ils n'obtiennent
de revenu en échange de leur travail, il n'est
pas douteux qu'ils seraient fort disposés à être
mieux nourris, mieux vêtus, mieux logés, et
qu'ils ne le seront pas cependant ; car leur envie ne déterminera pas les riches à leur offrir
un plus haut salaire, à leur demander plus de
travail : eux-mêmes, ou n'ont rien à donner
en échange par delà ce travail, ou, s'ils ont
un petit fonds qu'ils dissipent, ils en deviennent plus misérables. Le blé pourra donc rester non vendu auprès d'une multitude qui aura
faim, et le producteur, ne rentrant point dans
son capital, ne pourra recommencer ses avances, en sorte que son travail cessera.

La surabondance des productions amène
toutefois une consommation plus forte par la
baisse de leur prix ; mais le résultat n'en est
pas plus avantageux. Si les producteurs appor-
tent sur le marché deux fois plus de marchan-

dises de luxe que ne monte le revenu des riches, et qu'ils soient résolus à les vendre, il seront forcés d'en donner la totalité pour la totalité de ce revenu, c'est-à-dire, à 5o pour 100 de perte. Les riches croiront avoir gagné comme consommateurs, en obtenant à meilleur marché ce qu'ils ne désiraient guère ; mais c'est parmi les riches que se trouvent aussi les producteurs, et, en cette qualité, ils perdront plus qu'ils n'auront gagné, car ils perdront du nécessaire. Leur perte de 5o pour 100 sur la vente de la production annuelle se répartira entre leur capital et leur revenu. En diminuant leur revenu, elle réduira leur consommation de l'année suivante ; en diminuant leur capital, elle réduira la demande pour le travail des pauvres, et elle diminuera leur revenu dans toutes les années subséquentes.

Si les producteurs amènent sur le marché deux fois plus de subsistances que ne vaut le salaire du pauvre, ils seront de même obligés de les céder contre la valeur de ce salaire, et avec une perte de 5o pour 100. Le pauvre en profitera comme consommateur pour cette année ; mais la perte de 5o pour 100 dans le capital où le revenu du producteur se fera, dès l'année suivante, cruellement sentir à lui. Tout ce que le riche aura perdu de revenu, il le retranchera sur sa consommation, et il y aura moins de demande des fruits du travail du pauvre; tout ce que le riche aura perdu de son capital, il le retranchera sur les salaires qu'il paie, et le travail, qui est le revenu du pauvre, en vaudra moins.

C'est ainsi que la dépense nationale, limitée par le revenu, doit absorber, dans le fonds de consommation, la totalité de la production.

La consommation absolue détermine une reproduction égale ou supérieure. C'est dans ce point que le cercle peut s'étendre et se changer en spirale : l'année passée avait produit et consommé comme dix; on peut se flatter que l'année prochaine, en produisant comme onze, consommera aussi comme onze. La plus ou moins grande facilité avec laquelle s'est accompli la consommation, indique le résultat plus ou moins heureux d'une opération semblable qui s'était faite l'année précédente. Déjà les riches avaient retranché quelque chose de leur revenu pour l'ajouter à leur capital ou aux salaires qu'ils offrent aux pauvres : plus d'ouvrage avait été achevé en conséquence. Si plus d'ouvrage s'est vendu et bien vendu, ce nouveau capital a donc fait naître un revenu proportionné, et ce revenu demande une nouvelle consommation. L'épargne faite l'année passée

se partagera l'année prochaine ; une portion
comme revenu augmentera les jouissances du
riche , une portion comme salaire augmentera
les jouissances du pauvre. L'opération faite avec
prudence et mesure peut donc se continuer.
Mais on la rendrait ruineuse en la précipitant.
C'est le revenu de l'année passée qui doit payer
la production de cette année ; c'est une quantité predéterminée qui sert de mesure à la
quantité indéfinie du travail à venir. L'erreur
de ceux qui excitent à une production illimitée
vient de ce qu'ils ont confondu ce revenu passé
avec le revenu futur. Ils ont dit qu'augmenter
le travail , c'est augmenter la richesse , avec
elle le revenu , et en raison de ce dernier la
consommation. Mais on n'augmente les richesses qu'en augmentant le travail demandé ,
le travail qui sera payé à son prix ; et ce prix,
fixé d'avance , c'est le revenu préexistant. On
ne fait jamais après tout qu'échanger la totalité
de la production de l'année contre la totalité
de la production de l'année précédente. Or, si
la production croît graduellement , l'échange
de chaque année doit causer une petite perte ,
en même temps qu'elle bonifie la condition
future. Si cette perte est légère et bien répar-
tie , chacun la supporte sans se plaindre sur
son revenu ; c'est en cela même que consiste

l'économie nationale, et la série de ces petits
sacrifices augmente le capital et la fortune publique. Mais, s'il y a une grande disproportion
entre la production nouvelle et l'antécédente,
les capitaux sont entamés, il y a souffrance, et
la nation recule au lieu d'avancer.

Enfin, de la reproduction naît le revenu ;
mais ce n'est pas la production elle-même qui
est le revenu : elle ne prend ce nom, elle n'o-
père comme tel, qu'après qu'elle a été réali-
sée, qu'après que chaque chose produite a
trouvé le consommateur qui en avait le besoin
ou le désir, et qui, la retirant à son fonds de
consommation, en a donné en échange la valeur. C'est alors que le producteur fait son
compte ; que de l'échange qu'il vient d'accomplir il dégage d'abord son capital en son entier ;
qu'il voit ensuite les profits qui lui restent ;
qu'il pourvoit à son tour à ses jouissances, et
qu'il recommence ses opérations.

Par tout ce que nous venons de dire, on voit
que le dérangement dans le rapport réciproque
entre la production, le revenu et la consommation, devient également préjudiciable à la
nation, soit que la production donne un
moindre revenu que de coutume, ou qu'une
partie du capital passe au fonds de consommation, ou qu'au contraire cette consomma-

tion diminue, et ne réclame plus une production nouvelle. Il suffit que l'équilibre soit rompu pour qu'il y ait souffrance dans l'état. La production peut diminuer lorsque des habitudes d'oisiveté se répandent parmi les classes laborieuses ; le capital peut diminuer lorsque la prodigalité ou le luxe deviennent à la mode ; la consommation enfin peut diminuer par des causes de misère étrangères à la diminution du travail ; et cependant, comme elle ne laissera point de place à une reproduction future, elle diminuera le travail à son tour.

Ainsi les nations courent des dangers qui semblent contradictoires. Elles peuvent se ruiner également en dépensant trop, et en dépensant trop peu. Une nation dépense trop, toutes les fois qu'elle excède son revenu, car elle ne peut le faire qu'en entamant ses capitaux, et diminuant ainsi sa production à venir. Elle fait alors ce que ferait le cultivateur solitaire, qui mangerait le blé qu'il devrait réserver pour ses semailles. Elle dépense trop peu toutes les fois que, n'ayant pas de commerce étranger, elle ne consomme pas sa production, ou qu'en ayant un, elle ne consomme pas l'excédant de sa production sur son exportation : car alors elle se trouve bientôt dans le cas où se trouverait le cultivateur solitaire, lorsque tous ses greniers seraient pleins fort au-delà de toute possibilité de consommation, et que, pour ne pas faire un travail inutile, il serait obligé de renoncer à ensemencer ses terres.

Heureusement, lorsque la nation ne s'engage pas dans un faux système, lorsque son gouvernement ne lui donne pas une impulsion qui l'écarte de ses intérêts naturels, les accroissemens du capital, du revenu et de la consommation marchent le plus souvent d'eux-mêmes d'un pas égal, sans qu'on ait besoin d'y tenir la main ; et, lorsque l'une de ces trois parties correspondantes de la richesse se trouve dépasser momentanément les autres, le commerce étranger est presque toujours tout prêt pour rétablir l'équilibre.

On pourrait croire que, lorsque j'accuse les économistes les plus célèbres d'avoir accordé trop peu d'attention à la consommation, ou au débit, dont il n'y a pas un négociant qui ne sente l'importance décisive, je combats une erreur qui n'existe que dans mon imagination. Mais je trouve cette opinion reproduite dans le dernier ouvrage de M. Ricardo, sous le point de vue qui prête le plus à la critique ; et M. Say n'a point combattu dans ses notes une opinion qui ne s'éloigne pas des siennes, qui même,

jusqu'à un certain point, peut aussi être attri-
buée à Adam Smith.

« Quand les productions annuelles d'un pays,
» dit M. Ricardo (1), surpassent les consom-
» mations annuelles, on dit qu'il augmente
» son capital ; et, quand la consommation an-
» nuelle n'est pas tout au moins remplacée par
» la production annuelle, on dit que le capi-
» tal national diminue. L'augmentation de ca-
» pital peut donc être due à un accroissement
» de production, ou à une diminution de con-
» sommation. Si la consommation du gouver-
» nement, lorsqu'elle est augmentée par la le-
» vée de nouveaux impôts, est suivie, soit
» d'une augmentation de production , soit
» d'une consommation moins forte de la part
» de la nation, l'impôt ne frappera que le re-
» venu, et le capital national restera intact. »

Quoi donc! c'est également un signe de prospérité pour la fabrique de chapeaux de la ville
de Lyon, d'avoir fait cent mille chapeaux en
1817, et d'en avoir fait cent dix mille en 1818,
ou bien d'en avoir fait cent mille cette dernière
année , mais de n'en avoir vendu que quatre-
vingt-dix mille ; car, dans l'un et l'autre cas,

_____

(1) Traduction, chap. VII, p. 239.

il y en aura dix mille de plus? Sans doute on ne trouverait pas un marchand chapelier qui, sans se croire un grand économiste, ne sût répondre que, si en 1818 on a fait cent dix mille chapeaux au lieu de cent mille, on y a gagné, pourvu qu'on les ait tous vendus à leur prix ; on y a perdu si l'on n'a pas pu vendre les dix mille de plus : mais que, si en 1818 on n'a fait que cent mille chapeaux comme en 1817, et si de plus il en est resté dix mille qu'on n'a pas pu vendre, on y a certainement perdu.

Pour qu'il y ait quelque chose de vrai dans la proposition de M. Ricardo, il faut faire entrer en ligne de compte le commerce étranger ; et aussitôt on s'aperçoit de combien de modifications elle a besoin.

Si les Lyonnais ont fabriqué, en 1817, cent mille chapeaux, qu'ils ont vendus vingt francs pièce aux seuls consommateurs de la ville, ce qui fera deux millions reçus par une classe de Lyonnais et payés par l'autre, et si en 1818 ils fabriquent une quantité égale de chapeaux qui se vendent au même prix, tout aussi promptement, de telle sorte cependant que dix mille chapeaux soient achetés par des habitans des campagnes, et que dix mille Lyonnais se passent de chapeaux, on pourra dire que ceux-ci auront fait une économie de deux cent mille francs sans que les chapeliers aient rien perdu. Si au contraire, en 1818, les chapeliers vendent au même prix et tout aussi promptement cent mille chapeaux aux habitans de Lyon, et de plus dix mille aux campagnards, on pourra dire que la fabrique de chapeaux a augmenté son capital de deux cent mille francs, sans qu'il en ait rien coûté aux consommateurs lyonnais; et les deux résultats, sous un certain point de vue, pourront être considérés comme égaux pour la ville de Lyon. Mais ce n'est pas l'augmentation de la production dans le premier cas; ce n'est pas la diminution de la consommation dans le second, qui augmenteront ou maintiendront le capital national; c'est la demande nouvelle faite par des consommateurs en état de payer, et de payer au même prix. Quant à la vente aux campagnards plutôt qu'aux habitans de Lyon, il en résulte une différence pour le bilan de la ville de Lyon, il n'en résulte aucune pour la France : de même, quant à la différence entre les ventes à des Français et à des étrangers, elle n'existe que dans le bilan de la France, et non dans celui de la société humaine. Quand on examine celui-ci, d'après lequel se règle le commerce du

monde, on voit toujours que l'accroissement
de la consommation peut seul décider l'accroissement de la reproduction, et qu'à son tour la
consommation ne peut être réglée que par le
revenu des consommateurs.

CHAPITRE VII.

Comment le numéraire simplifia l'échange des richesses.

Nous avons à dessein conduit jusqu'ici l'histoire de la formation et du progrès des richesses, sans parler du numéraire, pour faire mieux sentir qu'en effet il n'est point nécessaire à ces progrès. Le numéraire ne créa point la richesse, mais il simplifia tous les rapports, il facilita toutes les opérations de commerce, il donna à chacun le moyen de trouver plus tôt ce qui lui convenait le mieux; et, en présentant ainsi un bénéfice à tout le monde, il augmenta encore une richesse qui s'augmentait déjà sans lui.

Les métaux précieux sont une des nombreuses valeurs produites par le travail de l'homme et applicables à ses usages. On remarqua qu'ils avaient, plus qu'aucune autre espèce de richesses, la propriété de se conserver indéfiniment sans s'altérer, et la propriété non moins précieuse de se réunir sans difficulté en un seul tout, après avoir été divisés presque à l'infini. Les deux moitiés d'une toison, d'une pièce d'étoffe, et moins encore d'une pièce de bétail, quoiqu'on suppose que celles-ci furent employées autrefois comme monnaie, ne valent point une pièce entière ; mais les deux moitiés, les quatre quarts d'une livre d'or, sont et seront toujours une livre d'or, à quelque point qu'on les sous-divise et pendant quelque temps qu'on les conserve.

Comme le premier des échanges dont les hommes sentent le besoin est celui qui les met en mesure de conserver pour l'avenir le fruit de leur travail, chaque homme se montra empressé de recevoir des métaux précieux en échange de son superflu, quel qu'il fût, encore qu'il n'eût aucune intention de faire usage de ces métaux pour lui-même; mais il était sûr de les échanger de la même manière et pour la même raison à l'avenir, contre la chose dont il aurait besoin. Dès lors les métaux précieux commencèrent à être recherchés, non plus pour les employer aux usages de l'homme, comme ornemens ou comme ustensiles, mais d'abord pour les accumuler, comme représentans de toute autre espèce de richesses, ensuite pour les employer dans le commerce, comme moyen de faciliter les échanges.

La poudre d'or est restée jusqu'à ce jour dans son état primitif, l'intermédiaire du commerce chez les nations africaines. Une fois cependant que sa valeur est universellement reconnue, il ne reste plus à faire qu'un pas bien facile, et bien moins important, jusqu'à sa conversion en monnaie qui garantisse, par une empreinte légale, le poids et le titre de chaque parcelle des métaux précieux en circulation.

L'invention de la monnaie donna une activité toute nouvelle aux échanges : elle partagea en quelque sorte chaque contrat en deux parties. Auparavant, il fallait toujours considérer en même temps ce qu'on voulait recevoir et ce qu'on voulait donner : au moyen du numéraire, chacune de ces opérations fut faite séparément : l'estimation de ce qu'on voulait recevoir s'appela *achat*; l'estimation du superflu dont on voulait se défaire s'appela *vente* : et les deux marchés furent faits indépendamment l'un de l'autre. Le cultivateur, pour se défaire de son blé, n'attendit plus de rencontrer le marchand d'habits qui lui fournirait la chose qui lui manquait; il lui suffit de trouver de l'argent, assuré que, contre cet argent, il aurait toujours ensuite la chose désirée. L'acheteur, de son côté, n'eut jamais besoin de songer à ce qui pourrait convenir au vendeur; avec son argent il fut toujours sûr de le satisfaire. Aussi, tandis qu'avant l'invention du numéraire il fallait une rencontre heureuse de convenances pour qu'un échange pût prendre place, il n'y eut presque plus, après son invention, d'acheteur qui ne trouvât un vendeur, ou de vendeur qui ne trouvât un acheteur.

Toutes les opérations dont nous avons rendu compte dans les chapitres précédens, et qui constituent le progrès des richesses dans la société, furent simplifiées par l'introduction du numéraire dans les échanges ; mais, comme d'autre part il doubla le nombre de tous les contrats, elles furent moins faciles à saisir pour l'observateur. L'opération créatrice de la richesse, nous l'avons vu, est l'échange d'une partie de la production consommable, annuelle, qui forme le capital des riches, contre le travail qui forme le revenu des pauvres. Mais cette opération se partage en un grand nombre de contrats, et s'exprime par autant de différentes sommes d'argent. Les producteurs vendirent la production de l'année, et sur son montant ils évaluèrent en argent leur revenu d'une part, leur capital de l'autre. Avec le revenu ils achetèrent les objets dont ils avaient besoin ou envie pour leur consommation : ce fut leur dépense ; et par ces deux contrats l'échange fut accompli. Avec leur capital ils achetèrent le revenu en travail qu'avaient à vendre

les pauvres : ce travail fut évalué en argent ;
les pauvres à leur tour, avec cet argent, achetèrent les objets dont ils avaient besoin pour
leur subsistance : ce fut leur dépense ; et la seconde partie de l'échange de la production annuelle fut accomplie.

Non-seulement le capital fut alors estimé en
argent, mais il parut n'être en effet que de
l'argent; le langage contribua à confondre les
deux idées, et il faut toujours un effort d'abstraction pour bien se souvenir que le capital
n'est pas l'argent, ou qu'il ne l'est du moins
que pendant un moment donné; mais qu'il est
réellement cette partie de la richesse consommable qui est donnée aux ouvriers en échange
de leur travail annuel.

Le revenu des riches fut également estimé
en argent, et il faut aussi un effort d'attention
pour bien se souvenir que l'argent n'en est que
momentanément la mesure, tandis que ce revenu consiste réellement dans la partie de la richesse consommable, que les riches échangent
contre une autre partie égale en valeur, de la même richesse, destinée à pourvoir à leurs besoins.

Enfin le salaire des pauvres fut toujours
compté en argent, et il faut une égale attention pour voir qu'il est identique avec le capital du riche ; c'est-à-dire, qu'il est cette par-

tie de la richesse consommable donnée aux ouvriers en échange de leur travail annuel.

Ainsi, le numéraire simplifia toutes les opérations mercantiles, et il compliqua toutes les
observations philosophiques dont ces mêmes
opérations sont l'objet. Autant cette invention
montra clairement à chacun le but qu'il devait
se proposer dans chaque marché, autant elle
rendit confus et obscur l'ensemble de ces marchés, et difficile à saisir la marche générale du
commerce.

CHAPITRE VIII.

Comment le commerce seconda la production et remplaça le capital producteur.

Les échanges d'abord, les achats et les ventes qui les remplacèrent ensuite, furent habituellement des actes volontaires, auxquels chacun ne se prêta que parce qu'il avait jugé que la chose qu'on lui donnait en échange valait réellement celle qu'il cédait. On pouvait donc en conclure que toutes les valeurs étaient données contre des valeurs complétement égales, et que la masse des échanges annuels n'ajoutait rien à la richesse de la société. Cependant ces marchés pouvaient encore être considérés sous un autre point de vue; et c'est en effet sur une appréciation plus exacte de leur résultat que le commerce est fondé. Jamais les échanges n'étaient conclus sans avantage des deux parts. Le vendeur trouvait du bénéfice à vendre, et l'acheteur à acheter : l'un tirait de l'argent qu'il recevait un plus grand parti qu'il n'aurait fait de ses marchandises; l'autre, de la marchandise qu'il acquérait un plus grand parti qu'il n'aurait fait de son argent. Tous deux avaient gagné, et par conséquent la nation gagnait doublement à leur marché.

De même, lorsqu'un maître mettait un ouvrier à l'ouvrage, et lui donnait en échange contre son travail un salaire qui correspondait à sa subsistance, tous deux gagnaient encore : l'ouvrier, parce qu'on lui avançait les fruits du travail avant qu'il fût fait; le maître, parce que le travail de cet ouvrier valait plus que son salaire, et la nation gagnait avec tous deux; car la richesse nationale devant, en dernière analyse, se réaliser en jouissances, tout ce qui est plus commode, ou tout ce qui augmente les jouissances des individus, doit être considéré comme gagné pour tous.

Les produits de la terre et ceux des manufactures appartenaient souvent à des climats fort éloignés de ceux qu'habitaient leurs consommateurs. Une classe d'hommes se chargea de faciliter tous les échanges, moyennant une participation aux bénéfices qu'ils présentent; elle donna de l'argent au producteur au moment où son ouvrage était fini, et où il était pressé de vendre. Après avoir transporté la marchandise au lieu où l'on en sentait le besoin, elle attendit la commodité du consommateur, et lui détailla par parcelles ce qu'il n'était point en état d'acheter tout en une fois.

Elle rendit service à.tous, et se paya elle-même de ses services, par la part qu'on nomme les profits du commerce : ils furent fondés sur le bénéfice des échanges bien entendus. Le producteur du nord estimait que deux mesures de sa marchandise équivalaient à une mesure de celle du midi : le producteur du midi, au contraire, estimait que deux mesures de la sienne n'en valaient qu'une de celle du nord. Entre ces deux équations si différentes, il y avait de quoi couvrir tous les frais de transport, tous les profits du commerce, et tout l'intérêt de l'argent avancé pour le faire. En effet, dans la vente des marchandises que transportait le commerce, devait se retrouver d'abord le capital remboursé au manufacturier, ensuite les salaires des matelots, voituriers, commis, et de tous les ouvriers qu'emploie le commerçant; puis l'intérêt des fonds que le négociant fait travailler, et enfin le profit mercantile.

Le commerçant se plaça entre le producteur et le consommateur pour rendre service à l'un et à l'autre, et se faire payer ce service par l'un et par l'autre. De même qu'il y avait eu division du travail productif parmi les ouvriers, il y eut division de ce second travail, qui consistait à diriger les capitaux, et l'effet en fut le même; après cette division, plus d'ouvrage fut

mieux fait avec les mêmes forces. Le soin de
surveiller les ouvriers, de diriger leurs efforts,
de leur distribuer les matières premières et d'en
vérifier les produits, demandait une tout autre
occupation de l'esprit, et un tout autre apprentissage que le soin de comparer les diverses
productions et les divers besoins des climats
éloignés et des peuples séparés de législation
et de langage. Il y eut plus de certitude dans
les opérations, plus de régularité dans le
service, quand ces deux métiers ne furent
plus réunis. Le marchand en gros fit son affaire d'acheter du fabricant la marchandise
au moment où elle était terminée; et, après
avoir comparé les demandes des marchés divers, de la faire parvenir au lieu où le consommateur paraissait le plus empressé à s'en
charger. Dans cette opération, le marchand
était encore, en quelque sorte, un directeur de
travaux, et il avait des ouvriers sous ses ordres, savoir : ses commis d'une part, ses matelots, charretiers, porte-faix de l'autre. Tous
concouraient indirectement à la production ;
car celle-ci, ayant pour objet la consomma-
mation, ne peut être considérée comme accomplie que quand elle a mis la chose produite
à portée du consommateur.

La comparaison des divers marchés des peuples éloignés donna lieu de considérer aussi les diverses monnaies et les diverses manières de payer; et le commerce se subdivisa pour attribuer aux banquiers la fonction de balancer les échanges des producteurs d'un pays avec les producteurs d'un autre, des consommateurs d'un pays avec les consommateurs d'un autre, de telle manière qu'il suffit des transports de marchandises pour qu'ils se payassent réciproquement, sans qu'il fallût encore faire des transports d'argent. Les banquiers, qui se séparèrent ainsi des marchands pour les servir, n'en contribuèrent pas moins, quoique d'une manière indirecte, au grand échange de la production contre le revenu des consommateurs, et de celui-ci contre la reproduction.

L'étude des marchés du monde pouvait distraire le négociant d'une autre étude non moins essentielle et plus rapprochée de lui, de celle des besoins du consommateur qui vivait à sa porte; le détaillant s'en chargea en en soulageant le marchand, et il consentit, moyennant une part au bénéfice, à garder dans sa boutique ce que le consommateur aurait fait entrer dans son fonds de consommation, s'il avait déjà eu la disposition de la partie de son revenu avec laquelle il aurait dû l'acquérir. Le détaillant attendit sa commodité, et la lui fit payer.

Le commerce emploie un capital considérable qui paraît, au premier coup d'œil, ne point faire partie de celui dont nous avons détaillé la marche. La valeur des draps accumulés dans les magasins du marchand drapier semble d'abord tout-à-fait étrangère à cette partie de la production annuelle que le riche donne au pauvre comme salaire pour le faire travailler. Ce capital n'a fait cependant que remplacer celui dont nous avons parlé. Pour saisir avec clarté les progrès de la richesse, nous l'avons prise à sa création, et nous l'avons suivie jusqu'à sa consommation. Alors le capital employé dans les manufactures de draps, par exemple, nous a paru toujours le même : échangé contre le revenu du consommateur, il ne s'est partagé qu'en deux parties : l'une a servi de revenu au fabricant comme profit, l'autre a servi de revenu aux ouvriers comme salaire, tandis qu'ils fabriquaient de nouveau drap.

Mais on trouva bientôt que, pour l'avantage de tous, il valait mieux que les diverses parties de ce capital se remplaçassent l'une l'autre, et que, si cent mille écus suffisaient à faire toute la circulation entre le fabricant et le consommateur, ces cent mille écus se partageassent également entre le fabricant, le marchand en gros et le marchand en détail. Le premier,

avec le tiers seulement, fit le même ouvrage
qu'il aurait fait avec la totalité, parce qu'au
moment où sa fabrication était terminée, il
trouvait le marchand acheteur beaucoup plus
tôt qu'il n'aurait trouvé le consommateur. Le
capital du marchand en gros se trouvait de son
côté beaucoup plus tôt remplacé par celui du
marchand en détail. Ainsi les manœuvres qui
travaillent à un bâtiment, se transmettent de
mains en mains les matériaux trop pesans qu'ils
transportent : l'action est plus courte et le repos plus fréquent ; mais le travail est le même.
La différence entre la somme des salaires avancés et le prix d'achat du dernier consommateur
devait faire le profit des capitaux. Elle se répartit entre le fabricant, le marchand et le détaillant, depuis qu'ils eurent divisé entre eux leurs
fonctions, et l'ouvrage accompli fut le même,
quoiqu'il eût employé trois personnes et trois
fractions de capitaux, au lieu d'une.

CHAPITRE IX.

Classes qui travaillent, sans que le prix de leur travail se
réalise dans un objet produit par elles.

La société n'a pas besoin seulement de richesses; elle ne serait point complète si elle ne contenait que des propriétaires ou des capitalistes, et des ouvriers productifs. La société a besoin d'administrateurs qui dirigent vers un but commun ses efforts au dedans, et qui protégent au dehors ses intérêts : elle a besoin de législateurs qui déterminent les droits respectifs de ses membres; elle a besoin de juges qui les fassent respecter, et d'avocats qui les défendent. Elle a besoin enfin d'une force armée qui maintienne au dedans l'ordre que la nation a établi, qui repousse au dehors, et par terre et par mer, les insultes étrangères qui pourraient le troubler. Toute cette population gardienne, depuis le chef de l'état jusqu'au moindre soldat, ne produit rien. Son ouvrage ne revêt jamais une forme matérielle, et n'est pas susceptible de s'accumuler. Cependant, sans elle, toutes les richesses créées par les ouvriers

productifs seraient dilapidées par la violence,
et le travail cesserait si les travailleurs ne pouvaient compter de jouir en paix de ses fruits.

Les gardiens de la nation font un travail nécessaire et qui mérite une récompense ; ils
peuvent, sous d'autres rapports, appartenir à
la classe des riches, et, comme riches, avoir
un revenu procédant de la propriété. Mais,
comme gardiens, ils travaillent, ils sont ouvriers, et leur revenu consiste dans la valeur
annuelle de leur travail. Cependant ce revenu
ne leur est pas payé, comme celui de l'autre
classe ouvrière, par le capital national. Il ne
doit pas l'être. Ce capital ne doit point être
détruit; il ne peut s'échanger que contre des
choses substantielles qui le représentent en son
entier, et l'ouvrage des gardiens n'a point de
substance; il n'est point susceptible d'un nouvel échange qui le perpétue.

Ainsi, pour faire vivre la population gardienne, il a fallu prendre, non pas sur le capital, mais sur le revenu de la société ; il a
fallu que chacun retranchât quelque chose sur
ses besoins pour payer sa sécurité, puisque la
sécurité est aussi une jouissance. Les riches
destinaient le revenu qui naît de leur propriété
à satisfaire leurs désirs par la consommation
d'une partie de la production annuelle. Ils re-

noncèrent à une aliquote de la portion qui devait leur échoir dans cette production, en retour pour la sûreté qu'on leur garantit; et les gardiens consommèrent cette partie abandonnée par les riches. Les pauvres destinaient leur revenu, c'est-à-dire, le salaire qu'ils obtiennent en échange de leur travail, à se procurer leur subsistance; ils consentirent à donner le même travail, et à obtenir en retour moins de subsistance, tandis que la partie qui leur fut retranchée, comme paiement de l'ordre établi, fut consommée par la population gardienne.

Mais, comme le service que rend la classe gardienne à la société tout entière, quelque grand qu'il soit, n'est senti par personne en particulier, il n'a pas pu être l'objet d'un échange volontaire. Il a fallu que la communauté elle-même le payât, en levant sur le revenu de tous une contribution forcée. La force, mise à la place d'un libre choix, détruit bientôt tout équilibre entre la valeur des choses échangées, toute équité entre les contractans. La contribution était payée à ceux qui disposaient de la force sociale, pour les récompenser de ce qu'ils en disposaient. Bientôt ils en abusèrent. Ils appesantirent la main sur les contribuables, dont ils fixaient eux-mêmes la

contribution ; ils multiplièrent les officiers civils et militaires fort au-delà de ce qu'aurait
exigé le bien public; ils gouvernèrent trop, ils
défendirent trop ceux qu'ils forcèrent à recevoir ces services et à les payer, même lorsqu'ils étaient à charge ; et les chefs des nations,
établis pour garder la richesse, furent souvent
les principaux auteurs de sa dilapidation.

Quand on n'aurait considéré l'administration
que sous le rapport économique, encore au-
rait-on dû arriver aux principes du gouvernement représentatif. Dans tous les marchés entre les propriétaires et ceux à qui ils demandent quelque ouvrage, le taux du salaire est
débattu entre les deux parties; mais, dans l'ouvrage que fait la population gardienne, l'ouvrier fixe son salaire lui-même, et force celui
qu'il sert à le lui payer. Cette population ne
sert pas les individus, mais la société : c'est
donc à la société à nommer ses représentans
pour traiter avec elle. C'est le droit et le devoir
des députés nationaux dans les gouvernemens
libres ; et, malgré leur entremise, il est peu
de nation qui ne soit encore trop chèrement
gardée, parce qu'il s'en faut de beaucoup que
ses députés défendent les intérêts de ceux qu'ils
représentent comme ils défendraient les leurs
propres.

La société a besoin des travaux qui produisent les jouissances de l'âme, et presque toutes sont immatérielles ; en sorte que l'objet qui doit les satisfaire ne peut point s'accumuler. La religion, les sciences, les arts, procurent du bonheur aux hommes.' Pour répandre ce bonheur, ceux qui les professent ont besoin d'un travail ; mais ce travail ne produit pas de fruits matériels, car on ne thésaurise pas de ce qui n'appartient qu'à l'âme. Si l'on veut appeler toute jouissance une richesse, la richesse qu'ils produisent est dissipée au moment même de sa création ; elle est appliquée aux usages de l'homme sans avoir passé, même un instant, dans son fonds de réserve. Aussi les deux opérations de la faire produire et de l'acheter pour son usage sont faites et payées par le même homme qui en est le consommateur. Ce travail, comme le précédent, ne s'échange qu'une seule fois, et contre le revenu ; car il n'y a pas, entre la création de ses fruits et leur destruction, un espace de temps suffisant pour que le capital s'y entremette, et puisse les acheter et les revendre.

Chaque consommateur partage son revenu comme il veut, entre ses jouissances matérielles et immatérielles ; et c'est ordinairement par un échange libre qu'il remplace alternative-

ment, avec son revenu, tantôt le capital des
producteurs, tantôt le travail des ouvriers
qu'on a nommés *improductifs*. Ceux-ci consomment à leur tour la partie de la production
matérielle à laquelle les autres consommateurs
renoncent pour les entendre.

Parmi ces jouissances de l'âme, le gouvernement a jugé qu'il y en avait de très-utiles
à la société, qui n'étaient point suffisamment désirées; il a craint que, s'il laissait chacun payer pour sa religion et pour son instruction, selon le désir qu'il aurait de l'une et de
l'autre, la religion et l'instruction ne fussent né-
gligées. Il a supprimé le libre échange, et il a
pourvu au traitement de leurs ministres, comme à son propre entretien, par une contribution forcée. Le résultat en a été, comme pour
lui-même, qu'en rendant les ouvriers indépendans de ceux pour qui le travail se fait, et
qui le paient, ce travail en a été moins bien
fait, avec moins de zèle, et le plus souvent avec
moins de succès. Dans les pays qui ont renoncé
à cette pratique, et où la religion et l'éducation
sont laissées à un libre concours, il ne s'est
pas trouvé en résultat que ceux qui devaient les
payer manquassent de goût pour l'une ou pour
l'autre, tandis que ceux qui devaient y travailler ont montré plus d'activité et plus de talent.

Ces jouissances sérieuses de l'esprit, tout comme celles d'une nature plus futile, telles que la poésie improvisée, la musique, le spectacle, sont échangées contre le revenu de la classe pauvre aussi-bien que de la classe riche; les uns renoncent à une partie de leur subsistance, les autres à une partie de leur luxe matériel, pour se donner le luxe de l'esprit; et la partie de consommation qui leur revenait dans l'échange primitif, passe aux ouvriers improductifs leurs remplaçans.

Il faut remarquer aussi que, si une nation ne compte pas parmi ses richesses les lettres et les arts, elle peut y compter les lettrés et les artistes. L'éducation qu'ils ont reçue, la distinction qu'ils ont acquise, ont accumulé sur la tête de ces hommes une grande valeur; leur travail est souvent plus payé que celui des plus habiles ouvriers, et il peut ainsi contribuer à répandre l'opulence. En général c'est une sorte de capital fixe que l'habileté acquise des ouvriers, à quelque classe qu'ils appartiennent.

Enfin la société a besoin des travaux qui soignent le corps même de l'homme, et non sa fortune. Ces travaux peuvent être de l'espèce la plus relevée comme de la plus servile, selon qu'ils requièrent ou la connaissance de la nature et le commandement de ses secrets, com-

me ceux des médecins, ou seulement la com-
plaisance et l'obéissance aux volontés d'un
maître, comme ceux des valets de chambre.
Tous sont des travaux destinés à la jouissance,
et ils ne diffèrent des travaux productifs qu'en
ce que leurs effets ne peuvent s'accumuler.
Aussi, quoiqu'ils ajoutent au bien-être d'une
nation, ils ne forment jamais partie de son capital ; et le revenu de cette classe, ou la valeur
de son travail, est toujours donnée en échange
contre le revenu, et non contre le capital de
toutes les autres.

La distinction que nous venons de rétablir
entre les ouvriers productifs et improductifs a
été rejetée par les derniers écrivains sur l'économie politique. Ils ont considéré comme une
sorte d'injure faite à des classes fort respecta-
bles, le nom d'improductives que leur avait
donné Adam Smith, parce que leur ouvrage
était immatériel. Il serait difficile de décider,
quand les deux noms de productif et d'improductif sont compris, pourquoi l'un serait plus
honorable que l'autre ; mais la distinction entre les deux classes est réelle : l'une échange
toujours son travail contre le capital d'une nation, l'autre l'échange toujours contre une partie du revenu national. Cette distinction est
nécessaire pour faire comprendre ce que c'est

que le capital d'une nation, et comment tour
à tour il devient le revenu des uns, et il remplace le revenu des autres, ou il est remplacé
par lui. Tout le reste n'est qu'une dispute de
mots à laquelle il ne vaut pas la peine de s'arrêter.

FIN DU SECOND LIVRE.

LIVRE TROISIÈME.

DE LA RICHESSE TERRITORIALE.

CHAPITRE PREMIER.

But de la législation à l'égard de la richesse territoriale.

LES richesses qui proviennent de la terre doivent les premières fixer l'attention de l'économiste et du législateur. Elles sont les plus nécessaires de toutes, puisque c'est de la terre que doit naître la subsistance de tous les hommes; elles fournissent la matière à tous les autres travaux; elles emploient enfin à leur exploitation tout au moins la moitié, et habituellement bien plus de la moitié de la nation. Cette partie du peuple qui travaille à la terre est particulièrement recommandable par les qualités du corps propres à faire de ces hommes de bons soldats, et par celles de l'âme, qui en peuvent faire de bons citoyens. Le bonheur de la population des campagnes est plus facile à soigner que celui de la population des villes : le progrès de cette partie de la richesse est plus facile à suivre, et le gouvernement est plus coupable lorsqu'il laisse dépérir les campagnes, parce que presque toujours il dépendait de lui de les faire prospérer.

Dans l'état le plus avancé de la civilisation, où non-seulement les travaux sont divisés entre les hommes, mais où tous les droits divers qu'on peut avoir à la propriété se trouvent le plus souvent dans des mains différentes, parce que le revenu qui naît de la richesse est habituellement séparé de celui qui naît du travail, le revenu annuel des campagnes, ou la récolte annuelle, se décompose de la manière suivante : une partie des fruits qu'a fait naître le travail est destinée à payer au propriétaire l'assistance que la terre a donnée au travail humain, et de plus l'intérêt de tous les capitaux qui ont été primitivement employés pour la mettre en valeur. C'est celle-là seule qu'on nomme le *revenu net*. Une autre partie des fruits remplace ceux qui ont été consommés pour faire le travail auquel la récolte est due, les semences, et toutes les avances de l'agriculteur. Les économistes nommaient cette partie *les reprises*. Une autre reste comme bénéfice à celui qui a dirigé les travaux de la terre, et se proportionne aux capitaux qu'il a avancés et à son industrie. Le gouvernement prend aussi sa part de tous ces fruits, et, par des impôts divers, il diminue le revenu du propriétaire, le bénéfice de l'agriculteur, le salaire du journalier, pour former un revenu à une autre classe de personnes. Les fruits, qui se partagent entre le manouvrier, le directeur des travaux et le propriétaire, ne leur demeurent point tout entiers en nature : après en avoir gardé ce qui leur convient pour leur subsistance, tous trois également se défont du reste par des échanges, pour obtenir les objets produits par l'industrie des villes; et c'est au moyen de ces échanges que le reste de la nation est nourri.

Comme nous voyons chaque jour cette division du revenu territorial s'effectuer autour de nous, il est bon de la bien comprendre, pour rapporter chaque espèce de revenu à sa propre origine, et distinguer ceux qui naissent d'un travail passé d'avec ceux qui naissent d'un travail présent. Mais, quoique cette division subsiste dans plusieurs sociétés très-civilisées, elle n'est nullement essentielle à la richesse territoriale. Les trois qualifications de propriétaire, de directeur de travaux ou de fermier, et de journalier, peuvent être confondues dans une même personne, sans que la production annuelle en soit le moins du monde arrêtée ou suspendue, et sans qu'il en résulte

aucun autre dérangement social ; la division
des métiers a eu une influence très-active et
très-avantageuse sur les progrès de l'industrie,
et l'augmentation de son produit total. Mais la
division des droits à la propriété, est née de
convenances particulières, du hasard des combinaisons, souvent des passions ou des vanités.
La distinction entre le propriétaire, le fermier
et le journalier, n'a contribué à donner ni plus
de zèle au premier, ni plus d'intelligence au
second, ni plus de vigueur au troisième. Elle
n'a point été cause qu'un ouvrage fût toujours
fait par la même personne, et par conséquent
qu'il fût mieux ou plus promptement fait.
Cette classification a été souvent remplacée par
d'autres absolument différentes : elle doit être
jugée, comme tout le reste des institutions
sociales, par le bien ou le mal qui en résulte
pour la société humaine ; par la quantité de
bonheur qu'elle procure, et le nombre des individus qu'elle y fait participer.

Les propriétaires de terres se figurent souvent qu'un système d'agriculture est d'autant
meilleur que leur revenu net, ou la portion
des produits territoriaux qui leur demeure,
après que tous les frais de culture sont payés,
est plus considérable. Cependant, ce qui importe à la nation, ce qui doit fixer toute l'at-

tention de l'économiste, c'est le produit brut, ou le montant de la totalité de la récolte. Par lui, la subsistance de la nation entière est assurée, et l'aisance de toutes les classes est garantie. Le premier ne comprend que le revenu des riches oisifs, le second comprend encore le revenu de tous ceux qui travaillent, et de tous ceux qui font travailler leurs capitaux dans l'industrie agricole.

L'accroissement du produit net aux dépens du produit brut, peut être en effet, et est souvent, une grande calamité nationale. Si le propriétaire d'un terrain soumis à la culture la plus savante et la plus dispendieuse, a loué ce terrain cent écus, quoique son produit brut en vaille mille, et s'il trouve ensuite qu'il en retirera cent dix écus en le laissant en friche, et en le louant sans frais pour la vaine pâture, il renverra son jardinier ou son vigneron, et il gagnera dix écus, mais la nation en perdra huit cent quatre-vingt-dix; elle laissera sans emploi, et par conséquent sans profit, tous les capitaux employés à faire naître cette production si abondante; elle laissera sans travail, et par conséquent sans revenus, tous les journaliers dont ce produit représentait les labeurs; le fisc lui-même perdra bien plus que le propriétaire ne gagnera, car il participait à tous les revenus

du journalier et du fermier, autant qu'à ceux
du propriétaire, et la part qui lui en revenait
était peut-être plus grande que tout le revenu
du dernier.

Mais l'accroissement graduel du produit brut
peut à son tour être la conséquence d'un état
de souffrance, si la nation n'est pas plus riche,
mais seulement plus nombreuse ; car peu importe que la somme totale de la production
nationale soit plus considérable, si l'aliquote
qui en revient à chacun est plus petite. La richesse d'une nation ne s'exprime pas seulement
par le montant de son revenu, mais par le rapport de ce revenu avec le nombre de ceux qui
en doivent vivre. Or, un mauvais système
d'administration de la richesse territoriale peut
faire naître une population surabondante, qui
ne trouvera plus dans le salaire du travail une
récompense suffisante. Alors ces malheureux,
luttant sans protection contre les propriétaires
de terre ou leurs fermiers, auxquels la limita-
tion de leur nombre donne la force du monopole, achètent par un travail excessif une trop
chétive subsistance, et languissent dans la misère. Il n'est aucune branche de l'économie
politique qui ne doive être jugée d'après ses rapports avec le bonheur de la masse du peuple;
et l'ordre social est toujours mauvais, lorsque

la plus grande partie de la population souffre.

La richesse commerciale se distribue et s'accroît par des échanges; et les produits mêmes de la terre, aussitôt qu'ils en sont détachés, appartiennent au commerce. La richesse territoriale, au contraire, est exploitée au moyen de contrats permanens. L'attention de l'économiste à son égard doit se porter d'abord sur le progrès de la culture, ensuite sur le partage des produits des récoltes entre ceux qui contribuent à les faire naître, enfin sur la nature des droits des propriétaires de terre, et sur les effets de l'aliénation de leur propriété.

~~~~~~

CHAPITRE II.

Influence du gouvernement sur les progrès de la culture.

Les progrès de l'ordre social, l'augmentation de la sécurité, la protection que le gouvernement accorde aux droits de tous, et l'accroissement de la population déterminent l'agriculteur à confier à la terre, pendant un temps toujours plus long, le travail qui fait sa richesse. Tant qu'il reste dans l'état craintif de barbarie, il n'ose point augmenter à ses dépens la valeur d'un immeuble qu'il sera peut-être forcé d'abandonner d'un moment à l'autre. Dès qu'il acquiert la sécurité d'une civilisation complète, il regarde au contraire les immeubles comme plus assurés entre ses mains qu'aucune autre richesse. Dans les déserts de l'Arabie et de la Tartarie, dans les savannes de l'Amérique, avant que la civilisation ait commencé, dans les pâturages de la campagne de Rome, et de la Capitanate de Pouille après qu'elle a fini, l'homme se contente des fruits naturels du terrain, de l'herbe que broutent ses troupeaux; et, si quelques-uns de ces déserts ont une valeur

vénale, ils la doivent moins encore au léger travail par lequel les propriétaires les ont entou-
rés de clôtures, qu'à celui par lequel le berger
a multiplié les bœufs et les moutons qui s'y
nourrissent.

Lorsque la population de ces déserts commence à s'augmenter, et lorsque la vie agricole
remplace la vie pastorale, l'homme s'abstient
encore de confier à la terre un travail dont il
ne recueillerait le fruit qu'au bout de longues
années. Il laboure pour moissonner dans la saison suivante. Le cours de douze mois lui suffit
pour retirer la totalité de ses avances. La terre
qu'il a ensemencée, loin d'avoir acquis une valeur durable par son travail, est momentanément appauvrie par les fruits qu'elle a portés.
Au lieu de chercher à la bonifier par un travail
mieux entendu, il la rend au désert pour qu'elle
se repose, et il en laboure une autre l'année
suivante. L'usage des jachères, reste de cette
agriculture demi-sauvage, s'est conservé jusqu'à nos jours dans les trois quarts de l'Europe,
comme un monument d'une pratique autrefois
universelle.

Mais lorsqu'enfin la population et la richesse
se sont augmentées de manière à rendre faciles
tous les travaux, et lorsque l'ordre social inspire
assez de sécurité pour que l'agriculteur ose

fixer son travail sur la terre, de manière à le transmettre à perpétuité avec elle à ses descendans, les défrichemens changent en entier son apparence. Alors se font ces plantations de jardins, de vergers, de vignes, dont la jouissance est destinée à nos derniers neveux; alors se creusent ces canaux d'arrosement et d'écoulement, qui répandent la fertilité; alors s'élèvent sur les collines ces terrasses suspendues, qui caractérisent l'agriculture cananéenne. Une rotation rapide de récoltes de nature différente ranime les forces de la terre au lieu de l'épuiser, et une population nombreuse vit sur un espace, qui dans le système primitif aurait à peine suffi pour quelques moutons.

Ainsi la production totale de l'agriculture s'accroît rapidement en raison de la garantie accordée à la propriété. La multiplication des produits de la terre, au point de pouvoir nourrir, avec ceux qui la cultivent, cette autre classe de la nation qui habite les villes, n'est possible que parce que la terre, autrefois saisie par le premier occupant ou le plus fort, demeure sous la protection de la loi, comme une propriété non moins sacrée que si elle était elle-même l'ouvrage de l'homme. Celui qui, après avoir enclos un champ, a dit le premier, *ceci est à moi*, a appelé à l'existence celui même qui n'a point de champ à lui, et qui ne pourrait pas vivre si le champ du premier ne fournissait un surplus de produit. C'est une heureuse usurpation, et la société, pour l'avantage de tous, fait bien de la garantir. Cependant c'est un don de la société, et non point un droit naturel qui lui soit antérieur. L'histoire le prouve, puisqu'il existe des nations nombreuses qui n'ont point reconnu l'appropriation des terres; le raisonnement le prouve aussi, car la propriété de la terre n'est point une création complète de l'industrie, comme celle de tout autre ouvrage.

Les Arabes, les Tartares, qui ne permettent point que la terre demeure à l'homme ou à la famille qui ont joui une première fois de ses dons gratuits, n'en sont pas moins scrupuleux à maintenir la propriété de l'homme sur tout ce que son industrie a créé avec ces dons gratuits de la terre. Leurs troupeaux sont bien à eux, aussi-bien que les tentes qu'ils ont filées de leur laine, ou les meubles qu'ils ont façonnés des bois qu'ils ont coupés. Ils ne disputent pas davantage sa récolte à celui qui a semé un champ; mais ils ne voient pas pourquoi un autre, un égal, n'aurait pas le droit de le semer à son tour. L'inégalité qui résulte du prétendu droit du premier occupant ne leur paraît fondée sur

aucun principe de justice; et lorsque l'espace
se trouve partagé tout entier entre un certain
nombre d'habitans, il en résulte un monopole
de ceux-ci contre tout le reste de la nation, auquel ils ne veulent pas plus se soumettre, qu'à
la propriété que pourraient réclamer sur les
eaux d'une rivière ceux qui possèdent ses bords.

Ce n'est pas, en effet, sur un principe de
justice, mais sur un principe d'utilité publique,
que l'appropriation de la terre est fondée. Ce
n'est pas un droit supérieur qu'ont eu les premiers occupans, mais c'est un droit qu'exerce la
société de pourvoir à sa subsistance : elle ne peut
forcer la terre à accorder tous ses fruits, qu'en
augmentant l'intérêt de celui qui les lui demande. C'est pour son avantage à elle, c'est
pour celui du pauvre comme du riche, qu'elle
a pris sous sa protection les propriétaires de
terre; mais elle peut mettre des conditions à
une concession qui vient d'elle, et elle le doit
dans l'esprit de cette concession même; elle
doit soumettre la propriété territoriale à une
législation qui en fasse, en effet, résulter le
bien de tous, puisque le bien de tous a seul
légitimé cette propriété.

On ne regarde point comme prospérans le
commerce ou les manufactures d'un pays,
parce qu'un petit nombre de négocians y ont

élevé d'immenses fortunes ; au contraire, leurs
profits extraordinaires témoignent presque
toujours contre la prospérité générale du pays.
De même, dans les contrées abandonnées au
pâturage, on ne doit point regarder les profits que font quelques propriétaires opulens,
comme indiquant un système bien entendu
d'agriculture ; quelques particuliers s'enrichissent il est vrai, mais on ne trouve nulle part la
nation que la terre doit faire vivre, ni la subsistance qui doit la nourrir. Il n'y a pas un
chef tartare qui n'ait un trésor copieux, d'immenses troupeaux, de nombreux esclaves et un
mobilier somptueux ; mais pour amener un
petit nombre d'hommes à ce degré d'opulence,
il a fallu conserver intactes les vastes steppes du
nord de l'Asie, raser les villes et les villages
dans les pays où l'on a voulu introduire la vie
pastorale, de manière qu'un cheval puisse, selon
l'expression des Tartares, parcourir sans bron-
cher l'espace que ces villes occupaient autrefois,
il a fallu élever avec les crânes des habitans ces
horribles monumens dont Zingis et Timur s'en-
orgueillissaient. C'est ainsi que les trois capitales du Khorasan furent détruites par le premier,
et qu'après le massacre de quatre millions trois
cent quarante-sept mille habitans, quelques
milliers de Tartares purent vivre dans l'ai-

sance, avec leurs troupeaux, sur le terrain qui
avait nourri tout un peuple (1).

L'on a vu quelques parties de l'Europe civilisée retourner de même à la vie pastorale, sans
faire, il est vrai, massacrer au préalable les habitans, mais en les exposant à mourir de faim.
Au retour de Ferdinand dans son royaume de
Naples, il apprit que la vaste province connue
sous le nom de *Tavoliere di Puglia*, qui depuis
trois siècles était déserte et condamnée au pâturage, avait été mise en culture par son prédéces-
seur; et que la propriété territoriale, qui, d'a-
près l'ancien usage, était sous les Bourbons tirée
au sort chaque année, avait été concédée en bail
emphytéotique sous Murat. Dans son horreur
pour toute innovation, il a prohibé la culture
qu'on venait d'y introduire, il a interdit l'emploi d'une charrue dont le soc fût assez long
pour déraciner les mauvaises herbes, et il a
contraint les propriétaires à consacrer de
nouveau leurs terres au pâturage, quoiqu'il
fût moins profitable même pour eux.

Ce n'est pas par une autorité supérieure,
c'est pour le profit des propriétaires, et par l'a-
bus du droit de propriété, que le nord de l'É-
cosse a vu presque tous ses habitans chassés de

<hr>

(1) D'Herbelot, *Bibliothèque orientale*, pag. 380-381.

leurs anciennes demeures, entassés dans les
villes pour y périr de misère, ou dans les vais-
seaux qui les transportaient en Amérique, parce
que les maîtres de la terre, en faisant leur compte, avaient trouvé qu'ils gagnaient plus à faire
moins d'avances et avoir moins de retours ; et ils
ont remplacé une population fidèle, vaillante et
industrieuse, mais qu'il fallait nourrir de pain
d'avoine, par des troupeaux de bœufs et de
moutons qui se contentent d'herbe (1). De
nombreux villages ont été abandonnés, la nation a été privée d'une partie de ses enfans, et
peut-être de la plus précieuse; elle a perdu
avec eux tout le revenu dont les paysans vivaient
eux-mêmes, et qu'ils faisaient naître par leur
travail. Les seigneurs de terre ont, il est vrai,
considérablement augmenté leur fortune, mais
ils ont rompu le contrat primitif d'après lequel

---

(1) Les highlanders écossais tenaient leur terre sous l'obligation de suivre leur seigneur à la guerre, de lui donner un
jour de travail par semaine pour labourer ses champs, et de
lui remettre la vingtième mesure de la farine d'avoine qu'ils
récoltaient eux-mêmes. Cette rente était peu considérable, et
l'exploitation très-mauvaise; mais jamais aussi seigneurs ne
furent plus aimés et mieux obéis par leurs vassaux. Le profit que trouvent aujourd'hui les seigneurs écossais à élever
des troupeaux, tient à l'ample marché que leur offre l'Angleterre, où on les engraisse ensuite.

la société garantissait leur propriété. Quand la
nation est réduite à la vie pastorale, la terre
doit être commune ; c'est à condition que les
propriétaires l'élèveront à un plus haut degré
de culture , et qu'ils répandront par elle plus
d'opulence sur toutes les classes , que la société
a garanti le droit du premier occupant.

CHAPITRE III.

De l'exploitation patriarcale.

Les premiers propriétaires de terre furent eux-mêmes cultivateurs; ils exécutèrent tout le travail de leurs champs avec leurs enfans et leurs domestiques. Aucune organisation sociale ne garantit plus de bonheur et plus de vertus à la classe la plus nombreuse de la nation, plus d'opulence à tous, plus de stabilité à l'ordre public. L'appropriation des terres avait été reconnue avantageuse à toute la société, parce qu'elle donnait à celui qui les travaillait la certitude que, jusqu'aux temps les plus éloignés, il jouirait pleinement du fruit de son travail. L'industrie agricole est la plus lente de toutes : quelques-uns de ses produits sont séculaires; et ce n'est que le petit-fils qui pourra abattre le chêne, lorsque l'aïeul a planté le gland. Les travaux d'irrigation et d'écoulement, les digues, les desséchemens de marais, rendent des fruits après plusieurs siècles; et les travaux communs de l'agriculture, indépendamment du profit immédiat qu'on en attend, produisent eux-mêmes une amélioration durable qui peut se transmettre de générations en générations. Tout contrat, tout partage de fruits qui sépare l'intérêt de la propriété d'avec l'intérêt de l'exploitation, tend à détruire le bon effet que la société avait attendu de l'appropriation des terres. C'est en vain que les lois des nations qui ont le plus encouragé l'agriculture, ont récemment facilité les longs baux à ferme ; il suffit qu'un bail doive finir une fois, pour que l'intérêt du fermier soit moins vif que celui du propriétaire.

Mais, indépendamment de l'intérêt, l'affection du propriétaire pour la terre qu'il cultive est un des grands stimulans, au perfectionnement de l'agriculture. L'affection d'un aïeul pour des descendans inconnus, et qui ne sont pas encore nés, aurait rarement suffi pour lui faire sacrifier en leur faveur ses propres jouissances, si le plaisir attaché à la création, à la croissance, à l'embellissement, n'était pas venu seconder celui de faire un bien aussi éloigné. L'homme a travaillé pour ses derniers neveux, parce que l'homme aimait son ouvrage autant qu'il les aimait eux-mêmes. Il a retranché de ses jouissances pour fonder, par l'amélioration de la terre, une rente perpétuelle en faveur de ses descendans, et il l'a fait sans calculer, parce

que le plaisir de s'emparer d'un temps qu'il ne
doit point voir, et d'agir encore lorsqu'il ne
sera déjà plus, était sa principale récompense.
Dans les pays où le fermier est propriétaire, et
où les fruits appartiennent sans partage aux
mêmes hommes qui ont fait tous les travaux,
pays dont nous désignons l'exploitation par le
nom de patriarcale, on voit à chaque pas les
signes de l'amour que le cultivateur porte à la
maison qu'il habite, à la terre qu'il soigne. Il
ne se demande point ce que lui coûtera de journées de travail le sentier qu'il trace, la fontaine
qu'il dirige, le bosquet et le parterre qu'il
émaille de fleurs : le travail même qu'il leur
donne est un plaisir ; il trouve le temps et les forces de le faire, parce que le contentement ne lui
manque pas : l'argent ne lui ferait point exécuter
ce que l'amour de sa propriété lui rend facile.

Un troisième avantage attaché à l'appropriation des terres est le progrès que l'expérience
et le développement de l'intelligence font faire
à la science rurale. L'une et l'autre sont également nécessaires, l'une et l'autre sont émous-
sées ou détruites dans toute exploitation dont
les fruits sont partagés. Dans les heureux pays
où l'exploitation est patriarcale, la nature
propre de chaque champ est étudiée, et sa connaissance est transmise des pères aux enfans ;

le grain qui lui convient, le temps propre aux semailles, les dangers de grêle ou de gelée, tout a été noté; et quiconque a vécu avec les agriculteurs, sait qu'il n'y a si petite ferme où l'observation n'établisse des différences d'un carré de terre à l'autre. Mais c'est peu que de connaître ces différences; il faut que les résultats en soient mûris par le jugement : et nous n'avons guère de moyens de développer celui-ci qu'en donnant de l'aisance et du repos d'esprit au cultivateur. L'exploitation par grandes fermes, dirigée par des hommes plus riches, s'élèvera peut-être davantage au-dessus des préjugés et de la routine. Mais l'intelligence ne descendra pas jusqu'à celui qui travaille, et elle sera mal appliquée.

Aussi, quand on traverse la Suisse presque entière, plusieurs provinces de France, d'Italie et d'Allemagne, n'est-il pas besoin de demander, en regardant chaque partie de terre, si elle appartient à un cultivateur propriétaire ou à un fermier. Les soins bien entendus, les jouissances préparées au laboureur, la parure que la campagne a reçue de ses mains, indiquent bien vite le premier. Il est vrai qu'un gouvernement oppressif peut détruire l'aisance et abrutir l'intelligence que devait donner la propriété, que l'impôt peut enlever le plus net du produit des champs, que l'insolence des agens du pouvoir peut troubler la sécurité des paysans, que l'impossibilité d'obtenir justice contre un puissant voisin peut jeter le découragement dans l'âme, et que, dans le beau pays qui a été rendu à l'administration du roi de Sardaigne, un propriétaire porte aussi-bien qu'un journalier l'uniforme de la misère. On a beau se conformer à une seule des règles de l'économie politique, elle ne peut pas opérer le bien à elle seule; du moins elle diminue le mal.

L'exploitation patriarcale améliore les mœurs et le caractère de cette partie si nombreuse de la nation qui doit faire tous les travaux des champs. La propriété donne des habitudes d'ordre et d'économie, l'abondance journalière détruit le goût de la gourmandise et de l'ivrognerie : ce sont les privations qui font désirer les excès, ce sont les soucis qui cherchent à s'étourdir dans l'abrutissement de l'ivresse. Les échanges rapides donnent un encouragement nécessaire à l'industrie commerciale; il faut bien, en profitant de leurs avantages, se soumettre à leurs inconvéniens. Ils ont surtout celui d'altérer la bonne foi d'un peuple. On ne cherche pas long-temps à bien vendre sans chercher à surfaire et à tromper; et plus celui qui fait de con-

tinuels marchés a de peine à trouver sa subsistance, plus il est exposé à la séduction d'employer la tromperie. On s'est souvent plaint de
ce que les gens de la campagne ne méritaient
pas non plus leur réputation de bonne foi ;
mais ce sont les propriétaires cultivateurs qui
l'avaient établie, et elle ne doit pas s'étendre
aux autres ordres de paysans : ceux-ci, appelés à vendre chaque jour leur ouvrage et leurs
denrées, à ruser pour défendre leur chétive
subsistance, à marchander dans tous les contrats, ont dû perdre des vertus que le propriétaire cultivateur conserve, parce que, ne faisant d'échange presque qu'avec la nature, il a
moins qu'aucun autre ouvrier industrieux occasion de se défier des hommes, et de rétor-
quer contre eux l'arme de la mauvaise foi (1).

_____

(1) On accuse les habitans des États-Unis d'avoir l'esprit
uniquement occupé de calculs de fortune, et de ne pas apporter beaucoup de délicatesse dans leurs transactions. Ils
ne connaissent cependant que l'exploitation patriarcale ;
mais l'exception confirme la règle : les terres elles-mêmes
sont, en Amérique, l'objet d'un constant agiotage. Le laboureur ne songe pas à se maintenir dans l'aisance, mais
à s'enrichir ; il vend sa terre de Virginie pour passer dans
le Kentucki ; il vend ensuite celle du Kentucki pour s'établir au territoire des Illinois. Il spécule toujours comme
un courtier à la bourse. De tant d'activité il résulte plus de

Dans les pays qui ont conservé l'exploitation patriarcale, la population s'accroît régulièrement et rapidement, jusqu'à ce qu'elle ait atteint ses limites naturelles : c'est-à-dire, que les héritages continuent à se diviser et à se subdiviser entre plusieurs fils, tant qu'avec une augmentation de travail, chaque famille peut tirer un égal revenu d'une moindre portion de terre. Le père qui possédait une vaste étendue de pâturages, les partage entre ses fils, pour que ceux-ci en fassent des champs et des prés ; ces fils les partagent encore, pour exclure le système des jachères : chaque perfectionnement de la science rurale permet une nouvelle division de la propriété; mais il ne faut pas craindre que le propriétaire élève ses enfans pour en faire des mendians ; il sait au juste l'héritage qu'il peut leur laisser ; il sait que la loi le partagera également entre eux ; il voit le terme où ce partage les ferait descendre du rang qu'il a occupé lui-même, et un juste orgueil de fa-

richesses, mais moins de moralité : la classe qui devrait garder les anciens principes est elle-même entraînée par un mouvement trop rapide. C'est un état fort extraordinaire que celui d'une petite nation qui peuple un immense continent ; il ne faut pas le comparer à la marche lentement progressive d'une ancienne société.

mille, qui se retrouve dans le paysan comme
dans le gentilhomme, l'arrête avant qu'il appelle
à la vie des enfans au sort desquels il ne pourrait pas pourvoir. S'ils naissent cependant, du
moins ils ne se marient pas, ou ils choisissent
eux-mêmes, entre plusieurs frères, celui qui
continuera la famille. On ne voit point, dans
les cantons suisses, les patrimoines des paysans
se subdiviser jamais de manière à les faire descendre au-dessous d'une honnête aisance,
quoique l'habitude du service étranger, en
ouvrant aux enfans une carrière inconnue et
incalculable, excite quelquefois une population surabondante.

La plus forte garantie que puisse recevoir
l'ordre établi, consiste dans une classe nombreuse de paysans propriétaires. Quelque avantageuse que soit à la société la garantie de la propriété, c'est une idée abstraite que conçoivent
difficilement ceux pour lesquels elle semble ne
garantir que des privations. Lorsque la propriété des terres est enlevée aux cultivateurs,
et celle des manufactures aux ouvriers, tous
ceux qui créent la richesse, et qui la voient
sans cesse passer par leurs mains, sont étrangers à toutes ses jouissances. Ils forment de
beaucoup la plus nombreuse portion de la nation; ils se disent les plus utiles, et ils se sen-

tent déshérités. Une jalousie constante les excite contre les riches ; à peine ose-t-on discuter devant eux les droits politiques, parce qu'on craint sans cesse qu'ils ne passent de cette discussion à celle des droits de propriété, et qu'ils ne demandent le partage des biens et des terres.

Une révolution dans un tel pays est effroyable ; l'ordre entier de la société est subverti ; le pouvoir passe aux mains de la multitude qui a la force physique, et cette multitude, qui a beaucoup souffert, que le besoin a retenue dans l'ignorance, est hostile pour toute espèce de loi, pour toute espèce de distinction, pour toute espèce de propriété. La France a éprouvé une révolution semblable, dans un temps où la grande masse de la population était étrangère à la propriété, et par conséquent aux bienfaits de la civilisation. Mais cette révolution, au milieu d'un déluge de maux, a laissé après elle plusieurs bienfaits ; et l'un des plus grands, peut-être, c'est la garantie qu'un fléau semblable ne pourra plus revenir. La révolution a prodigieusement multiplié la classe des paysans propriétaires. On compte aujourd'hui plus de trois millions de familles en France, qui sont maîtresses absolues du sol qu'elles habitent ; ce qui suppose plus de quinze millions d'indi-

vidus. Ainsi, plus de la moitié de la nation
est intéressée, pour son propre compte, à la
garantie de tous les droits. La multitude et la
force physique sont du même côté que l'ordre ;
et le gouvernement croulerait, que la foule
elle-même s'empresserait d'en rétablir un qui
protégeât la sûreté et la propriété. Telle est la
grande cause de la différence entre les révolutions de 1813 et 1814, et celle de 1789.

L'appel des paysans à devenir propriétaires
fut causé, il est vrai, par une grande violence ;
la confiscation et la vente des biens nationaux
de toute qualification. Mais les calamités des
guerres, et civiles et étrangères, sont des maux
attachés à notre nature, comme les inondations
et les tremblemens de terre. Quand le fléau est
passé, il faut bénir la Providence s'il en est résulté quelque bien. Aucun sans doute ne pouvait
être ni plus précieux ni plus solide. Chaque
jour le parcellement des grands héritages se continue, chaque jour de grandes terres se vendent
avec avantage aux fermiers qui les cultivent ; la
nation est loin encore d'avoir recueilli tous les
fruits qu'elle peut attendre du morcellement de
la propriété, parce que les habitudes sont lentes à se former, et que le goût de l'ordre, de
l'économie, de la propreté, de l'élégance, doit
être le résultat d'une plus longue jouissance.

De même que la Suisse dans l'ancien continent, l'Amérique libre dans le nouveau, n'a point séparé la propriété de la terre des soins et du bénéfice de sa culture, et c'est une des causes de sa rapide prospérité. Cette manière de cultiver, la plus simple, la plus naturelle, a dû être celle de tout peuple à son premier établissement; et c'est pourquoi nous l'avons nommée patriarcale. On la retrouve dans l'histoire de toutes les nations de l'antiquité. Seulement, à cette époque, elle fut souillée par l'esclavage.

L'état de guerre continuel des sociétés demi-barbares, avait fait commencer l'esclavage dès les temps les plus reculés. Les plus forts avaient trouvé commode de se procurer des ouvriers par l'abus de la victoire, plutôt que par des conventions. Cependant aussi long-temps que le chef de famille travailla lui-même avec ses enfans et ses esclaves, la condition des derniers fut moins dure. Leur maître se sentait de la même nature qu'eux; il éprouvait les mêmes besoins, les mêmes fatigues; il recherchait les mêmes plaisirs, et il savait, par sa propre expérience, qu'il n'obtiendrait que peu de travail de l'homme qu'il nourrirait mal. Le valet du paysan cultivateur, dans toute la France, mange à la table de son maître; l'esclave des patriarches n'était pas plus maltraité. Telle fut l'exploitation de la Judée, celle des beaux temps de l'Italie et de la Grèce; telle est aujourd'hui celle de l'intérieur de l'Afrique, et celle de plusieurs parties du continent de l'Amérique, où l'esclave travaille à côté de l'homme libre.

Chez les Romains, avant la seconde guerre punique, les fermes en culture étaient si petites, que le nombre des hommes libres qui travaillaient dans les champs devait surpasser de beaucoup celui des esclaves. Les premiers avaient une pleine jouissance de leurs personnes, et des fruits de leurs travaux; les seconds étaient plus humiliés que souffrans. De même que le bœuf, compagnon de l'homme, que son intérêt lui apprend à ménager, ils éprouvaient rarement de mauvais traitemens, et plus rarement le besoin. Le chef de famille recueillant seul la totalité de la récolte, ne distinguait point la rente, du profit et du salaire; avec l'excédant de ce qu'il lui fallait pour sa subsistance, il se procurait par des échanges les produits de la ville; et cet excédant nourrissait le reste de la nation.

~~~~~~

CHAPITRE IV.

De l'exploitation servile.

LES progrès de la richesse, ceux du luxe et de l'oisiveté, firent substituer, dans tous les états de l'antiquité, l'exploitation servile à l'exploitation patriarcale. La population y perdit beaucoup en bonheur et en nombre; la terre n'y gagna pas en culture. Les propriétaires, ayant étendu leur patrimoine, à Rome, par les terrains confisqués sur les peuples conquis; en Grèce, par les richesses qu'ils devaient au commerce, ils abandonnèrent le travail manuel, et bientôt après ils le méprisèrent. Ils fixèrent leur séjour dans les villes; ils confièrent l'administration de leurs terres à des régisseurs et des inspecteurs d'esclaves (1); et dès lors la condition de la plus grande partie des habitans des campagnes devint intolérable. Le travail, qui avait établi un rapport entre les deux rangs de la société, se changea en une barrière

----

(1) Ceux que Columelle nomme *villici*, par opposition aux *coloni*.

de séparation : le mépris et la dureté remplacèrent les soins; les supplices se multiplièrent, d'autant plus qu'ils étaient ordonnés par des subalternes, et que la mort d'un ou de plusieurs esclaves ne diminuait point la richesse des régisseurs. Ces esclaves, mal nourris, mal traités, mal récompensés, perdirent tout intérêt aux affaires de leurs maîtres, et presque toute intelligence. Loin de soigner avec affection les produits de la terre, ils éprouvaient une secrète joie toutes les fois qu'ils voyaient diminuer la richesse ou tromper les espérances de leurs oppresseurs.

On croit faire une grande économie quand on se dispense de payer l'homme qu'on fait travailler; il faut le nourrir cependant, et toute l'avarice des maîtres n'empêche pas que la subsistance de l'esclave ne coûte à peu près autant que celle de l'homme libre. Si on lui refuse quelque chose sur ses besoins, de son côté, loin d'épargner, il prend plaisir à gaspiller le bien de son ennemi. De plus, il a fallu l'acheter; et l'intérêt de son prix d'achat doit être comparé, non pas à son gage, mais à ce qu'il aurait pu épargner sur ce gage. Les physiologistes ont remarqué que la gaieté de l'homme qui travaille augmente ses forces et lui laisse moins sentir la fatigue. Ce seul principe donne une grande supériorité au travail de l'homme libre sur celui de l'esclave, même à égalité.de vigueur. Columelle, qui écrivait vers l'an 40 de notre ère, conseillait aux propriétaires d'employer des esclaves toutes les fois qu'ils pouvaient les diriger eux-mêmes; mais de s'en tenir aux cultivateurs libres, aux colons, si leurs possessions étaient éloignées, et s'ils ne voulaient pas vivre dans les champs, à la tête de leurs ouvriers (1).

L'étude des sciences, et l'habitude de l'observation, firent faire, il est vrai, des progrès à la théorie de l'agriculture; mais en même temps sa pratique déclinait rapidement, et tous les agronomes de l'antiquité s'en plaignent (2). Le travail des terres fut absolument dépouillé de cette intelligence, de cette affection, de ce zèle qui avaient hâté ses succès. Les revenus furent moindres, les dépenses plus considérables, et dès lors on chercha à épargner sur la main-d'œuvre plutôt qu'à augmenter ses produits. Les esclaves, après avoir chassé des campagnes tous les cultivateurs libres, diminuèrent eux-mêmes rapidement en nombre. Pendant la décadence de l'empire romain, la

---

(1) *De Re rusticâ*, lib. 1, cap. VII.

(2) Columella, *de Re rusticâ*, lib. 1, in Proœmio.

population de l'Italie n'était pas moins réduite
que l'est aujourd'hui celle de l'*Agro romano*, et
elle était en même temps descendue au dernier degré de souffrance et de misère.

La guerre servile de l'an 75 à 71 avant Jésus-
Christ, fit connaître à Rome le danger de faire
dépendre la subsistance de l'état d'une population qu'on réduisait en même temps à la misère et au désespoir. Pompée vainquit Spar-
tacus ; mais un nombre prodigieux d'esclaves fut détruit, et les maîtres effrayés préfé-
rent renoncer à une partie de leurs récoltes,
pour ne pas augmenter dans leurs champs le
nombre de leurs ennemis. La culture du blé fut
presque abandonnée en Italie, et Rome comp-
ta, pour sa subsistance, sur les moissons de
l'Afrique et de l'Égypte. D'ailleurs on avait
éprouvé à Rome, comme dans le golfe du
Mexique, que la culture servile ne peut pas se
maintenir sans la traite. Les travaux forcés, la
mauvaise nourriture, les supplices, l'oppression de tout genre, détruisaient rapidement la
population réduite en esclavage. Tant que les
armes de l'empire furent prospérantes, ce furent les légions romaines qui firent la traite.
On peut voir, dans les *Commentaires de César*,
combien souvent ce conquérant condamnait
les nations vaincues tout entières à être ven-

dues sous la lance du préteur. La frontière du Rhin et du Danube, celle de l'Afrique, celle de l'Euphrate, étaient des marchés aux esclaves où l'on recrutait les cultivateurs de l'Italie, de la Gaule et de la Grèce, et c'était au prix du sang qu'on achetait le sang(1). Mais la victoire abandonna les Romains asservis. Les provinces romaines furent aussi souvent pillées par les barbares, que les nations barbares avaient été tourmentées par les légions romaines. Les esclaves furent enlevés de toutes les fermes, revendus dans des provinces distantes, ou emmenés en Germanie; et lorsque Alaric et Rhadagaise parcoururent l'Italie, leur armée se grossit de toute la foule qui parlait encore la langue teutonique, et de tout esclave qui pouvait se dire Goth ou Germain. Vers le même temps les révoltes des Bagaudes, en Italie et en Espagne, montrèrent que l'oppression des campagnards n'avait pas cessé avec la diminution de leur nombre, et que le danger de la culture servile était toujours le même.

La nation toute entière avait peu à peu disparu par ce régime odieux. On ne trouvait plus de Romains qu'à Rome, d'Italiens que dans les

_____

(1) On distinguait entre les esclaves ceux qui travaillaient sans liens, et ceux qui travaillaient enchaînés. Ces derniers,

grandes villes. Quelques esclaves gardaient encore quelques troupeaux dans les campagnes; mais les fleuves avaient rompu leurs digues, les forêts s'étaient étendues dans les prairies, et les loups et les sangliers avaient repris possession de l'antique domaine de la civilisation.

L'exploitation des colonies du golfe du Mexique a été fondée de même sur le système pernicieux de l'esclavage. De même elle a consumé la population, abruti l'espèce humaine, et fait rétrograder l'agriculture. Le commerce des nègres, il est vrai, a comblé les vides que la barbarie des colons faisait éprouver chaque année à la population agricole; et, dans une exploitation où celui qui travaille est constamment réduit au-dessous du nécessaire, et où celui qui se repose garde tout pour lui, le revenu net s'est trouvé considérable. Mais le revenu brut, le seul que la nation doive estimer, est demeuré inférieur à celui qu'aurait donné tout autre système d'exploitation; et la condition de plus des sept huitièmes des habitans du pays a été déplorable.

---

qu'on enfermait ensuite la nuit dans des cachots, étaient pour la plupart des captifs faits à la guerre sur des nations barbares, tandis que les premiers étaient nés au logis.

(Colum., *de Re rusticâ*, lib. 1, cap. VII.)

Des hommes généreux ont cherché à soulager le sort des nègres, en attaquant avec persévérance le commerce odieux par lequel on les recrutait. Ils ont réussi à le faire interdire; et ils ont ainsi arrêté la continuation d'un grand crime, et la destruction de nouveaux essaims de malheureux. Quant au soulagement des nègres déjà réduits en esclavage aux Antilles, le remède s'est trouvé inefficace. Les propriétaires, disait-on, ne peuvent pas plus désirer la destruction de leurs troupeaux d'hommes, que celle de leurs troupeaux d'animaux. Mais ces propriétaires vivaient en Europe, pour la plupart. L'intérêt n'agit que sur le fermier, qui garde lui-même ses attelages; il est sans influence sur le valet qui se charge d'en tirer parti. Y a-t-il un particulier qui louât ses chevaux à un cocher de fiacre, ou qui, en le faisant, ne s'attendît pas à ce qu'ils périraient à la peine? Et ici ce sont des hommes dont on abandonne le travail, la subsistance et les châtimens à des régisseurs! Tout le diamètre du globe sépare les maîtres des esclaves, tout comme du barbare entrepreneur qui les nourrit, et qui a le droit de les punir. Celui-ci n'a aucun intérêt dans la valeur de la plantation, dans la valeur du troupeau d'esclaves, et tout son profit, ou tout le crédit qu'il obtient auprès de son maître se proportionne au revenu annuel qu'il lui transmet. Quand la loi permet une institution aussi injuste et aussi cruelle que l'esclavage, quand elle en prend la garantie, elle doit y attacher la condition que l'esclave demeurera toujours sous les yeux de son maître, de manière à ce qu'il puisse recourir à lui. C'est déjà bien assez de ne laisser à des malheureux d'autre sauve-garde que la compassion de ceux de qui ils dépendent. Il ne faut pas que ceux-ci se mettent hors de portée de ressentir cette compassion. Sur un domaine européen, les troupeaux sont au fermier, et non pas au maître ; et le fermier ménage en effet ses troupeaux. Si les plantations des colons absens étaient mises à ferme, et si les esclaves faisaient partie du fonds du fermier, leur souffrance serait sans doute moins grande. Dans aucun autre système d'exploitation le maître ne s'expose à fournir le mobilier d'une ferme à trois mille lieues de son domicile. Dans aucun autre, cependant, une telle confiance ne pouvait être plus fatale. Les lois de l'Europe déclarent libre le nègre qui aborde dans un port européen ; elles seraient plus justes si elles déclaraient libre le nègre dont le maître a passé en Europe.

CHAPITRE V.

De l'exploitation par métayers, ou à moitié fruits.

Les invasions des barbares dans l'empire romain introduisirent, avec des mœurs nouvelles, de nouveaux systèmes d'exploitation. Les conquérans, devenus propriétaires, beaucoup moins épris des jouissances du luxe, et beaucoup plus guerriers, avaient besoin d'hommes, plus encore que de richesses; ils avaient renoncé au séjour des villes, et ils s'étaient établis dans les campagnes. Ils faisaient de leurs châteaux une petite principauté, qu'ils voulaient pouvoir défendre par eux-mêmes, et ils sentaient le besoin d'obtenir l'affection de ceux qui dépendaient d'eux. Le relâchement du lien social, et l'indépendance des grands propriétaires, produisirent les mêmes effets au dedans et au dehors des limites de l'ancien empire romain. Depuis l'époque de son renversement, les maîtres, dans toute l'Europe, commencèrent à améliorer la condition de ceux qui dépendaient d'eux; et ce retour à l'humanité, eut la conséquence qu'on en devait attendre;

il augmenta rapidement la population, la richesse et le bonheur des campagnards.

Différens expédiens se présentaient pour rendre aux esclaves et aux cultivateurs un intérêt dans la vie, une propriété, et une affection pour leur travail, aussi-bien que pour le lieu qui les avait vus naître, et pour son seigneur. Ils ont été adoptés par différens peuples, et ils ont eu l'influence la plus décisive sur les progrès subséquens de la richesse territoriale et de la population.

En Italie, dans une portion de la France et de l'Espagne, et probablement dans la plus grande partie de l'ancien empire romain, le maître partagea sa terre entre ses vassaux, et convint avec eux de partager en nature les récoltes. C'est *l'exploitation à moitié fruits* (1).

En Hongrie, en Pologne, en Bohême, et dans toute la partie de l'Allemagne où s'étaient répandus les Slaves, le maître affranchissant beaucoup moins ses esclaves, et les conservant toujours sous une dépendance absolue, comme

---

(1) On continue aujourd'hui, en Italie, à appeler *coloni* les métayers, dans le langage de la loi. C'est aussi le nom que donnaient les lois romaines aux cultivateurs libres. En sorte qu'il est probable qu'un même nom est resté à un même contrat, qu'on sait être fondé sur un usage qui se perd dans la nuit des temps.

serfs ascrits à la glèbe, leur donna cependant en partage la moitié de ses terres, et s'en réserva l'autre moitié. Il voulut partager non les fruits de leurs labeurs, mais le labeur lui-même, et il les obligea à travailler gratuitement pour lui, deux, trois, et en Transylvanie, quatre jours par semaine. C'est *l'exploitation par corvées.*

En Russie, et dans plusieurs provinces de France et d'Angleterre, le maître distribuant aussi ses terres à ses vassaux, au lieu de vouloir entrer en partage ou de leur temps, ou de leurs récoltes, leur imposa une capitation. Les terres incultes, toujours à portée d'être défrichées, étaient en si grande abondance, qu'il n'y avait à ses yeux aucune autre différence entre la condition des familles de cultivateurs, que celle du nombre d'ouvriers dont elles étaient composées. A la capitation fut toujours jointe l'obligation de services personnels, et le maintien du vassal dans une condition servile. Cependant, selon que les lois protégeaient plus ou moins la liberté des sujets, *l'exploitation par capitation* ramena les cultivateurs à une condition plus ou moins aisée. En Russie, ils ne sortirent point de l'esclavage de la glèbe ; en Angleterre, ils arrivèrent, par une transition facile, au rang de fermiers.

La culture par métayers, ou l'exploitation à
moitié fruits, est peut-être une des plus heureuses inventions du moyen âge : c'est celle
qui a contribué le plus à répandre le bonheur
dans les classes inférieures, à porter la terre au
plus haut degré de culture, et à y accumuler le
plus de richesses. C'est le passage le plus naturel,
le plus facile et le plus avantageux pour élever
l'esclave au rang de l'homme libre, pour former son intelligence, lui enseigner l'économie
et la tempérance, et déposer entre ses mains
une propriété dont il n'abusera pas. Le paysan
est supposé n'avoir point ou presque point de
capitaux ; mais le maître lui remet sa terre ensemencée et en plein rapport ; il le charge d'y
faire tous les ouvrages, de la maintenir dans
le même état de culture, il exige de lui la moitié de toutes les récoltes, et il se fait rendre,
à l'expiration du bail, la terre ensemencée,
les étables garnies, les vignes soutenues d'é-
chalas, chaque chose enfin dans le même état
de plein rapport dans lequel il l'a livrée.

Le métayer se trouve débarrassé de tous les
soins qui, dans d'autres pays, pèsent sur la classe
inférieure du peuple. Il ne paie point d'impôt
direct ; son maître en reste seul chargé. Il ne
paie point à son maître de redevances en argent. Il n'est donc appelé à acheter ou à ven-

dre que pour sa propre économie domestique.
Le terme auquel le fermier doit payer l'impôt
ou la rente ne le presse point et ne le contraint point à vendre à vil prix, avant la saison, la récolte qui récompense son industrie.
Il a besoin de très-peu de capitaux, parce qu'il
n'est point marchand de denrées : les avances
fondamentales ont été faites une fois pour toutes par son maître ; et, quant aux travaux journaliers, il les fait lui-même avec sa famille. Car
l'exploitation par métayers cause toujours en
résultat une grande division des terres, ou ce
qu'on nomme la petite culture.

Dans cette exploitation, le paysan s'intéresse
à la propriété comme si elle était à lui ; il
trouve dans sa métairie toutes les jouissances
par lesquelles la libéralité de la nature récompense le travail de l'homme, sans que sa part
soit assez abondante pour qu'il puisse lui-
même se dispenser de travailler. Il n'y a donc
dans la campagne aucun rang inférieur au sien,
point de journaliers, point de valets de ferme
dont la condition soit plus mauvaise ; la sienne
cependant est tolérable. Son industrie, son
économie, le développement de son intelligence augmentent régulièrement son aisance :
dans les bonnes années il jouit d'une sorte
d'opulence ; il ne demeure point exclu du festin

de la nature qu'il prépare ; il dirige ses travaux d'après sa propre prudence, et il plante pour que ses enfans recueillent les fruits.

Le haut état de culture des plus belles parties de l'Italie, et surtout de la Toscane, où les terres sont généralement exploitées de cette manière, l'accumulation d'un capital immense sur le sol, l'invention des assolemens les mieux entendus, et de beaucoup de procédés industrieux qu'un esprit très-développé et très-observateur a seul pu déduire des opérations de la nature, le rassemblement d'une population très-nombreuse sur un terrain fort limité, et presque partout peu fertile, montrent assez que ce genre d'exploitation peut être aussi avantageux au pays même qu'au paysan ; qu'il peut tout ensemble rendre très-heureuse la classe inférieure vivant du travail de ses mains, et tirer de la terre des fruits abondans, pour les répandre avec profusion entre les hommes.

Cependant il s'en faut de beaucoup que ce système d'exploitation ait eu en France des effets aussi avantageux. D'une part il a été altéré, parce qu'on a en général chargé le métayer de payer ou de faire l'avance des impositions ; et qu'en le soumettant à la nécessité de trouver de l'argent à jour fixe, on lui a fait éprouver tous les embarras et toutes les pertes du petit fermier. D'autre part il a été adopté surtout. dans les provinces au midi de la Loire, où il y a peu de grandes villes, peu de foyers de lumières, peu de communications, et où l'on remarque que les paysans sont demeurés dans une profonde ignorance, attachés à leurs habitudes, à leurs routines agricoles, et incapables de suivre la marche de la civilisation du reste de la France. C'est l'exploitation en usage dans cette Vendée, où le paysan est encore dans une dépendance absolue de son seigneur et de son curé, où la révolution n'a changé aucun de ses rapports, et n'a ajouté à aucun de ses droits, où aucune instruction ne peut pénétrer dans les campagnes, et aucun préjugé ne semble altérable.

En effet, l'exploitation par métayer n'a rien de progressif en elle; la condition du paysan est assez heureuse, mais elle est toujours la même: le fils est exactement à la place où se trouvait son père; il ne songe point à devenir plus riche, il ne tente point de changer d'état. On croirait voir une de ces castes de l'Inde, que la religion attache irrévocablement aux mêmes métiers et aux mêmes pratiques. Dans un pays comme la France, où tout avance, où tout chemine avec activité, une classe qui, dans plusieurs provinces, fait les neuf dixièmes de la population, et qui reste stationnaire depuis quatre ou cinq siècles, doit être fort en arrière de toute la nation. La même classe en Italie avait participé aux progrès de la civilisation générale, parce qu'elle ne faisait guère que la moitié de la nation, qu'elle se mêlait sans cesse avec la moitié citadine, et que, dans le temps du moins où l'Italie a reçu son vrai développement, les villes si nombreuses dans cette contrée, et autrefois si florissantes, faisaient des progrès rapides vers les lumières de tout genre.

En France, un gouvernement libéral et constitutionnel ne sera solidement établi dans les provinces contre-révolutionnaires du midi de la Loire, que lorsqu'une partie des terres sera possédée en propre par les cultivateurs, qu'une autre classe de paysans, animés de plus d'espoir et éclairés de plus de lumières, se trouvera mêlée avec celle des métayers; et que ceux-ci verront enfin la possibilité d'un progrès devant eux, au lieu de regarder toujours en arrière.

En Italie, où les mêmes inconvéniens ne sont pas sentis, on en éprouve un autre dans un accroissement démesuré de la population, qui est aussi attaché au système des métayers. Comme la propriété et la sûreté individuelles sont tolérablement garanties pour cette classe, la population agricole a bientôt atteint ses limites naturelles; c'est-à-dire, que les métairies se sont divisées et subdivisées, jusqu'au point où, dans l'état donné de la science rurale, une famille a pu se maintenir dans une honnête aisance, par un travail modéré, avec sa part des récoltes, sur l'espace de terre qui lui était demeuré. Nous avons vu que, dans l'exploitation patriarcale, la population se serait arrêtée là; si on laissait faire les métayers, elle s'y arrêterait aussi dans l'exploitation à moitié fruits; mais ils ne sont pas seuls maîtres de leur sort. On ne voit jamais une famille de métayers proposer à son maître de partager sa métairie, à moins que le travail ne soit réellement supérieur à ses forces, et qu'elle ne sente la certitude de conserver les mêmes jouissances sur un moindre espace de terrain. On ne voit jamais dans une famille plusieurs fils se marier en même temps, et former autant de ménages nouveaux; un seul prend une femme et se charge des soins du ménage; aucun de ses frères ne se marie, à moins que lui-même n'ait pas d'enfans, ou que l'on n'offre à cet autre frère une nouvelle métairie.

Mais la propriété est héréditaire; une métairie dépend du bon plaisir d'un maître. Une famille de métayers peut être renvoyée, ou pour ses démérites, ou par le caprice des propriétaires; et aussitôt il s'offre des seconds fils de familles de paysans, prêts à se marier, et à en former une nouvelle. La première, réduite à la misère en perdant son travail, offre ses services à tous les propriétaires; pour les faire accepter, elle est prête à se soumettre à des conditions plus onéreuses. Les seconds fils qui désirent se marier offrent aussi leurs bras, et il en résulte une folle enchère, qui engage les propriétaires à diviser leurs métairies par delà des bornes convenables. Chaque division, en augmentant la quantité de travail employé sur la terre, augmente aussi son produit brut : mais, sur ce produit, les reprises des laboureurs devraient être toujours plus grandes; elles sont cependant toujours égales. Le propriétaire qui prend la moitié du produit brut, voit à chaque morcellement augmenter son revenu; le paysan, échangeant beaucoup plus de travail contre une quantité égale, voit diminuer le sien. Les métayers, en se disputant ainsi la part que veulent bien leur laisser les propriétaires, arrivent enfin à se contenter de la plus chétive subsistance, d'une portion qui suffit à peine dans les bonnes années, et qui dans les mauvaises les laisse en proie à la famine.

Cette espèce de folle enchère a réduit les paysans des Rivières de Gênes, de la république de Lucques, de plusieurs provinces du royaume de Naples, à se contenter du tiers des récoltes au lieu de la moitié. Dans une magnifique contrée que la nature avait enrichie de tous ses dons, que l'art a ornée de tout son luxe, et qui prodigue chaque année les plus abondantes récoltes, la classe nombreuse, qui fait naître tous les fruits de la terre, ne goûte jamais ni le blé qu'elle moissonne, ni le vin qu'elle presse. Son partage est le millet africain et le maïs, et sa boisson la piquette ou l'eau dans laquelle a fermenté le marc du raisin. Elle lutte enfin constamment avec la misère. Le même malheur serait probablement arrivé au peuple de Toscane, si l'opinion publique ne protégeait le cultivateur ; mais un propriétaire n'oserait imposer des conditions inusitées dans le pays, et, en changeant un métayer contre un autre, il ne change rien au contrat primitif. Cependant, dès que cette opinion est nécessaire au maintien de la prospérité publique, il vaudrait mieux qu'elle fût sanctionnée par une loi.

C'est une vérité sur laquelle les économistes ont beaucoup insisté, que chacun entend mieux son propre intérêt que le gouvernement ne saurait le faire ; d'où ils ont conclu que toute la partie de la législation qui cherche à diriger chacun dans le soin de sa propre fortune, est toujours inutile et souvent pernicieuse. Mais ils ont affirmé trop légèrement que l'intérêt de chacun d'éviter un plus grand mal doit être le même que l'intérêt de tous. Il est de l'intérêt de celui qui dépouille son voisin, de le voler, et il est de l'intérêt de celui-ci de le laisser faire s'il a la force en main, pour ne pas se faire assommer; mais il n'est pas de l'intérêt de la société que l'un exerce la force, et que l'autre y succombe. Or, l'organisation sociale tout entière nous représente à chaque pas une même contrainte, non pas toujours avec les mêmes caractères de violence, mais avec le même danger d'y résister. La société a presque toujours, par ses institutions, donné naissance à cette contrainte; elle ne doit pas l'appuyer encore de tout son poids. Elle a mis le plus souvent le pauvre dans la nécessité de se soumettre à des conditions onéreuses, et toujours plus onéreuses, sous peine de mourir de faim; en le plaçant dans cette situation périlleuse, c'est à elle à prendre sa défense. L'intérêt du corps des métayers, est sans doute de ne pas se contenter de moins de la moitié de la récolte pour prix de leur travail; mais l'intérêt du métayer qui a perdu sa place, et qui n'en peut point trouver de nouvelle, est de se contenter du tiers, de moins que le tiers, et de mettre ainsi en danger la subsistance de tous ses pareils. L'intérêt des ouvriers qui travaillent en journée est sans doute que le salaire d'un travail de dix heures par jour leur suffise pour vivre, et pour élever leurs enfans jusqu'à ce que leur corps soit complétement formé; c'est bien aussi l'intérêt de la société; mais l'intérêt du journalier sans ouvrage, est de trouver du pain à quelque prix que ce soit; il travaillera quatorze heures par jour, il fera entrer ses enfans dès l'âge de six ans dans une manufacture, et il compromettra avec sa santé et sa vie l'existence de toute sa classe, pour échapper à la pression actuelle du besoin.

La législature anglaise a senti récemment la nécessité d'intervenir dans les contrats entre le pauvre et le riche, pour protéger le plus faible; elle a fixé l'âge au-dessous duquel on ne pourrait recevoir les enfans dans les manufactures, tout comme le nombre d'heures pendant lesquelles on pourrait les obliger au travail. La législation des empereurs romains, qui certes n'était pas libérale en faveur des dernières classes, avait pris la protection des *colons*, dont la condition paraît s'être rapprochée de celle des *serfs* russes, soumis à la capitation. Une ¹ ·¨ de l'empereur Constantin (*Codex Justiniani*, lib. xi, tit. 49, lex 1) porte : « Tout colon dont le

» maître exige une plus forte redevance qu'il
» n'avait fait auparavant, et qu'on ne l'avait
» fait avant lui dans les temps antérieurs, doit
» s'adresser au premier juge en présence du-
» quel il pourra se trouver, et prouver ce dé-
» lit, pour que celui qui sera convaincu d'a-
» voir plus demandé qu'il n'avait coutume de
» percevoir, reçoive défense de continuer, et
» soit contraint de rembourser ce qu'il a ex-
» torqué de plus que son droit. » Et comme les
serfs ne pouvaient traduire leur maître en justice, une loi postérieure d'Arcadius et Hono-
rius (*ibid.* l. 11) leur en donne le droit formel
dans cette occasion.

En général, dès qu'il n'y a plus de terres va-
cantes, les maîtres du sol exercent une sorte de
monopole contre le reste de la nation; la loi
autorise ce monopole en permettant l'appropriation des terres; elle l'a jugé utile à la société, et l'a pris sous sa protection; mais partout où le monopole existe, le législateur doit
interposer son autorité, pour que ceux qui en
jouissent n'en abusent pas. Sans la permission
de la classe comparativement peu nombreuse
des propriétaires de terre, aucun homme dans
la nation ne pourrait ni travailler lui-même,
ni rendre la terre fertile, ni obtenir de nourriture. Les économistes en ont conclu que les

propriétaires étaient seuls souverains, et qu'ils pourraient renvoyer la nation de chez eux quand il leur plairait. Bien plutôt on doit en conclure qu'un privilége aussi prodigieux n'a pu être accordé que dans l'intérêt de la société, et que c'est à la société à le régler. Elle aurait pu tout aussi-bien accorder la propriété des eaux, et aucun homme n'aurait pu boire sans le consentement des propriétaires des rivières ou de leurs fermiers. Elle ne l'a pas fait, uniquement parce qu'il n'en serait résulté aucun avantage social. Elle a accordé la propriété de la terre; mais, en le faisant, elle doit garantir aussi l'avantage social qu'elle en a attendu. Elle doit veiller aux intérêts de ceux qui demandent à la terre ou de la nourriture ou du travail.

CHAPITRE VI.

De l'exploitation par corvées.

Nous avons nommé exploitation par corvées, le contrat par lequel le propriétaire, ou plutôt le seigneur de la terre donne à un paysan, serf ou vassal, une maison rurale, avec une certaine portion de terre attenante, et un droit aux pâturages et aux bois de chauffage de la seigneurie; tandis qu'en retour il exige de son paysan un nombre fixe, par semaine, de journées de travail avec ses attelages, pour faire valoir la terre qui est demeurée aux mains du seigneur.

Ce système d'exploitation fut déjà introduit pendant la décadence de l'empire romain, lorsque la diminution rapide du nombre des esclaves, et l'impossibilité d'en enlever de nouveaux aux nations ennemies, firent rechercher les moyens d'adoucir leur sort. Il paraît que, parmi les paysans que le code de Justinien désigne par le nom de colons, plusieurs cultivaient la terre par corvées. Le même système d'exploitation a laissé des traces dans toute l'Europe, au dehors comme au dedans de l'enceinte de l'ancien empire romain; dans les pays germaniques d'où est venu le système féodal, dans les pays slaves, et en Écosse, où les fiefs proprement dits n'ont jamais existé. La tenure des Highlanders, ou de ces montagnards celtes de l'Écosse, dont la bravoure et le dévouement à leurs seigneurs sont si renommés, était de même nature; c'est la pratique générale de tout le levant de l'Europe jusqu'en Turquie, et on la retrouve chez les Fakeers des Eusofzyes dans le Caubul (1).

L'exploitation par corvées paraît être un des premiers expédiens qui se présentent à l'esprit des propriétaires d'esclaves, pour tirer de leur travail tout le parti possible, sans avoir à se soucier de leur subsistance. Il est assez probable que c'était la manière dont les terres des Gaules étaient cultivées du temps de César, qui représente le peuple des campagnes, comme dans un état approchant de la servitude, quoiqu'il ne vécût point dans les maisons des chevaliers (2). Dans quelques colonies du golfe du Mexique, au lieu de nourrir les esclaves, on leur

---

(1) *Elphinstone account of Caubul*, p. 344.

(2) *De Bello gallico*, lib. VI, cap. XIII et XV.

a de même accordé un certain temps par semaine pour cultiver un plantage et pourvoir
ainsi à leur subsistance; mais, avec la dureté
qui caractérise toutes les lois dont les nègres
sont l'objet, on les a réduits à deux jours par
semaine, dont l'un devrait être le jour du repos. En Transylvanie, les serfs n'ont pour eux
que deux jours ouvriers outre le dimanche.

Il s'en faut de beaucoup que l'exploitation
par corvées soit une invention aussi heureuse
que l'exploitation à moitié fruits. Elle a donné,
il est vrai, aux paysans, un intérêt dans la vie
et une sorte de propriété; mais elle les a soumis à voir leur économie domestique à tout
moment troublée par les demandes vexatoires
du seigneur ou de son intendant. Le paysan ne
peut pas faire une des opérations de son agriculture au jour qu'il aurait choisi; l'ouvrage du
seigneur doit toujours être fait avant le sien,
les jours de pluie tombent toujours dans son
partage. Il ne fait la corvée qu'avec répu-
gnance, sans intérêt au succès de son ouvrage,
sans affection et sans récompense. Il travaille
aux champs du seigneur aussi mal qu'il peut le
faire sans encourir la punition. L'intendant,
d'autre part, réclame comme absolument nécessaire, l'emploi des châtimens corporels, et
ils sont abandonnés à sa discrétion.

Le servage de la glèbe a été nominalement aboli dans plusieurs des pays qui ont adopté l'exploitation par corvées ; mais, tant que ce système général d'agriculture est en vigueur, il ne peut y avoir aucune liberté pour les paysans. L'abolition de la servitude, quoiqu'elle ait donné aux vassaux des droits sur leurs personnes et les fruits de leur travail, que la loi ne reconnaissait pas auparavant, ne leur a donné presque aucun moyen de les faire valoir. Ils sont aussi constamment contrariés et découragés dans leur propre agriculture qu'auparavant, ils travaillent tout aussi mal la terre de leur maître, ils sont tout aussi misérables dans leurs chaumières, et le seigneur, à qui l'on avait fait espérer que l'abolition de l'esclavage augmenterait son revenu, n'en a retiré aucun avantage. Il est toujours l'objet de la haine et de la défiance de ses vassaux, et l'ordre social, sans cesse menacé, ne peut être maintenu que par la violence.

La base du contrat des métayers et de l'exploitation par corvées est exactement la même. Le seigneur, en Hongrie comme en Italie, a donné sa terre à son paysan, sous condition d'obtenir, en retour de cette concession, la moitié des fruits. Dans l'un et l'autre pays, il a jugé que l'autre moitié suffirait pour faire vivre le cultivateur, et rembourser ses avances. Une seule erreur en économie politique a rendu désastreux, pour l'un de ces pays, ce qui s'est trouvé hautement avantageux dans l'autre. Le Hongrois n'a point intéressé le laboureur à sa propre industrie : en partageant la terre et les jours de travail, au lieu des fruits, il a fait son ennemi de celui qui devait être son auxiliaire. Le travail s'est fait sans ardeur et sans intelligence; la part du maître a été bien moindre qu'elle n'aurait été dans l'autre système, et il ne la recueille qu'avec crainte.. La part du paysan est si réduite, qu'il vit dans une misère constante; et quelques-uns des plus fertiles pays de la terre demeurent condamnés depuis des siècles à un état de souffrance et d'oppression.

Cependant une première amélioration dans la condition des classes pauvres, et c'en était une sans doute que la substitution des corvées au complet esclavage, amène le plus souvent à de nouveaux perfectionnemens. L'intérêt réciproque du seigneur et du vassal leur faisait désirer à tous deux une évaluation plus précise des *services* que le premier avait droit d'exiger du dernier. Ils furent souvent convertis en une prestation en nature, souvent en une prestation en argent. Les corvées et la capitation, dont nous parlerons dans le prochain chapitre, se

combinèrent de différentes manières. Une quantité déterminée, ou d'argent ou de blé, fut
exigée de chaque villain, et l'on joignit seulement à sa redevance, comme signe de son
ancien esclavage et des droits du seigneur,
l'obligation d'exécuter en personne certains
offices, de travailler aux fossés du château, ou
de faire tout autre service qui caractériserait
la roture. Presque toutes les terres tenues en
villertage, en France et en Angleterre, et celles
que, dans ce dernier pays, on désigne par le
nom de *copyhold*, ont été originairement sou-
mises à la corvée ou à la capitation; mais leurs
habitans se sont peu à peu affranchis de tout
ce qu'il y avait de dégradant dans leur condition. Les cens et les copyholds sont devenus
des héritages à peu près assimilés aux autres;
la rente, qui était arbitraire, est devenue perpétuelle et inaltérable; la dépréciation des
monnaies l'a rendue presque partout légère en
proportion de la valeur des terres, et le seul
inconvénient qui soit demeuré attaché à cette
propriété, c'est le paiement des lods et ventes
pour les mutations, qui enlève à l'agriculteur,
au profit du seigneur, une partie du capital destiné à faire valoir sa terre.

Dans le royaume de Pologne où l'affranchis-
sement des paysans est encore tout récent, les

corvées se perçoivent en nature; mais comme elles sont la conséquence d'un contrat volontaire, le nombre de journées que doit un paysan se proportionne régulièrement au nombre de mesures de terre que le seigneur lui donne. Cependant la condition du paysan ne sera vraiment fixée que quand il aura échangé cette redevance contre une valeur égale de produits de ses fonds.

L'interposition du législateur que nous réclamions en faveur du métayer, a eu lieu dans presque tous les pays exploités par corvées, en faveur du paysan, du vassal ou du serf. Dans l'ancienne France, les cens furent déclarés imprescriptibles et non rachetables, mais aussi ils ne purent plus être aggravés par le seigneur. En Angleterre, le copyholder devait payer des redevances fixées par la volonté du seigneur; mais la loi déclara que cette volonté était interprétée par la coutume du manoir, et que celle-ci étoit inaltérable. Dans les provinces allemandes de la monarchie autrichienne, le contrat entre le seigneur et son paysan a été déclaré par la loi irrévocable; en même temps la plupart des corvées ont été changées en redevances d'argent ou de fruits en nature, qui ont été déclarées perpétuelles. Le paysan a acquis de cette manière la vraie propriété de sa maison

et de sa terre ; seulement elle est demeurée
chargée de rentes et de quelques services féo-
daux. Bien plus, pour que cette classe ne se
trouvât pas ensuite opprimée, ou lentement
expropriée par les riches seigneurs qui devaient
vivre au milieu d'elle, la loi n'a point permis
au gentilhomme d'acheter aucune terre rotu-
rière ; ou, s'il l'achète, il est obligé de la rendre
aux mêmes conditions à quelque autre famille
de paysans , de manière que la propriété nobi-
liaire ne vienne jamais à s'accroître, ou la population agricole à diminuer.

· Cette population, jouissant de l'abondance et
de la sécurité, a atteint de bonne heure dans
ces provinces les bornes qui convenaient tout
ensemble à son aisance et à une bonne culture,
mais elle ne les a point dépassées. Les pères de
famille, connaissant leurs ressources, n'ont garde
de se réduire à l'indigence, ou de marier plus
d'enfans qu'ils n'en pourraient établir. On peut
s'en fier aux hommes pour se maintenir dans
leur condition quand ils peuvent la juger,
et qu'ils ne dépendent que d'eux-mêmes. La
classe qui surcharge toujours l'état d'une population misérable, est celle qui, comptant pour
vivre sur ses bras seulement, et sur la volonté
d'autrui, n'a aucun moyen de juger des chances
qui se présenteront à ses enfans.

Le gouvernement autrichien, en venant ainsi au secours d'un ordre qui, laissé à lui-même, serait nécessairement opprimé, a compensé, pour le bonheur de ses sujets et sa propre stabilité, la plupart des vices de son système. Dans un pays privé de liberté, où les finances ont été de tout temps très-mal administrées, où les guerres sont éternelles autant que désastreuses, parce que l'opiniâtreté s'y joint presque toujours à l'impéritie, la grande masse de la population, composée presque uniquement de paysans propriétaires qui vivent dans l'aisance, a été rendue heureuse; et cette masse de sujets, qui sentent leur bonheur et qui craignent tout changement, a déjoué tous les projets de révolution et tous les projets de conquête dirigés contre cet empire.

CHAPITRE VII.

De l'exploitation par capitation.

L'EXPLOITATION par capitation a probablement existé dans tous les pays où l'esclavage a été permis par la loi. C'est un des expédiens que la cupidité des maîtres a inventés pour tirer parti de ce droit odieux, sans se livrer en même temps aux soins qu'exigent l'entretien de l'esclave et la direction de ses travaux. Le maître qui a des esclaves et qui ne veut pas les faire travailler pour son compte, peut choisir de les louer à d'autres, qui les feront travailler, ou de les louer à eux-mêmes, en retirant d'eux la valeur du loyer qu'il aurait pu retirer d'un autre. Ce loyer annuel de la personne, que les Russes nomment *obroc*, est ce que nous avons nommé capitation. Il n'est point inconnu aux Antilles ; les petits propriétaires permettent assez fréquemment aux nègres d'exercer pour leur compte un métier ou un petit commerce, en payant une capitation. Il a été imposé dans tous les pays où le régime féodal est en vigueur, et c'est pour cette raison que les capitations ont été en tous lieux considérées comme une marque d'esclavage.

Mais cette rente levée sur la personne, en compensation du droit que le maître a sur son travail, ne pouvait devenir un moyen d'exploiter les terres, que dans un pays où celles-ci sont si abondantes, si universellement désertes, que l'ouvrage de l'homme est tout, et que le revenu des terres est compté pour rien. Tel était probablement l'état de la Russie lorsque l'*obroc* fut fixé pour les paysans de la couronne. Il y avait plus de terres fertiles que chacun n'en pouvait cultiver, et aucune de ces terres n'avait encore été améliorée par aucun travail. La couronne abandonna en conséquence à ses paysans l'usage absolu des terres où leur village était situé, et au lieu de leur demander en échange ou la moitié des fruits, ou des corvées, ou une rente censive, soit en nature, soit en argent, levée sur le sol, elle exigea d'eux l'*obroc*, que chaque esclave mâle paya lorsqu'il fut arrivé à l'âge viril. Ce prix de rachat ne fut pas égal dans toute la Russie. Les gouvernemens de cet empire furent divisés en quatre classes; et l'*obroc* de chacune est plus ou moins fort selon la fertilité de la terre ou la distance des marchés; mais il est égal pour tous les hommes d'un même gouvernement. Nous répétons ce mot barbare, parce que le paysan russe, outre l'*obroc*, paye une seconde capitation, qui seule est connue sous ce nom; celle-ci est un impôt commun à tous les habitans de l'empire.

La liberté a fait tant de progrès dans le dernier demi-siècle, que les paysans qui payent l'*obroc* forment peut-être aujourd'hui la classe la plus nombreuse parmi les esclaves des nations civilisées. En 1782, on comptait quatre millions six cent soixante-quinze mille individus mâles parmi les paysans russes de la couronne. Ce sont de beaucoup les plus heureux parmi les serfs de cet empire, dont il n'est pas rare d'entendre vanter le bonheur à ceux qui regrettent les anciens temps, et qui voient avec peine l'homme recouvrer ses droits. En effet leur capitation est modérée, leur propriété est garantie par la loi, et chaque village, avec l'autorisation de ses propres magistrats, distribue les terres qui lui sont allouées, aux individus dont il se compose. Ceux-ci ont récemment acquis le droit d'acheter des terres en propre; ils peuvent, à prix d'argent, obtenir le droit de voyager jusqu'à trois ans dans l'intérieur de l'empire; ils obtiennent aussi quelquefois, à prix d'argent, la permission de se faire inscrire parmi les bourgeois des villes. Avec ces priviléges, ils jouissent en effet de

quelque aisance dans leurs ménages, et l'on en
a vu élever de grandes fortunes. Cependant
cette classe privilégiée elle-même peut perdre
tout à coup tous ces avantages; elle peut être
allouée aux fabriques, donnée à bail, et vendue
ou cédée à des particuliers qui remettent ces
malheureux dans un complet esclavage.

Encourager les manufactures et les mines a
été la politique du siècle en Russie comme dans
le reste de l'Europe. La couronne elle-même a
des mines et des fabriques, auxquelles elle al-
loue des paysans de cette classe qui cessent de
payer l'*obroc*, pour être assujettis aux corvées,
et qui ne peuvent plus quitter le métier où ils
travaillent alors, pas plus que les condamnés aux
travaux forcés dans les maisons de correction.
Elle accorde de la même manière des villages
à ceux qui introduisent dans l'état quelque industrie nouvelle, et la condition des malheureux paysans que leur cessionnaire change
en manufacturiers, devient encore plus dure.

Les domaines de la couronne, dans les provinces autrefois suédoises et polonaises, sont
souvent donnés à bail à des employés civils ou
militaires, que le souverain veut récompenser;
et le fermier ou les sous-fermiers ne manquent
guère de rendre plus dure la condition des
paysans. Enfin de nouvelles terres ont souvent

été formées par Catherine et ses prédécesseurs, pour en gratifier quelque favori ; et alors les paysans des terres de la couronne, ainsi donnés, perdaient tous leurs priviléges et devenaient esclaves. Le souverain actuel s'est abstenu d'en donner jamais ; mais aucune loi ne lie à cet égard les volontés de lui-même ou de ses successeurs.

En 1782, les esclaves qui appartenaient à la noblesse russe formaient une population de six millions six cent soixante-dix-huit mille individus mâles. Parmi ceux-ci, le plus grand nombre encore peut-être est assujetti aux travaux agricoles, et paye l'*obroc*; ce sont les moins malheureux, quoique cet obroc soit variable à la volonté de leurs maîtres, et que le reste de leur propriété, non plus que leur personne, ne jouisse d'aucune garantie ; en sorte que tout ce qu'ils ont épargné par une longue industrie, peut leur être enlevé tout à coup. D'autres font des corvées pour leur maître; d'autres enfin sont donnés en bail à des fermiers. De plus tous les esclaves des nobles peuvent être enlevés aux travaux agricoles pour être attachés aux mines, aux fabriques et aux métiers, ou pour être employés aux services domestiques, soit chez leurs maîtres, soit chez ceux à qui leurs maîtres les louent.

Il est vrai que le désintéressement de quelques familles nobles qui, depuis plusieurs générations, n'ont point changé l'*obroc*, inspire assez de confiance aux paysans pour ranimer leur industrie, leur rendre le goût de l'économie et du travail, et leur permettre même quelquefois d'élever de grandes fortunes, qui dépendent cependant toujours du bon plaisir des maîtres. Aussi la Russie est-elle le seul pays où l'on voie la classe des esclaves, non-seulement s'entretenir au même degré de population, mais même multiplier sans importation nouvelle. Cependant l'esclavage n'y a point changé de nature; l'esclave peut toujours être déplacé, enlevé, vendu, dépouillé de toute la propriété amassée par son industrie; en sorte que le régime auquel il est soumis lui rappelle sans cesse que tout ce qu'il épargne, il se l'ôte à lui-même pour le donner à son maître; que tout effort de sa part est inutile, toute invention dangereuse, tout perfectionnement contraire à ses intérêts, que toute étude enfin aggrave sa misère, en lui faisant mieux connaître sa condition.

Nous l'avons dit, dans l'Europe occidentale, la capitation fut aussi un des premiers pas par lesquels le peuple des campagnes sortit de l'esclavage. Elle se présenta d'abord comme un moyen de racheter les corvées, elle se combina ensuite avec la valeur de la terre concédée par le seigneur, et elle donna origine aux *censives*. Nous ne répéterons pas l'histoire de ces améliorations dans le sort des paysans, que nous avons tracée à la fin du précédent chapitre.

CHAPITRE VIII.

De l'exploitation par bail à ferme.

Cuez les nations les plus opulentes l'exploitation par bail à ferme a remplacé presqu'absolument tous les contrats résultant de l'ancien servage; elle a plus que toutes les autres fixé l'attention des économistes, et elle est généralement considérée comme devant être partout la conséquence des progrès de la civilisation.

Par le bail à ferme, le propriétaire cède au cultivateur sa terre toute nue, et il lui demande en retour un revenu toujours égal; tandis que le fermier se charge de diriger ou d'exécuter seul tous les travaux, de fournir le bétail, les instrumens et le fonds d'agriculture, de vendre les fruits, et de payer les impôts. Le fermier prend sur lui tous les soucis et les profits de l'agriculture; il la traite comme une spéculation commerciale, dont il attend des bénéfices proportionnés au capital qu'il y emploie.

Au moment de l'abolition de l'esclavage, le système des fermes ne pouvait point encore s'établir; des affranchis ne peuvent prendre des engagemens aussi importans; ils ne peuvent faire l'avance de tout le travail d'une année; beaucoup moins celui du travail de plusieurs années, pour mettre une ferme en valeur. Leur maître, en leur donnant la liberté, aurait eu besoin de leur faire encore un établissement, de leur donner du bétail, des instrumens aratoires, des semences, et des alimens pendant une année; et, après toutes ces avances, la ferme serait néanmoins demeurée un bail onéreux pour lui; car, par son contrat, il renonce au bénéfice des bonnes années, pourvu que son fermier le garantisse des mauvaises. Mais le fermier qui n'a rien ne peut rien garantir; et le maître sacrifie ses bonnes récoltes sans aucun retour.

Les premiers fermiers furent de simples laboureurs; ils exécutèrent de leurs mains la plupart des travaux de l'agriculture; ils proportionnèrent leurs entreprises aux forces de leurs familles; et, comme ils n'inspiraient pas une grande confiance aux propriétaires, ceux-ci réglèrent leurs opérations par beaucoup de clauses obligatoires, ils limitèrent leurs baux à un petit nombre d'années, et les tinrent dans une constante dépendance. C'est encore là assez généralement l'état des fermiers, partout où ce

genre d'exploitation est adopté, excepté à Rome
et en Angleterre. Ailleurs les clauses obligatoires
ont été peu à peu retranchées du bail, ou né-
gligées dans l'exécution ; les fermiers disposent
plus librement de la terre qu'ils ne faisaient il
y a un demi-siècle, et ils obtiennent de plus
longs termes. Cependant ils n'ont pas cessé
d'être paysans : ils tiennent eux - mêmes les
cornes de leur charrue ; ils suivent leur bétail,
dans les champs, dans l'étable ; ils vivent en
plein air, s'accoutumant aux fatigues habi-
tuelles, et à la nourriture sobre, qui forment des
citoyens robustes et de braves soldats. Ils n'emploient presque jamais, pour travailler avec
eux, des ouvriers pris à journée, mais seulement des domestiques, choisis toujours parmi
leurs égaux, traités avec égalité, mangeant à la
même table, buvant le même vin, et habillés
des mêmes habits. Aussi les fermiers ne forment
avec leurs domestiques qu'une classe de paysans, animés des mêmes sentimens, partageant
les mêmes jouissances, exposés aux mêmes privations, et tenant à la patrie par les mêmes
liens.

Dans cette condition les fermiers sont moins
heureux sans doute que les petits propriétaires,
mais ils le sont plus que les métayers ; du moins
s'ils ont plus de soucis, si l'obligation de trou-

ver à jour fixe le prix de la ferme et l'argent des impôts, les expose à des embarras plus cruels, à des pertes plus sévères, ils ont aussi plus d'espérances; leur carrière n'est point limitée, ils peuvent s'avancer, ils peuvent s'enrichir, et passer au rang de propriétaires, comme ils l'ambitionnent tous. Ce mélange d'espérances et de craintes développe l'esprit, il fait sentir le prix des connaissances, et il forme aux sentimens élevés : les fermiers en France sont français, les métayers ne sont que vassaux.

Mais en Angleterre les fermiers participant aux progrès de l'aisance générale, et à l'accumulation des capitaux, sont sortis d'une classe plus relevée de la société. Pour faire valoir leurs épargnes, ils ont pris des fermes plus considérables; des connaissances plus étendues et une meilleure éducation leur ont fait traiter l'agriculture comme une science. Ils lui ont appliqué plusieurs découvertes importantes faites dans la chimie et l'histoire naturelle. Ils ont aussi joint quelques habitudes mercantiles à celles des cultivateurs. L'espérance d'un plus grand bénéfice leur a fait faire des avances plus considérables. Ils ont renoncé à cette épargne née du besoin, qui est contraire à la vraie économie; ils ont tenu plus régulièrement leurs comptes, ce qui leur a donné plus de moyens de profiter de leur propre expérience.

D'autre part les fermiers ont cessé dès - lors d'être laboureurs, et il a fallu qu'il se formât au-dessous d'eux une classe d'hommes de peine, qui, chargés de nourrir par leur travail la nation toute entière, sont les vrais paysans, et la partie essentielle de la population. La classe des paysans, fortifiée par le travail le plus naturel de tous à l'homme, est en possession constante de recruter toutes les autres. C'est elle qui doit au besoin défendre la patrie; c'est elle aussi qu'il est le plus essentiel d'attacher au sol qui l'a vue naître, et la politique seule inviterait à rendre son sort heureux, si l'humanité ne l'ordonnait pas.

Quand on a comparé, comme on l'a fait souvent, le système des petites fermes à celui des grandes, on a peu remarqué que les dernières, en ôtant la direction du travail aux paysans, réduisaient ceux - ci à un état beaucoup plus malheureux que presque tout autre système de culture. En effet les journaliers qui, sous les ordres des riches fermiers, font tout le travail de l'agriculture, sont dans une condition plus dépendante, non-seulement que les métayers, mais à plusieurs égards que les serfs qui acquittent ou la capitation, ou la corvée. Ces derniers, quelque vexation qu'ils éprouvent, ont du moins une espérance, une propriété et un héritage à laisser à leurs enfans. Les journaliers n'ont aucune participation à la propriété, ils n'ont rien à espérer de la fertilité du sol, ou d'une saison propice; ils ne plantent point pour leurs enfans. Ils ne confient point à la terre le travail de leurs jeunes ans, pour en recueillir les fruits avec usure dans la vieillesse. Ils vivent au jour le jour, avec le salaire de la semaine. Toujours exposés à manquer d'ouvrage par le dérangement de fortune de leurs supérieurs, toujours près d'éprouver les derniers besoins, en suite d'une maladie, d'un accident, ou même des approches de la vieillesse; ils courent toutes les chances de la ruine, et ne conservent aucune de celles de la fortune.

Dans la situation à laquelle les ouvriers de terre se trouvent réduits, il est peu probable qu'ils se forment à l'économie. Des privations et des souffrances de tous les jours accoutument aussi à désirer des jouissances journalières. Outre que la boisson leur devient peut-être nécessaire pour s'étourdir sur leurs soucis, la pensée d'un homme qui peut chaque jour manquer de nourriture, est constamment ramenée sur ce qu'il mange et boit, de même que l'habitude des vigiles et des jeûnes excite à la gourmandise. Il faut que le peuple ait ses plaisirs, et ce n'est pas la faute du journalier, si l'organisation sociale le réduit à ne connaitre que les plus grossiers.

D'ailleurs, quand le journalier réussirait à mettre ensemble un petit capital, la suppression de tous les degrés intermédiaires dans la société l'empêche d'en profiter. Il y a trop loin de son sort à celui d'un gros fermier, pour qu'il puisse franchir cet espace; tandis que, dans le système de la petite culture, le journalier peut avec ses petites économies, prendre une petite métairie, de celle-ci passer à une plus grande, ou à une propriété. Les mêmes causes ont fait supprimer les intermédiaires dans les autres carrières; un abîme se présente entre le journalier, et toute entreprise de manufacture ou de commerce, aussi-bien que de fermage; et la classe inférieure a perdu l'espérance qui la soutenait, dans la précédente période de la civilisation. Les secours même de leur paroisse, qui sont assurés aux journaliers anglais, augmentent leur dépendance ; dans l'état de souffrance et d'inquiétude auquel ils sont réduits, ils peuvent à peine conserver le sentiment de la dignité humaine, ou l'amour de la liberté; et au plus haut terme de la civilisation moderne, l'agriculture se rapproche de cette période de corruption de la civilisation antique, où tout l'ouvrage des champs était fait par des esclaves.

L'état de l'Irlande, et les convulsions auxquelles ce malheureux pays est sans cesse exposé, montrent assez combien il importe au repos et à la sûreté des riches eux-mêmes que la classe agricole, qui forme la grande majorité d'une nation, jouisse de l'aisance, de l'espérance et du bonheur. Les paysans Irlandais, qui sont toujours prêts à se soulever, et à plonger leur pays dans les horreurs d'une guerre civile, vivent dans de misérables huttes, sur le produit d'un carré de pommes-de-terre, et le lait d'une vache. Ils sont aujourd'hui plus malheureux que les *cottagers* anglais; cependant ils ont une petite propriété que les derniers n'ont pas. En retour, pour la portion de terrain qui leur est accordée, ils s'engagent seulement à travailler à la journée sur la ferme dont ils dépendent, pour un salaire déterminé. Mais la concurrence qu'ils se font les uns aux autres les a réduits à se contenter, pour ce salaire, du plus bas terme possible (1). Cette con-

(1. Ce n'est point la division des héritages dans chaque famille qui a multiplié les *cottagers*, en Irlande, au-delà des besoins de l'agriculture; c'est la concession originaire

currence agira de même contre les *cottagers* anglais. Il n'y a point égalité de forces entre le journalier qui a faim, et le fermier qui ne perd pas même le revenu d'une partie de sa terre, en supprimant quelques-uns de ses travaux habituels. Aussi le résultat de la lutte entre ces deux classes, est toujours le sacrifice de la plus pauvre, de la plus nombreuse, et de celle qui a le plus de droits à la protection du législateur.

Cependant, lorsqu'une fois le système des grandes fermes commence à s'introduire, les petits fermiers ne peuvent plus soutenir leur concurrence; les petits propriétaires eux-mêmes se voient ruinés par des rivaux qui font toujours leurs travaux avec plus d'économie, qui vendent toujours leurs denrées dans un temps plus opportun. Lorsque les impôts se sont fort multipliés, chaque propriétaire n'est plus en quelque sorte que le fermier du fisc. On remarque en Angleterre que ceux qu'on y nomme les petits *free-holders* (francs-tenanciers) y sont généralement dans un état de

---

qui leur a été faite par les seigneurs. Une trop petite portion de terre a été attachée à chaque cabane, et les seigneurs encore guerriers ont voulu en avoir un trop grand nombre; mais ces portions originales n'ont point éprouvé de nouveaux partages par le fait des paysans mêmes.

souffrance. Ainsi le système qui rend le peuple plus misérable tend par ses propres forces à l'emporter sur tous les autres.

Cet avantage s'explique aisément; les bénéfices d'un fermier sont le résultat de trois luttes très-différentes qu'il est appelé à soutenir, avec les consommateurs, avec les propriétaires de terres, et avec les ouvriers qui travaillent pour lui. Il peut augmenter ses profits, soit en vendant plus cher ses denrées, soit en payant moins de fermage, soit en contraignant les journaliers à se contenter d'un moindre salaire. Pour chacune de ces opérations, le gros fermier, le fermier qui dispose de gros capitaux, est placé plus avantageusement que le petit.

Vis-à-vis des consommateurs, plus le nombre des fermiers est réduit, et plus il leur est facile de s'entendre pour donner à leurs denrées un prix de monopole. On rencontre dans l'État Ecclésiastique plus d'une ville qui se trouve enclavée dans une ferme. Il est bien certain que les habitans de Népi, ou ceux de Ronciglione, sont dans une dépendance absolue du fermier qui les entoure de toutes parts, ils achètent de lui seul toutes les denrées qui ne peuvent pas souffrir de longs transports ou se garder long-temps, comme le laitage, les herbages, la volaille. Si la ville de Vellétri confine avec quatre fermiers, ou celle de Tivoli avec dix, la condition des consommateurs y sera d'autant moins mauvaise qu'ils auront plus de pourvoyeurs ; et plus les fermes seront petites, moins les fermiers pourront exiger un prix de monopole.

Vis-à-vis des journaliers, les fermiers exercent un monopole tout semblable. Les habitans de Népi ou de Ronciglione, lorsqu'ils offrent leur travail contre un salaire, n'ont à traiter qu'avec un seul homme, qui est maître absolu de les réduire au plus bas terme possible. Ceux de Vellétri peuvent espérer une concurrence un peu plus grande entre quatre voisins, ceux de Tivoli une concurrence un peu plus grande encore entre dix; il s'en faut bien cependant qu'ils se sentent assurés que leur ouvrage sera payé à son prix.

D'ailleurs le gros fermier fait une économie immédiate par l'état de misère auquel il a réduit les familles de laboureurs. Mille arpens étaient cultivés dans le système des petites fermes, par cinquante familles vivant dans une honnête aisance; un gros fermier, pour faire du même terrain une seule ferme, leur substituera d'abord cinquante familles de journaliers, qui vivront dans la pauvreté; il gagnera par conséquent toute la différence entre leur consom-

mation et celle de leurs prédécesseurs. Peut-on
considérer un tel bénéfice comme avantageux
à la nation?

Cependant le fermier en fera bientôt un second de même nature; il congédiera ses journaliers, il mettra en culture leur village, et il
comptera, pour accomplir son ouvrage, sur
des ouvriers appelés de loin, dans la saison des
travaux ruraux.

Après avoir mieux vendu ses denrées, et
moins payé ses travailleurs, le fermier de mille
arpens sera certainement en état de payer une
plus grosse ferme au propriétaire, que les cinquante petits fermiers qu'il aura déplacés. Il
commencera par le faire, il rasera les humbles
cabanes qui sont devenues inutiles à son exploitation, il fera passer la charrue dans le jar-
din, dans le verger d'où chaque petit ménage
tirait ses jouissances; il arrachera les clôtures
qui n'ont plus de but, et soumettra ses mille
arpens à une rotation uniforme de récoltes.
Mais alors le propriétaire aurait beau vouloir
revenir à la petite culture, il n'en aura plus
les moyens. Il lui faudrait une avance nouvelle et considérable de capitaux pour tout
remettre dans l'état primitif. La grande ferme
ne convient plus qu'à de grands fermiers. Personne ne peut y songer s'il n'a un capital suf-

fisant pour faire valoir mille arpens de terre.
Le nombre de tels entrepreneurs est tout autrement limité que celui des fermiers laboureurs
qu'ils ont remplacés. Ils sont aisément à portée
de s'entendre, ils évitent de se faire une concurrence dangereuse; bientôt ils se trouvent en
état de dicter la loi au propriétaire, et le gros
fermier qui a plus gagné que le petit sur la
vente de ses denrées, qui a plus gagné que le
petit sur l'entretien de ses travailleurs, gagne
encore plus que le petit dans son marché avec
le propriétaire.

C'est ainsi que, lorsque le système des grandes fermes se trouve en collision avec celui
des petites, sans que le dernier soit protégé ni
par la loi ni par l'opinion, le premier doit
l'emporter quoique la société n'y trouve aucun
avantage. Le petit fermier, le petit propriétaire péuvent se trouver dans l'impossibilité de
soutenir la concurrence de leur riche voisin,
sans que ce fait, assez fréquemment remarqué,
doive faire rien conclure en faveur du système
victorieux, considéré sous le point de vue de
la prospérité nationale.

Les avantages dont nous venons de parler
tiennent tous aux conditions que les gros fermiers sont en état d'imposer à ceux avec qui
ils traitent. Quelques autres résultent d'un ac-

croissement réel de richesses. Le petit fermier, ou le petit propriétaire emploie rarement un capital suffisant même pour sa petite exploitation ; il est toujours trop pressé de vendre, il est rarement en état d'acheter à temps. D'autre part le grand fermier épargne beaucoup de temps qui est perdu par le petit. La direction d'un ouvrage demande à peu près le même degré d'attention et de fatigue sur quelque échelle qu'il soit entrepris, et l'on conduit quarante ouvriers aussi facilement que quatre. Mais dix fermiers faisaient autrefois en même temps la même opération qu'un seul fait aujourd'hui ; tout ce qui pouvait être alloué comme gages, pour le travail de neuf de ces dix fermiers, peut être épargné aujourd'hui. En réunissant dix champs en un seul, autant de clôtures et de chemins vicinaux peuvent être supprimés ; le village même avec tout le terrain qu'occupaient ses maisons et ses cours, peut être rendu à la culture.

L'exploitation en grand permet de faire faire dans le même temps, à un même nombre d'hommes, une plus grande masse d'ouvrage ; elle tend surtout à faire obtenir par l'emploi de gros capitaux, le bénéfice qu'on obtenait auparavant par l'emploi de beaucoup de main-d'œuvre. Elle introduit l'usage des instrumens dispendieux qui abrégent et facilitent le travail de l'homme ; elle invente des machines, où le vent, la chute des eaux, l'expansion des vapeurs remplacent la force des bras ; elle fait faire par des animaux l'ouvrage auparavant fait par des journaliers ; elle pourchasse ceux-ci d'occupations en occupations, et finit par rendre leur existence inutile. L'économie des forces humaines est un avantage prodigieux dans un pays neuf, dans une colonie où l'on peut toujours employer profitablement leur surabondance. On sollicite avec raison, au nom de l'humanité, l'emploi des machines aux Antilles, pour suppléer au travail des nègres qui ne peuvent suffire à ce qu'on demande d'eux, et qu'on recrutait sans cesse par un infâme commerce. Mais dans un pays où la population surabonde déjà, c'est un grand malheur que le renvoi de plus de la moitié des ouvriers de la terre, dans le temps même où un perfectionnement analogue des machines fait renvoyer des villes plus de la moitié des ouvriers des manufactures. La nation n'est autre chose que la réunion des individus dont elle se compose, et les progrès de sa richesse sont illusoires, s'ils sont obtenus au prix de la misère commune et de la mortalité.

On peut juger du danger qui menace le pays qui s'abandonne à l'exploitation par grandes fermes, en contemplant l'état où elles ont réduit la province de la Campagne de Rome ; c'est le nom qu'on donne à tout le pays qui s'étend depuis la montagne de Viterbo, jusqu'à Terracine, et depuis la mer jusqu'aux montagnes de la Sabine. Dans cette province de quatre-vingt-dix milles de longueur sur vingt-cinq de large, ou deux mille deux cent cinquante milles en carré, on ne compte plus aujourd'hui qu'environ quarante fermiers. Ils n'en portent plus, il est vrai, le nom, qu'ils regarderaient comme au dessous d'eux. On les appelle *mercanti di tenute*, négocians en terres. Ils emploient à ce commerce d'immenses capitaux ; et, par leur extrême richesse, ils rendent la place intenable à tous leurs concurrens. Mais leur manière de faire valoir les terres, et il n'y a aucun doute qu'elle ne soit de beaucoup la plus profitable pour eux, est d'épargner en toute chose sur le travail de l'homme, de se contenter des produits naturels du sol, de n'avoir en vue que le pâturage, et d'écarter successivement tout ce qui reste de population. Ce territoire de Rome, si prodigieusement fertile, où cinq arpens nourrissaient une famille et for-

maient un soldat, où la vigne, l'olivier, le fi-
guier s'entremêlaient aux champs, et permet-
taient de renouveler trois et quatre fois les
récoltes par année, à peu près comme dans
l'État de Lucques, qui n'est pas plus favorisé
par la nature; ce territoire a vu disparaître peu
à peu les maisons isolées, les villages, la population toute entière, les clôtures, les vignes,
les oliviers et tous les produits qui demandaient
l'attention continuelle, le labeur et surtout
l'affection de l'homme. De vastes champs sont
venus ensuite, et les *mercanti di tenute* ont
trouvé plus économique d'en faire faire les semailles et les moissons par des bandes d'ouvriers qui descendent chaque année des montagnes de la Sabine; ceux-ci, accoutumés à vivre d'un morceau de pain, dorment en plein air
sous la rosée, périssent par centaines de la fiè-
vre *maremmane* dans chaque campagne, faute
de soins, et se contentent cependant, pour cou-
rir ces dangers, du plus misérable salaire. Une
population indigène dans la campagne de Rome
leur serait inutile, et elle a complétement disparu. Quelques villes demeurent encore debout
au milieu des vastes champs qui appartiennent
à un seul maître; mais Népi et Ronciglione
voient rapidement périr des habitans qu'on a

rendus étrangers au sol par lequel ils devaient vivre, et l'on peut calculer d'avance l'époque attendue où la charrue devra passer sur le terrain qu'occupent leurs palais ; comme elle passe déjà sur les ruines de San Lorenzo, de Vico, de Bracciano, et de Rome elle-même. D'autre part les champs à leur tour font place au pâturage, et dans ceux-ci les ronces et les genêts empiètent chaque jour la place des graminées ; au centre de la civilisation, on voit renaître les steppes de la Tartarie.

Le législateur est sans doute appelé à arrêter cette proscription de la population exercée au nom de la propriété. Ce n'est pas pour qu'on empêche la terre de produire, et l'homme d'employer utilement son travail, que le droit du premier occupant a été garanti. Mais ce qui rend le devoir du législateur plus étroit encore, c'est que tout le mal qui résulte de cette exploitation vicieuse est son ouvrage. La nature avait préparé un correctif aux malheurs résultant de l'accumulation des propriétés : c'était la multiplication des familles et le partage égal des héritages qui devaient s'ensuivre. Le fléau des grandes richesses, non moins redoutable pour la société que celui d'une grande misère, se serait dissipé de lui-même, si le législateur n'avait pas cherché à les rendre éternelles par des primogénitures. La loi ne peut point, peut-être, sans faire trop sentir sa pesanteur, régler l'étendue d'une ferme; mais elle doit sans cesse avoir en vue de rendre fréquens les partages de propriété, pour éviter le plus grand malheur national, celui qu'éprouve aujourd'hui la campagne de Rome, l'expulsion de la nation hors de ses propres foyers.

Tandis qu'en Angleterre la classe des paysans marche rapidement à sa destruction, qu'elle est déjà détruite dans la campagne de Rome, elle s'élève en France, se fortifie, et, sans abandonner le travail manuel, elle jouit de l'abondance, développe son esprit, et adopte, quoiqu'avec lenteur, les découvertes de la science. Une longue guerre et de pesantes contributions n'ont pu arrêter les progrès que l'acquisition du droit de propriété a fait faire aux habitans des campagnes. Les provinces les plus industrieuses ont été amenées par là à une modification inattendue du bail à ferme : c'est l'*amodiation parcellaire*. Un grand propriétaire, plutôt que de donner sa ferme à exploiter à un seul fermier, trouve aujourd'hui infiniment mieux son compte à partager son domaine entre un grand nombre de paysans ses voisins, qui prennent chacun de lui autant de terrain qu'il leur en faut pour les occuper toute l'année. Le paysan sacrifie en général, il est vrai, la terre qu'il tient à ferme à celle qu'il possède en propre; cependant l'une et l'autre sont cultivées avec cette affection que donne au laboureur un intérêt direct, et cette intelligence qui s'est développée en lui depuis que son seigneur ne peut plus l'opprimer. En effet, la classe agricole est en France aussi heureuse que lui permettent de l'être les circonstances politiques où se trouve aujourd'hui une patrie qu'elle aime avec enthousiasme.

CHAPITRE IX.

De l'exploitation par bail emphytéotique.

Pour terminer la revue des systèmes d'exploitation par lesquels la richesse territoriale est sans cesse renouvelée, il est juste de donner encore un moment d'attention à celui des emphytéoses, ou des fermes perpétuelles, qui crée en faveur du cultivateur une demi-propriété, et qui élève dans l'état une classe de paysans presque aussi industrieux, aussi heureux, et aussi attachés à leur patrie que les petits propriétaires.

Dans les autres systèmes d'exploitation, où la jouissance des fruits est détachée de la propriété, le cultivateur est bien remboursé de ses avances annuelles; mais il ne saurait être assuré de profiter des avances à fonds perdus, par lesquelles on crée à perpétuité la valeur de la terre; des desséchemens de marais, des plantations, des défrichemens. Le propriétaire est rarement en état de faire lui-même ces avances; s'il vend sa terre, l'acheteur se dépouillera, pour l'acquérir, du capital même

avec lequel il aurait pu les faire. Ce fut donc
une invention très-heureuse que celle du bail
d'*emphytéose* ou de *plantation;* car c'est le sens
propre de ce mot, par lequel le cultivateur
s'engage à mettre en valeur un désert, moyennant la cession à perpétuité du domaine utile,
tandis que le propriétaire se réserve une rente
inaltérable pour représenter le domaine direct.
Aucun expédient ne pouvait mieux réunir dans
un même homme toute l'affection de la propriété à tout le zèle de la culture, ou employer
plus utilement à l'amélioration des terres les
capitaux destinés à les mettre en valeur.

Ces avantages, il est vrai, sont compensés
par l'inconvénient toujours assez sérieux de
donner à deux personnes un droit perpétuel
sur un même objet, et de faire dépendre leur
situation respective des conditions d'un contrat qui a pu être stipulé long-temps avant la
naissance d'aucun des intéressés. La gêne que
doivent s'imposer les deux copropriétaires,
pour conserver leurs droits réciproques, ne
saurait être un avantage pour la propriété; elle
doit amener des procès, qui en eux-mêmes
sont un mal, et dont la décision devient d'autant plus incertaine et souvent plus injuste,
qu'ils se rapportent à un droit plus ancien.

Les emphytéoses ont un rapport évident avec

les rentes censives dont nous avons déjà parlé : seulement celles-ci avaient pris naissance dans le droit féodal à l'époque de l'esclavage ; les emphytéoses sont du droit romain, et de l'époque où les cultivateurs étaient encore libres. Des clauses féodales y ont toutefois été insérées dans les temps modernes : la concession de terrain, au lieu d'être perpétuelle, a été faite pour une ou plusieurs vies ; à l'expiration des générations appelées, le propriétaire a repris son terrain avec toutes les avances et toutes les bonifications faites par le cultivateur, à la ruine de la famille de ce dernier. En Italie et surtout en Toscane, où le grand-duc Pierre-Léopold distribua en emphytéose, ou à *livello*, presque tous les biens de la couronne, et une grande partie de ceux du clergé, et où il retira ainsi de dessous les eaux les provinces qui sont aujourd'hui les plus florissantes, le souverain ordonna en même temps que l'emphytéose accordée pour quatre générations pourrait toujours se renouveler, et qu'il suffirait pour cela de payer cinq fois la valeur de la rente annuelle, qu'on supposait établie au trois pour cent, ou quinze pour cent du capital à titre de *laudemio*. La loi sans doute était fort sage, elle augmentait la valeur des baux emphytéotiques, et encourageait le cultivateur à ne point se relâcher de ses soins à l'approche de l'extinction des générations appelées. D'autre part, c'est toujours une mauvaise exploitation que celle qui enlève au cultivateur une partie de son capital au lieu de la rente, et qui l'accable en une année, au lieu de participer régulièrement aux fruits de ses sueurs.

Le bail emphytéotique peut être un moyen avantageux d'appeler à la participation dans la propriété les fermiers des grands domaines que leurs seigneurs ne veulent pas vendre; cependant il ne deviendra jamais un mode universel d'exploitation, parce qu'il dépouille le propriétaire direct de toutes les jouissances de la propriété, qu'il lui fait éprouver tous les inconvéniens et aucun des avantages de la condition des capitalistes, et qu'un père de famille ne peut être considéré comme prudent ou comme économe, lorsqu'il aliène ainsi à jamais sa 'propriété, sans garder du moins la disposition du prix qu'il devait recevoir en échange.

La législation anglaise a cherché, de son côté, à favoriser cette espèce de contrats; elle considère les emphytéotes comme francs-tenanciers (*free holders*); elle les admet, à ce titre, à voter dans les élections, et elle en exclut ceux qui tiennent des cens (*copy-holders*), tout comme les simples fermiers (*lease-hol-ders*). Cependant le nombre des premiers décroît très-sensiblement dans chaque comté. Presque toutes les fois qu'un pareil bail se termine, le propriétaire, au lieu de le renouveler, afferme sa terre pour le terme de vingt-un ans; et il ne laisse subsister d'autres *free-holds* que ceux qu'il juge nécessaires pour conserver son influence dans les élections de comtés. En Irlande, les petites possessions qui sont accordées aux *cottagers* leur sont cédées pour la vie, ce qui en fait autant de francs-tenanciers complétement dépendans du seigneur à chaque élection. Si le législateur voulait encourager cette forme d'exploitation, il aurait dû exiger, pour qu'un franc-tenancier eût droit de voter, qu'il jouît d'un revenu bien supérieur à celui de quarante shellings, qu'a fixé la loi. La prime accordée au morcellement de cette seule espèce d'exploitation, et l'exclusion prononcée contre toutes les autres, sont aussi contraires au but économique qu'au but politique qu'on s'était proposé originairement. La loi n'a point multiplié la classe des paysans vraiment indépendans, et ce n'est point en raison de leur indépendance qu'elle leur accorde le droit d'être représentés.

Les emphytéoses sont connues dans quelques provinces de France, et en Savoie, sous le nom d'*abergemens*; elles n'y sont pas assez multipliées pour avoir une influence sensible sur l'état des cultivateurs.

‹‹

CHAPITRE X.

De la vente des propriétés territoriales.

Il suffit en général, pour la reproduction de la richesse territoriale, que l'usage de la terre soit transmis à l'homme industrieux qui peut la faire valoir, tandis que sa propriété demeure à l'homme riche, qui n'a plus ni le même intérêt, ni la même aptitude au travail, et qui ne songe qu'à jouir. Cependant l'intérêt national demande souvent aussi que la propriété elle-même passe en des mains qui en feront un meilleur usage. Ce n'est pas pour eux seuls que les riches font fructifier la terre, c'est pour toute la nation; et lorsque, par un dérangement dans leur fortune, ils suspendent les pouvoirs productifs des campagnes, il importe à toute la nation que leur propriété passe à d'autres détenteurs.

L'intérêt personnel suffit au reste pour opérer cette transmission, pourvu que la législation n'y mette pas d'obstacle. Lorsqu'un militaire vient à hériter d'un outil à faire des bas, il ne le garde pas long-temps. Entre ses mains cet outil demeurerait inutile pour lui-même et pour la nation; entre les mains d'un fabricant il serait productif et pour la nation et pour lui-même : tous deux le sentent, et un échange est bientôt conclu. Le militaire reçoit de l'argent dont il saura faire usage, le fabricant entre en possession de l'outil qui lui est propre, et la production recommence. La plupart des lois de l'Europe sur les immeubles répondent à celle qui empêcherait le militaire de se défaire de l'outil dont il ne sait point faire usage.

La terre n'est jamais mise en valeur que par l'emploi d'un capital, avec lequel on détermine l'accumulation du travail qui change sa nature. Il est donc essentiel à l'existence même de la nation que cette terre soit toujours entre les mains de ceux qui peuvent y consacrer des travaux, et y employer des capitaux. S'il n'était jamais permis de vendre un instrument de métier, il ne serait du moins pas défendu d'en faire de nouveaux, pour l'usage de nouveaux ouvriers; mais on ne fait point de terres nouvelles; et, toutes les fois que la loi empêche l'aliénation d'une terre possédée par quelqu'un qui n'en peut faire usage, elle suspend la plus essentielle de toutes les productions.

Les systèmes d'exploitation que nous avons passés en revue font bien fructifier la terre par les mains du cultivateur temporaire, lorsque les avances permanentes ont été faites ; mais ils découragent absolument celui-ci de faire ces avances permanentes elles-mêmes. Comme elles donnent à la propriété une valeur qui dure toujours, elles ne peuvent être faites que par ceux à qui cette propriété doit rester. En général, le législateur, tout occupé d'empêcher l'aliénation des immeubles, et de conserver les grandes fortunes aux grandes familles, a craint qu'on ne lui dérobât une telle aliénation par un fermage à long terme et sans retour. Il s'est empressé de défendre les droits des propriétaires contre les propriétaires eux-mêmes ; il leur a ménagé des dédites, des clauses résolutoires ; il a fixé un terme court aux baux à ferme ; il a paru enfin répéter sans cesse au cultivateur : « Cette terre que vous travaillez n'est point à « vous, ne vous y affectionnez point trop, n'y « faites point des avances que vous risqueriez « de perdre ; profitez du moment présent, si « vous pouvez, mais ne songez point à l'ave- « nir ; surtout gardez-vous de travailler pour « la postérité. »

D'ailleurs, indépendamment des erreurs du législateur, il est dans la nature même du bail à ferme de ne permettre jamais au fermier de prendre à la terre un intérêt égal à celui du propriétaire. Il suffit que ce bail ait un terme, pour qu'à mesure que ce terme approche, le fermier se désintéresse de ses champs, et renonce à y faire de longues avances. Le métayer, avec de moindres facultés, ne craint pas du moins d'améliorer, autant qu'il dépend de lui, la terre qui lui est confiée, parce que, comme les conditions de son bail sont invariables, il n'est jamais renvoyé que pour sa mauvaise conduite. Le fermier au contraire s'expose à être renvoyé en raison de sa bonne administration. Plus il a bonifié la ferme qui lui est confiée, plus son maître, en renouvelant le bail, sera disposé à lui demander une augmentation de rentes. De plus, comme la plupart des avances que l'agriculteur fait sur la terre créent une valeur perpétuelle, il n'est ni juste ni naturel qu'elles soient faites par celui qui n'y a qu'un intérêt temporaire. Le fermier soignera peut-être les champs et les prés qui, en peu d'années, lui rendront toutes ses avances; mais il plantera peu de vergers; dans le nord, peu de forêts de haute futaie; dans le midi, peu de vignes ou d'oliviers; il fera peu de canaux de navigation, d'irrigation ou d'écoulement, peu de transports de terre, peu de défrichemens, peu de ces travaux enfin qui sont le plus conformes à l'intérêt public, puisqu'ils fondent l'aisance de la postérité.

Tous ces travaux, desquels dépend l'accroissement des subsistances pour la nation entière,
ne peuvent être entrepris que par un propriétaire riche en capitaux mobiliers. Ce n'est donc
point la conservation des grandes fortunes qui
importe à la nation, mais l'union des fortunes
territoriales aux fortunes circulantes. Les campagnes ne fructifieront pas entre les mains de
ceux qui ont déjà trop de biens fonds pour les
surveiller, mais de ceux qui ont assez d'argent
pour les faire valoir. La législation territoriale
devrait donc tendre à rapprocher sans cesse le
capital mobilier du capital fixe, à réunir les
propriétés que les Anglais nomment person-
nelles, à celles qu'ils nomment réelles, à faciliter la vente des immeubles; la législation de
presque toute la terre s'est étudiée à faire le
contraire.

La conséquence naturelle de l'accumulation
des richesses dans la société doit être de séparer toujours plus le travail de la jouissance;
la tâche du législateur doit être de rattacher
sans cesse la jouissance au travail. Celui qui a
élevé sa propre fortune doit désirer le repos et
l'aisance : ce sont les fruits de son travail, et il
est juste qu'il en jouisse; mais c'est aussi une
des jouissances qui lui sont réservées que de
voir sans inquiétude l'augmentation de sa fa-

mille; et, si le législateur ne s'efforce pas de
lui inspirer des préjugés anti-sociaux, il se
plaira à élever plusieurs enfans, à partager son
bien également entre eux, et à les voir commencer comme il a commencé lui-même.

D'autre part, toutes les fois que la fortune
d'un propriétaire de terres est embarrassée, il
est à désirer pour lui-même, pour sa famille,
et pour la société, qu'il vende sa terre, au lieu
de l'hypothéquer pour des emprunts. L'affection
de propriété, le préjugé, et surtout la vanité,
le disposent presque toujours à faire le contraire. Il demeure chargé d'un fonds disproportionné à son capital, à ses forces physiques, à
l'attention qu'il peut lui donner. Il emprunte à
des conditions onéreuses, et le paiement des
intérêts diminue encore chaque année ce capital
avec lequel il devait faire valoir sa ferme; il arrive enfin à faire produire moins à son domaine
tout entier, qu'il n'aurait retiré d'une moitié,
s'il avait vendu l'autre. Cette autre cependant,
passant aussi entre les mains d'un acheteur qui
n'éprouverait pas le besoin, serait remise en
pleine valeur; et la société, au lieu d'avoir un
produit brut, en aurait deux.

La législation ne doit pas refuser au propriétaire le moyen d'emprunter, mais elle doit lui
rendre plus facile l'expédient qui lui convient le

mieux : elle doit, pour son propre intérêt, donner, contre lui, au prêteur, de fortes garanties; et la plus forte de toutes doit être la facilité à faire vendre dès que le débiteur ne paie pas. Les législateurs ont presque tous adopté la pratique contraire : dans leur respect pour la propriété foncière, ils ont rendu les expropriations si difficiles, que l'intérêt du propriétaire qu'ils voulaient favoriser s'est trouvé sacrifié, tout aussi-bien que celui de son créancier. On a réglé le rang des créanciers de la terre d'après leur date, tandis qu'on a laissé dans une égalité absolue les créanciers de toute date qui ne prétendent qu'à la propriété mobiliaire. Or le privilége des premiers est complétement inutile et par conséquent dangereux; car, en compliquant les droits, il multiplie les procès; ou il doit procurer au propriétaire l'avantage d'emprunter à un plus bas intérêt, en retour pour une sûreté plus grande. Cependant c'est le contraire qui est arrivé. Aujourd'hui, en France, on a vu souvent l'intérêt du commerce à quatre pour cent, et celui des prêts sur la terre, en première hypothèque, à six. En effet, les expropriations forcées sont si lentes, si dispendieuses, si difficiles à obtenir, que le créancier a bien moins de sûreté lors-

qu'il prête sur la terre que lorsqu'il prête sur
une lettre de change.

Autant la loi s'est montrée précautionneuse
et timide, lorsqu'il s'agissait de faire vendre la
terre, autant elle a observé peu de ménagemens
pour faire arrêter la personne. Presqu'en tout
pays, l'arrestation d'un débiteur est plus facile
à obtenir que la saisie de son mobilier, et celle-
ci plus que la vente des immeubles. Cependant,
outre le respect que mérite la liberté individuelle, le législateur, dans le seul but de soigner la richesse publique, aurait dû suivre la
marche contraire. En arrêtant la personne, on
détruit tout le revenu que le travail fait naître;
en saisissant le mobilier, on ne peut jamais le
vendre que fort au-dessous de la valeur qu'il
avait pour le propriétaire; en saisissant la marchandise, on ruine souvent le marchand; en
saisissant l'immeuble, on ne fait tort ni au débiteur ni à la nation. On aurait déjà beaucoup
fait pour la prompte liquidation des dettes, si
la loi autorisait à faire vendre les terres, toutes
les fois qu'elle autorise aujourd'hui à faire mettre
le débiteur en prison. Alors la plupart des
vieilles dettes seraient éteintes, et les immeubles qui doivent nourrir la nation, seraient entre
les mains de ceux qui peuvent les forcer, par
leur capitaux et leurs travaux, à fournir de la

subsistance. Au lieu d'y songer, on est arrivé à
faire posséder la moitié des terres de l'Europe,
par des gens qui, loin de pouvoir disposer d'un
capital pour les faire valoir, sont au contraire
débiteurs d'un capital considérable, qu'ils ne
peuvent retirer de ces fonds. Dès lors, ces propriétaires embarrassés ont eu sans cesse recours
à des expédiens ruineux, pour tirer de l'argent
de leurs terres, pour emprunter de leurs fermiers, pour diminuer le fonds de culture,
pour vendre leurs bois, et détériorer leurs immeubles, tandis qu'ils ne sauraient employer
un capital à augmenter la valeur de leurs fonds.

~~~~~~

CHAPITRE XI.

Des lois destinées à perpétuer la propriété de la terre dans
les familles.

L'intérêt de la société exige que la propriété
se divise de la même manière qu'elle s'est accumulée, et que, par une circulation rapide,
tous jouissent à leur tour d'une fortune que
tous élèvent à leur tour par leur travail. La société prospère par les efforts que chacun fait
pour élever sa richesse, mais elle souffre dès
l'instant que cette activité cesse; et c'est à ses
dépens qu'on rend stationnaire un ordre qui
pour le bien de tous doit être progressif.

Ce n'est point ainsi que l'ont entendu les législateurs. Presque toujours tirés eux-mêmes
des classes qui ont fait leur fortune, ils ont
cru que ce n'était point assez d'assurer aux riches la jouissance de leurs richesses, qu'il fallait
encore faire en sorte que ces richesses fussent
toujours à eux et à leurs enfans. Ce qui avait
été acquis par l'activité, ils ont voulu qu'on
pût le garder dans le repos, sans que l'activité
des autres pût faire ce qu'ils avaient fait eux-
mêmes : et ils ont érigé en maxime d'état que

l'ordre social tenait à la conservation des anciennes fortunes dans les anciennes familles.

C'est une question de constitution, et non d'économie politique, que d'examiner jusqu'à quel point une noblesse est nécessaire à une monarchie, et une antique richesse territoriale à cette noblesse. Mais c'est une question d'économie politique, que d'examiner quelle influence ont pu avoir sur le développement de l'agriculture et de l'industrie, les garanties données à l'orgueil de famille, par les substitutions perpétuelles, les majorats, les primogénitures, les retraits lignagers, et toutes les précautions qui ont été prises pour empêcher les riches de se ruiner et de vendre leurs biens. C'est encore une question d'économie politique intimement liée à la précédente, que d'examiner jusqu'à quel point de telles lois ont eu l'effet qu'on en attendait, et ont perpétué sans détérioration les mêmes patrimoines dans les mêmes familles.

Les lois des monarchies ont permis des substitutions perpétuelles de plusieurs natures ; des fondations de fiefs, des fondations de commanderies dans les ordres religieux et militaires, des fondations de bénéfices simples à la donation des familles, des majorats, des substitutions en faveur du second fils ou de la fille. Par ces modes divers un propriétaire ôte à ses héritiers la disposition de sa fortune ; il ne leur laisse le pouvoir ni de l'aliéner, ni de la diviser, ni de la soumet- à aucune hypothèque, ni d'en disposer par testament. Il les oblige au contraire à laisser cet héritage dans son intégrité, de mâle en mâle, au représentant futur de la famille, qui, avant même sa naissance, est supposé avoir un droit supérieur à celui de la génération existante. Cette substitution perpétuelle, que les Anglais connaissent sous le nom d'*entail*, et les Espagnols sous celui de *majorazgo*, est désignée en Italie par celui de *fedecommesso*, parce que le tenancier actuel n'est considéré que comme héritier fiduciaire, pour l'avantage des générations qui n'existent pas encore.

Le premier fondateur d'une substitution perpétuelle s'est toujours réservé une partie de son bien, qu'il n'a point soumise au lien du *fidéicommis* ou du *majorat*, et qu'il partage également entre ses enfans. Son fils aîné peut encore lui-même conserver une partie de biens libres, qui lui sert à donner une légitime à ses fils cadets et à ses filles. Tant que les fils cadets des maisons riches ont pu employer leur activité et leurs petits capitaux, qu'ils se sont élevés dans les armes, dans la marine, dans les lettres, dans l'église, aussi-bien que dans le commerce, toujours au moyen des premières avances que la maison paternelle avait faites pour leur établissement, ou tout au moins pour leur éducation, on les a vus réparer par leurs économies les dilapidations de leurs aînés. La plupart d'entre eux achèvent trop tard leur fortune, pour songer à se marier; et l'héritage d'un vieux oncle releva à plusieurs reprises le patrimoine d'une maison qui commençait à se ruiner.

Mais la marche nécessaire des substitutions perpétuelles, c'est de réduire, dès la troisième génération, l'héritier à n'avoir plus de biens libres dont il puisse disposer. Deux partages de suite de ces biens libres ont doté successivement ses oncles et ses tantes, ses frères et ses sœurs; que peut-il rester pour doter ses fils et ses filles?

Aura-t-il gagné lui-même une fortune? mais la substitution semble calculée bien plus pour l'empêcher d'augmenter la sienne, que de la diminuer. Comme il ne lui est point permis de disposer du capital, il ne peut profiter de ses richesses pour aucune entreprise lucrative. On ne fait sur les revenus que des économies, et c'est seulement sur les capitaux que l'on fait des profits. L'héritier fiduciaire ne peut ni placer des fonds dans le commerce, ni fonder ou favoriser

une manufacture, ni s'associer à une de ces entreprises d'utilité publique, qui augmentent la
valeur des propriétés territoriales qu'il doit
laisser à ses descendans. Il est sans moyens pour
ouvrir un canal, creuser un port, bâtir un
pont, construire une machine pour élever les
eaux d'une rivière. Il ne peut pas davantage
disposer d'une partie de sa richesse pour bonifier l'autre, entreprendre des défrichemens en
grand, dessécher des marais, ouvrir un cours
nouveau aux rivières, exploiter une tourbière,
une marnière, des mines, ou profiter d'aucune des richesses que recèle son propre sol.
Tout ce que l'argent peut faire pour l'avantage
d'un pays, est rendu impossible à ces riches
perpétuels; et c'est le premier et le plus fatal
effet des liens donnés aux propriétés. Ce sont les
richesses qui commandent le travail; ce sont
elles qui créent de nouvelles richesses; mais
toutes celles que des substitutions perpétuelles
ont fixées, sont rendues, si ce n'est stériles, du
moins incapables de s'améliorer.

En ôtant la libre disposition de son bien à la
génération vivante, pour la soumettre aux vo-
loutés de ceux qui sont morts dès long-temps,
et aux expectatives de ceux qui ne sont pas encore nés, on la met dans l'impossibilité de travailler à l'amélioration graduelle de son pays,

on la désintéresse d'une terre qui lui est devenue en quelque sorte étrangère ; on la déshérite du droit commun de l'homme, du droit que, de son vivant, il doit exercer sur les biens de cette terre, d'une manière aussi illimitée que ses prédécesseurs l'ont exercé avant lui, que ses successeurs l'exerceront un jour. Mais ce n'est pas tout, par cette distribution injuste des fortunes, on change les dispositions morales de ceux qu'on a prétendu favoriser, et on ôte l'activité à leur âme, tout comme on l'ôte aux capitaux que la substitution a enchaînés, pour leur usage.

Un frère aîné, dans un pays où il hérite de toute la fortune, et plus encore, si cette fortune est substituée, regarde ses plus jeunes frères comme seuls faits pour embrasser les carrières actives et profitables. Mais, pour lui, il croira avoir rempli sa tâche s'il soigne le patrimoine que lui ont laissé ses pères. On lui a fait de bonne heure une vertu de savoir vivre en gentilhomme, on l'écarte des occupations, des études, des connaissances, qu'on lui représente comme faites uniquement pour les subalternes, et qu'on appelle devant lui mercantiles, mécaniques, serviles. On lui fait comprendre que pendant que ses frères chercheront par divers moyens à remonter leur fortune, c'est à lui qu'appar-

tient l'honneur de soutenir la splendeur antique
de sa maison. Le nom et la réputation de cette
maison lui sont toujours représentés comme
l'objet d'une sorte de culte. Les valets, les artisans qui dépendent de lui, les parasites qui
s'attachent à lui, s'empressent de lui raconter
par quel luxe son père, son aïeul, s'étaient
rendus dignes, dans leur jeunesse, de la considération qu'ils lui ont transmise ; quel était
le nombre de leurs laquais, de leurs équipages,
de leurs chevaux, de leurs chiens de chasse ;
quelle était la magnificence de leurs fêtes ;
quels étaient l'élégance et le goût de leur ameublement, de leur table, de leur vie domestique. Aucune autre espèce de gloire n'est pro-
posée à l'héritier d'une grande fortune ; aucune
autre réputation ne paraît à sa portée, hors
celle qu'il acquerra par des dépenses extrava-
gantes. Tous ceux qui jouissent de ces prodigalités y applaudissent aussi long-temps qu'elles
durent ; et le public lui-même oublie l'intérêt
sérieux, mais éloigné de la conservation de la
richesse nationale, pour n'écouter que l'intérêt
journalier d'une pompe qui l'amuse. Aussi, dans
tous les temps et dans tous les pays, s'est-il
montré beaucoup plus indulgent pour les pro-
digues que pour les avares.

Au moment de la mort d'un père de famille,

son fils aîné, qui lui succède, se trouve appelé à préparer une dot pour chacune de ses sœurs, et à payer tout au moins une pension à chacun de ses frères. La dot d'une fille est un capital qu'il faut trouver moyen de faire sortir du patrimoine ; et, si le père en mourant n'a laissé que des terres et point de capitaux, il faut ou vendre ces terres, ou les hypothéquer en empruntant dessus, ou les donner elles-mêmes au lieu de dot. Cependant aucune terre substituée ne peut ni se vendre, ni s'engager ; et l'héritier fiduciaire profite du crédit que lui donne son revenu, pour emprunter sans donner de gages une dette qu'il compte payer avec ce revenu.

Dès lors il se trouve engagé avec ses créanciers dans une carrière dont il lui est presque impossible de se retirer : son luxe même, qui devrait détruire son crédit, contribue pendant un temps à l'augmenter ; et il a besoin que ce crédit continue, car il cherche déjà, en se trompant lui-même, à tromper ses créanciers. Il a des dettes de jeunesse à éteindre ; il doit faire face aux dépenses de son établissement, à celles de son mariage ; mais personne ne lui refuse de l'argent sur sa parole ou sur son simple billet ; tous les marchands s'empressent encore de lui vendre, tous les artisans de travailler pour lui ;

tous les domestiques de le servir. Ils lui font
crédit sans difficulté de leurs fournitures, de leur
salaire, de leurs gages, et ils le laissent s'engager dans un long désordre, avant de lui refuser leur confiance. Tout le public sait le montant de son revenu; tout le public fait le
compte du débiteur, et demeure convaincu que,
par deux, par quatre, par six ans d'une sévère
économie, il peut acquitter toutes ses dettes.
Chacun se figure qu'il sera payé lorsque cette
économie commencera; et, en attendant, chacun contribue par de nouvelles confiances à en
retarder l'époque. Le marchand met le prix qu'il
veut aux marchandises qu'il passe en compte ;
l'artisan, le valet, se paient par leurs mains sur
les provisions de la maison. Ils jouissent de la
prodigalité du maître et de son désordre; la
consommation augmente et les produits du travail diminuent, sans que le maître ose se plaindre de gens qu'il ne paie pas, et qui auraient
plus encore droit de se plaindre de lui.

Qui ne sait que dans toute l'Europe c'est là
le sort des grandes familles, qu'on les voit rarement parcourir jusqu'à trois générations sans
tomber entre les mains d'un dissipateur? Celui-
ci lutte, pendant la plus grande partie de sa
vie, avec les difficultés dans lesquelles il s'est
engagé; il ruse avec ses créanciers pour obtenir

des délais dont il ne sait pas profiter ; il s'engage dans une suite de marchés plus ruineux l'un que l'autre, pour se procurer seulement un court répit dans ses embarras ; il souffre enfin toutes les misères de la pauvreté, toutes ses craintes, tous ses soucis, toutes ses humiliations, sans vouloir renoncer à ses équipages, à son luxe apparent, au vain éclat dont il s'entoure, et qu'aucune jouissance n'accompagne ; et il arrive au terme de sa vie, accablé de dettes qu'il n'a aucun moyen de satisfaire.

Le dissipateur meurt enfin, et la propriété substituée passe en entier au nouvel héritier fiduciaire, sans que celui-ci soit garant des erreurs et des fautes de son père. C'est ce qu'a voulu le testateur qui a fondé la substitution perpétuelle ; c'est ce qu'a voulu le législateur qui l'a prise sous sa garantie. Cependant tous les créanciers du père sont ruinés par sa faillite. Ils avaient à prétendre cinq fois, dix fois, la valeur de tout son revenu ; c'était leur capital ; quand ils le perdent, la nation le perd avec eux. Les marchands, les manufacturiers qui lui avaient vendu font faillite ; les artisans, les domestiques voient disparaître les épargnes qu'ils avaient faites pour leurs vieux jours. Les longues et pénibles économies des classes qui accumulent sont anéanties en un seul jour par la

classe qui dissipe, et à laquelle les substitutions
perpétuelles assurent le privilége des banque-
routes. Ce n'est pas de cette manière que les
grandes richesses doivent se diviser et rentrer
dans la circulation.

Mais la propriété substituée passe-t-elle réellement dans son entier à l'héritier fiduciaire?
Il ne faut pas le croire. L'invention des substitutions perpétuelles empêche bien les fortunes
de s'accroître, mais elle ne les empêche pas de
diminuer. Le propriétaire qui pendant vingt
ou trente ans s'est trouvé dans un état de gêne
constante, n'a pu consacrer aucun capital, aucune économie, à l'amélioration de ses terres,
aux défrichemens, aux grands travaux par lesquels on conserve leur valeur. Cependant c'est
au travail de l'homme que la terre a dû ses facultés productives; c'est le travail de l'homme
qui doit les maintenir. Les canaux creusés pour
l'arrosement ou pour l'écoulement des eaux,
s'atterrissent: au bout d'un temps plus ou moins
long il faut les ouvrir de nouveau; les digues
s'écroulent; les écluses se détériorent; les maisons rurales, les étables, les pressoirs dépéris-
sent. Il faut un nouveau capital pour les rétablir, et ce capital n'existe pas. Les plantations
ont besoin d'être sans cesse renouvelées pour
être conservées en bon état. Il faut replanter

un olivier sur cent, chaque année, un mûrier
sur cinquante, un cep de vigne sur vingt. C'est
au propriétaire à faire ces avances, dont le fermier ou le métayer ne peuvent recueillir les
fruits. S'il les néglige pendant plusieurs années'
de suite, tout dépérit, et le moment arrive enfin où la ferme devient presque déserte, où la
vigne, les mûriers, les oliviers ne compensent
plus le travail qu'ils requièrent, et ne rendent
plus autant qu'auraient fait des champs ou des
prés. Ceux-ci à leur tour ont besoin de nombreux attelages, de charrues, et d'un train d'a-
griculture que le dissipateur a laissé dépérir;
de troupeaux qu'il a vendus dans un moment
de besoin; de domestiques et de manouvriers
dont il a renvoyé une partie, parce que, faute
d'argent, il a épargné sur toutes les avances d'a-
griculture. Il devient alors plus profitable de
renoncer à la culture des champs, de les changer en un pâturage, et d'en louer le parcours à
quelques propriétaires de grands troupeaux.
Telle est la lente décadence par laquelle un
sol, semblable au riant territoire de Lucques,
qui porte en quatre ans six riches récoltes, qui
est couvert en même temps d'oliviers, de vignes, de figuiers, de mûriers, peut arriver enfin à ressembler aux vastes campagnes qui s'é-
tendent autour de Rome, ou à celles de la Capi-

tanate. Les chardons et de stériles genêts y empiètent chaque jour la place sur les gazons destinés à un chétif pâturage ; de même que ceux-ci ont précédemment remplacé tout le luxe de la plus riche végétation. Dans ces provinces désertes la terre est substituée cependant ; la même famille possède toujours le même nombre d'arpens ; mais ces arpens, abandonnés par l'homme, ne représentent plus pour elle ou pour la nation la même valeur.

Ce n'est pas seulement la chance d'être administrées par un dissipateur, qui menace les propriétés substituées ; il faut s'attendre aussi que le bien d'une famille ne passera pas toujours sans interruption du père au fils aîné, dans la ligne directe. Si l'héritier fiduciaire n'a point d'enfans, s'il n'a que des filles, ou des fils naturels, il se sent condamné par avance à laisser à sa mort tout son bien à un frère, un neveu, un cousin, au préjudice de sa veuve, de ses filles, des objets de ses plus chères affections. Dès-lors il n'a plus dans la vie que le but d'économiser pour ceux qu'il aime, et souvent encore celui de nuire à ceux que l'opposition d'intérêt lui fait haïr. Pour se faire un petit pécule, un petit capital dont il puisse disposer, il coupe les bois de ses terres, il détache les meubles de ses maisons, il se refuse à toute

espèce do dépense qu'il faudrait faire pour conserver en valeur un fonds dont il devra disposer contre sa volonté. Combien même n'a-t-on
pas vu souvent cette opposition constante d'intérêt entre le détenteur actuel et l'héritier fiduciaire, entre celui qui doit faire toutes les avances et celui qui doit en recueillir tous les fruits,
entre celui qui s'attend à céder un jour sa propriété et celui qui en a l'expectative et qui s'en
fait le gardien par avance, exciter l'inimitié là
où l'on devrait le moins s'attendre à la voir
naître, entre un père et son fils aîné ! Le père
travaille alors sans relâche à détacher quelque
partie de la propriété qui est enchaînée ; il se
réjouit pour chaque arbre qu'il fait abattre,
parce qu'il en peut tirer quelques écus qui passeront à ses fils cadets ; il se refuse à la plantation de chaque arbre, de chaque cep de vigne,
car ce sont quelques écus qu'il faut prendre dans
la bourse destinée aux fils pauvres en faveur
du fils riche. Sa jalousie contre l'un de ses fils
se combine avec son amour pour les autres.
Son avarice et sa justice, ses vertus et ses vices
font alliance ensemble, et leur effet commun
tend à détruire la propriété qui lui est confiée.

Une expérience universelle semblait avoir
convaincu tous les législateurs des conséquences
ruineuses qu'entraînent avec elles les substitu-

tions perpétuelles : cependant la vanité de famille ou le préjugé, qui fondent sur elles la conservation d'un intérêt aristocratique, leur procurent souvent de nouveaux défenseurs. Elles sont dans toute leur vigueur en Écosse. En Angleterre, où le statut *de donis conditionalibus* (13 Edw. 1, c. 1) leur avait donné naissance, les juges ont constamment cherché à les détruire par des subtilités ; moins il est vrai par un noble principe que pour que les héritages pussent être confisqués en cas de haute trahison ; et en effet, depuis le règne d'Édouard IV, et surtout depuis celui de Henri VIII, une procédure feinte, connue dans la loi anglaise sous les noms de *fines and recoveries*, a donné au tenancier le moyen de les annuler ; mais la loi a pris sous sa garantie une première substitution (*remainder*), et celle-ci, étant constamment renouvelée, produit à peu près le même effet. Les substitutions perpétuelles ont dès long-temps coopéré à la ruine de l'Espagne, du Portugal et de leurs colonies ; elles sont communes en Allemagne ; elles ont été permises de nouveau en France, par Napoléon, qui sacrifia l'intérêt bien reconnu de l'état au désir de fonder des *majorats* pour sa nouvelle noblesse, et elles se sont affermies encore depuis la restauration : enfin, la plupart des gouvernemens rétablis en Italie leur ont rendu leur ancienne vigueur, en haine des doctrines philosophiques avec lesquelles on les avait attaquées.

Il faut le concours de plusieurs circonstances pour rendre l'effet des substitutions aussi désastreux que nous venons de le représenter. Lorsqu'un pays est parvenu, comme l'Angleterre, à un haut degré de prospérité, lorsque toutes les carrières sont ouvertes aux hommes actifs et industrieux, lorsque les places du gouvernement, la marine, l'armée, le commerce, les Indes, offrent des ressources sans nombre, et que le crédit d'un père ou d'un frère puissant suffit pour placer et faire avancer des jeunes gens bien élevés, qui ont un nom, mais peu de fortune; la prospérité nationale et celle des familles se soutiennent, non par les substitutions perpétuelles, mais en dépit d'elles. Si la prospérité de ce pays était une fois ébranlée, si de nombreuses faillites ruinaient son commerce, si l'augmentation de tous les prix de ses fabriques lui fermait les marchés étrangers, si le dérangement de ses finances le forçait à diminuer son armée, sa marine, et à porter la réforme dans les nombreux offices de son gouvernement; si par toutes ces causes les seuls hommes actifs dans la classe supérieure de la nation, ceux qui contribuent le plus aujourd'hui à sa richesse, les cadets de famille étaient condamnés à l'oisiveté, ce pays apprendrait bientôt, par une funeste expérience, que, pour anéantir les effets des substitutions perpétuelles, il faut attaquer l'orgueil de famille lui-même, et appeler tous les enfans à un partage égal de l'hérédité.

En effet, en tout pays également, non-seulement la substitution perpétuelle, mais l'usage prévalant de laisser toutes les terres à l'aîné, et de lui donner un avantage immense sur ses cadets, le détourne toujours de toute occupation lucrative, et le condamne à l'oisiveté en raison même de ses richesses; tandis que, pour le bien du pays, c'est justement à la richesse qu'il importerait de donner de l'activité; que sans elle aucune entreprise industrielle, commerciale, agricole, n'est possible, et qu'il est bien moins essentiel d'exciter au travail les hommes que les capitaux et le crédit.

Le second effet inévitable du droit d'aînesse non moins que des substitutions, c'est de séparer la possession de l'argent de la possession des terres. La prospérité des familles, comme celle des nations, dépend essentiellement de l'union du capital fixe au capital circulant. Mais une substitution, où même un préjugé qui attache le lustre des familles à la conservation de toutes les terres qu'elles ont une fois possédées, renouvelle à chaque succession l'opération ruineuse de séparer l'argent d'avec la terre. A la mort de chaque chef de famille, tout le capital circulant passe aux filles, aux fils cadets, à la veuve; et la terre seule, la terre chargée de dettes autant qu'il est permis de l'engager, passe à l'héritier. Les moyens de la faire valoir lui deviennent tous les jours plus difficiles : plus ses possessions ont été ruinées par le laps du temps, plus il lui est impossible de les rétablir, sans une avance de fonds qu'il est hors d'état de faire. Combien de propriétaires recouvreraient l'aisance qu'ils ont perdue, s'ils vendaient une moitié de leur patrimoine pour en employer le produit à défricher l'autre ! mais c'est justement ce que la substitution, la loi, ou le préjugé leur interdisent de faire.

Enfin, la substitution n'ôte pas seulement l'activité et le capital circulant aux propriétaires de terres, elle leur ôte aussi le crédit. C'était en quelque sorte un problème de mauvaise administration, que de dépouiller la richesse de la confiance qui met à sa disposition le capital d'autrui; les substitutions perpétuelles ont résolu ce problème. Un propriétaire, de la prospérité duquel dépend le sort de soixante familles de paysans, qui cultivent ses terres, pourrait en doubler la valeur en élevant une digue qui le mettrait à l'abri des inondations, en creusant un canal qui dessécherait ses marais, ou arroserait ses prairies, ou qui, par une navigation intérieure, ouvrirait un libre débouché à ses denrées : il pourrait profiter d'une exposition avantageuse pour couvrir d'un riche vignoble une colline aujourd'hui inculte, qui ne produit que quelques brins d'herbe, pour changer en bois d'oliviers, en plantations de mûriers, en champs, en prairies, de vastes steppes que l'ulex épineux dispute à la bruyère. Mais pour exécuter cette entreprise, non moins avantageuse à son pays qu'à lui-même, non moins profitable à ses paysans qu'à ses héritiers, il lui faudrait quarante, soixante, cent mille écus, dont il payerait volontiers l'intérêt, en l'hypothéquant sur les terres qu'il veut mettre en valeur. La substitution perpétuelle le lui interdit; elle ne permet d'asseoir aucune hypothèque sur ses terres; elle annonce à ses créanciers que, s'ils sont assez imprudens pour lui avancer de l'argent, ils perdront à sa mort le capital même qui aura fait la fortune de ses héritiers.

En résultat, le législateur a complétement

manqué le but qu'il se proposait par l'institution des substitutions perpétuelles et des majorats. Il a condamné à la fainéantise tous les fils de ces familles dont il voulait conserver le lustre; il interdit à tous, aux aînés par orgueil, aux cadets par impuissance, l'industrie, seul moyen d'augmenter la fortune, tandis qu'il les laisse soumis à toutes les chances humaines, qui ne cessent d'attaquer tout ce qui est ancien, et qui doivent toujours finir par détruire toute opulence qui ne se renouvelle pas.

L'expérience a donné sa sanction à ces importantes leçons; elle nous montre, par l'histoire de toutes les nations, que, lorsqu'on veut, dans l'intérêt de l'aristocratie, maintenir la splendeur antique des familles, on y réussit en établissant par la loi le partage égal entre les enfans, parce qu'alors chaque père évite d'avoir beaucoup de fils; tandis que, lorsque la loi favorise l'aîné, elle ôte au père ce genre de contrainte. Or, quelque limitée que soit la part des cadets, elle finit nécessairement, quand ils sont nombreux, par ruiner le plus riche patrimoine.

Toutes les aristocraties qui se sont maintenues dans l'univers, en Grèce, dans la république romaine, à Florence, à Venise, dans toutes les républiques italiennes du moyen âge, dans toutes celles de la Suisse et de l'Allemagne, ont été régies par la loi du partage égal entre les enfans. Des fortunes colossales s'y sont maintenues pendant plusieurs siècles, même lorsqu'elles étaient engagées dans le commerce, comme celles des Strozzi et des Médicis à Florence, ou des Fugger à Augsbourg. L'on a rarement vu dans ces familles un grand nombre de frères, et elles ne s'en sont pas éteintes plus rapidement.

Tous les corps de noblesse qu'on a vus réduits à une dégradante pauvreté dans les monarchies ou les principautés d'Espagne, d'Italie, d'Allemagne ou de l'ancienne France, ont vécu sous le régime des majorats et des substitutions. On a toujours vu chaque père avoir un grand nombre de fils, dont tous les cadets étaient condamnés à la fainéantise et à la pauvreté. Leur nombre n'empêchait point les familles nobles de s'éteindre; c'est même une observation journalière dans ces pays-là, que le père qui a huit enfans a rarement des petits-fils. Mais, s'il arrivait quelquefois que les cadets se mariassent, ils donnaient naissance à des branches nouvelles qui vivaient dans la misère, et qui détruisaient ainsi la considération qu'on avait voulu attacher aux noms historiques.

Ce fait, qu'on peut regarder comme constant dans l'histoire du monde, s'explique par le principe que nous avons déjà indiqué, et que nous développerons dans notre dernier livre : c'est que la population se règle toujours sur le revenu. En attendant, nous pouvons établir ici que les familles nobles et riches, loin de tendre à se multiplier indéfiniment, sont au contraire toujours disposées à s'éteindre (on s'en convaincra, en comparant, dans tout pays, siècle après siècle, les registres de la noblesse), que ces familles s'éteignent tout aussi vite lorsqu'il y a beaucoup d'enfans, que lorsqu'il n'y en a qu'un seul, parce que, plus il y a d'enfans, moins leurs parens ont d'empressement à les marier; que, dans l'intérêt de ces familles et dans celui de l'aristocratie, il est à désirer qu'elles ne soient jamais composées que d'un petit nombre d'individus; et qu'elles n'excéderont jamais ce petit nombre si les pères ont toujours devant les yeux l'idée que leur patrimoine sera également partagé entre tous leurs enfans; que la fortune des familles se conserve par les moyens par lesquels elle s'est acquise, et que, lorsqu'on veut la rendre inaliénable, on la détruit; que les grands noms, enfin, appelleront à eux les grands héritages, et qu'il n'y a pas besoin que la loi s'en mêle pour qu'un pair de France rétablisse, par une riche dot, la fortune que son rang exige, et qu'une des chances nombreuses auxquelles tout ce qui est humain demeure exposé aurait ébranlée.

CHAPITRE XII.

Théorie de M. Ricardo sur la rente des terres.

On pourrait trouver que nous n'avons exposé que très-imparfaitement la nature et les développemens de la richesse territoriale, si nous passions entièrement sous silence la doctrine nouvelle que vient de développer un écrivain qui jouit en Angleterre d'une grande célébrité; doctrine absolument contraire à celle d'Adam Smith, et qui s'éloigne tellement de la nôtre, que nous n'avons pas même eu occasion de la combattre en exposant nos propres principes. C'est celle que M. D. Ricardo a exposée dans son nouvel ouvrage *des Principes de l'Économie politique et de l'Impôt*, et que M. Say a réfutée en partie dans les excellentes notes qu'il a jointes à la traduction (1).

M. Ricardo établit en principe, qu'un parfait équilibre se maintient toujours entre les

---

(1) *Principles of political œconomy and taxation*, by David Ricardo, esqᵉ., 1 vol. in-8°., 1817. Nous avons cité la traduction à cause des notes qui y sont jointes.

bénéfices de chaque espèce d'industrie, parce
qu'aussitôt qu'une industrie quelconque est rendue moins lucrative que les autres par quelque
circonstance accidentelle, ceux qui l'exerçaient
l'abandonnent, tandis qu'ils se portent au contraire en foule vers celle dont les profits sont supérieurs. Il croit que, par ce mouvement constant
des hommes et des capitaux, le niveau des bénéfices est maintenu dans toute la nation. Il en
conclut que tous les fermiers font toujours un bénéfice égal sur toute espèce de terre ; car aucun
d'eux ne voudrait cultiver les plus mauvaises,
s'il ne trouvait à y gagner autant que sur les
meilleures. Cet équilibre entre tous les fermiers
est rétabli à ses yeux par le prix qu'ils paient
pour leur fermage. Il suppose que ceux qui
cultivent la plus mauvaise terre ne paient aucun fermage, et que le fermage de celles qui
rendent davantage est toujours calculé sur le
rapport de toutes les autres avec celle-ci, qui,
pour lui, est le zéro de son échelle. Ainsi,
lorsqu'un travail et un capital donnés feraient
rendre à cette terre, la plus mauvaise de celles
qu'on cultive, cent muids de blé, et que le
même travail et le même capital feraient rendre à des terres de meilleure qualité cent dix,
cent vingt, cent trente et cent quarante muids
de blé, il estime que le fermage de chacune

de celles-ci serait égal à la valeur précise de dix, vingt, trente et quarante muids de blé.

Après avoir réduit le fermage à la simple évaluation de la différence entre la faculté productive des diverses terres, M. Ricardo en tire diverses conclusions sur la manière dont les impôts sur le revenu net, sur le revenu brut et sur les denrées, affectent les diverses classes de la société; ces conclusions ne nous paraissent point résulter de ses prémisses. Nous ne suivrons pas cependant ses raisonnemens, quelque importans qu'en soient les résultats, parce que nous n'en admettons pas la base. Nous observerons aussi, en passant, que M. Ricardo, de même que tous les économistes anglais, considère le fermage comme l'unique moyen d'exploiter la richesse territoriale, tandis que, dans son pays même, des systèmes d'exploitation peut-être supérieurs se trouvent aussi en usage.

Nous commencerons par protester que nous n'admettons nullement les bases du raisonnement de M. Ricardo, ou l'équilibre constant des profits dans toutes les industries. Nous croyons au contraire que, d'après l'impossibilité où se trouvent toujours les propriétaires de capitaux fixes de les réaliser et de changer leur destination, ils continuent à les faire travailler fort long-temps après que ces capitaux ne rendent plus qu'un revenu très-inférieur à tous les autres. Leur persistance dans les mêmes travaux est fort augmentée encore par leur regret à perdre toute l'habileté qu'ils y ont acquise, et leur incapacité pour embrasser une autre vocation. Plus une classe est nombreuse, et plus cet obstacle est grand ; or, comme la retraite des ouvriers découragés est plus lente encore que le progrès des générations, l'équilibre ne se rétablit jamais. Les fermiers ne peuvent point à leur volonté devenir tisserands, les fermiers d'un district ne passent que très-difficilement à un autre ; et, s'il y a une chose prouvée par l'expérience, c'est que leurs profits ne sont point égaux dans toutes les provinces et sur toute nature de terre.

Nous protesterons de même contre la supposition que les fermiers fassent habituellement la loi au propriétaire de terre. Il nous paraît que le plus souvent ils doivent la recevoir de lui. La quantité de terres affermables est limitée et ne peut point s'accroître ; la quantité des capitaux et le nombre des bras offerts s'accroît indéfiniment, et il doit se trouver le plus souvent, dans la société, plus de gens qui demandent des terres à cultiver, que de gens qui veulent en donner.

Mais, sans nous arrêter à ces différences essentielles, puisqu'elles attaquent tout le système de M. Ricardo, nous contesterons ses conclusions dans sa manière même de raisonner. Dès que l'augmentation d'une population douée d'un revenu avec lequel elle peut acheter sa subsistance, oblige à mettre un terrain en culture, elle assure à celui qui possède ce terrain, le moyen de s'en faire payer l'usage. Si les terrains non cultivés et de mauvaise qualité n'appartenaient à personne, et si chacun indifféremment était libre de les mettre en culture, au moment où il croirait y trouver de l'avantage, le raisonnement de M. Ricardo serait fondé. Mais l'on sait bien que, dans tout pays civilisé, la totalité des terrains, bons et mauvais, cultivés et en friche, est appropriée, ou aux particuliers, ou aux communes; que personne ne peut par conséquent les mettre en valeur sans acheter le consentement du propriétaire; et que le prix de cet achat est ce qu'on nomme le fermage. En Amérique même, à l'extrémité des établissemens occidentaux, où un pays neuf d'une immense étendue appelle sans cesse de nouveaux cultivateurs, on n'obtient la terre qu'en l'achetant des États au prix de deux dollars par acre. Ce prix est minime sans doute, mais enfin il représente le capital d'une rente tout-à-fait indépendante de la comparaison qu'établit M. Ricardo. La propriété de la terre est toujours quelque chose ; notre auteur a supposé qu'elle n'était rien. Il a appelé zéro le plus bas terme de son échelle de comparaison ; là où il a placé le zéro, il devait tout au moins placer l'unité.

Nous avons appelé *produit brut* l'ensemble de la récolte annuelle du sol, telle qu'elle doit être partagée entre tous ceux qui ont contribué à la faire naître, et *produit net*, la part de cette récolte qui revient au propriétaire après qu'il a acquitté les frais qui l'ont fait naître. Le produit net sert de base pour fixer la rente, quand la terre est affermée. Dans tout autre système d'exploitation, il représente toujours la valeur annuelle du droit de propriété.

Mais sous le nom de produit net se rangent des revenus de nature assez différente. En effet, le propriétaire confond dans le fermage qu'il exige, 1°. la compensation du travail de la terre, ou la quantité dont sa faculté productive accroît réellement la valeur des produits que le travail tire de son sein ; 2°. le prix de monopole qu'il lui donne, lorsqu'il en refuse l'usage à tous ceux qui veulent travailler et qui n'ont point de terres ; à tous ceux qui veulent consommer, et qui ne trouvent point de denrées ; 3°. la mieux-value qu'il obtient par la comparaison d'une

terre de nature supérieure à une terre inférieure ; enfin, 4°. le revenu des capitaux qu'il a
fixés lui-même sur sa terre pour la mettre en
valeur, et qu'il ne peut plus en retirer. De ces
quatre élémens du revenu net, M. Ricardo
n'en reconnaît que deux, et il ne le fait pas
même d'une manière bien claire.

On devrait toujours, et cette observation
porte sur tout l'ouvrage de M. Ricardo, distinguer en économie politique deux espèces
de valeur, l'une intrinsèque, et l'autre relative ; l'une s'établit par la production, l'autre
par la concurrence ; l'une est le rapport de la
chose faite avec le travail qui l'a accomplie,
l'autre, le rapport de la chose faite avec la demande de ceux qui en ont besoin. On peut
comparer l'appréciation de ces deux valeurs
dans la fixation du revenu net.

La valeur intrinsèque est absolument indépendante de tout échange. Le laboureur qui a
semé cinq sacs de blé, et qui en a récolté
vingt-cinq, n'a pas besoin de s'informer de la
demande du marché pour savoir que sa production est intrinsèquement supérieure à la
valeur de ses avances ; car elle le met en état,
non-seulement de recommencer le même travail, mais d'en faire un beaucoup plus considérable. Celui qu'il a fait pour labourer, fu-

mer, semer et récolter ces cinq sacs de blé, peut être représenté par cinq autres sacs; avec dix sacs de blé, il se trouverait précisément au même point où il se trouvait en commençant l'année précédente. Il lui reste donc quinze sacs qui représentent le travail de la nature.

Comme le travail de l'agriculture est le seul qui suffise à la vie, c'est aussi le seul qui puisse être apprécié sans aucun échange. La terre peut fournir à un seul homme tout ce qu'il lui faut pour vivre tandis qu'il met cette terre en valeur. S'il s'habille des peaux de ses moutons, comme il se nourrit de leur chair, et des grains qu'il récolte, comme il bâtit sa cabane du bois de ses forêts, il peut comparer sans aucun intermédiaire la quantité produite par son travail, avec la quantité consommée pendant son travail, et il peut ainsi acquérir la démonstration que la seconde est inférieure à la première. Il voit naître devant lui, et pour lui, un produit net absolument indépendant de toute concurrence, de toute demande du marché, de toute valeur contre laquelle il échangera ce produit. Dans toute autre industrie, le travail de l'ouvrier ne saurait être destiné tout entier à sa consommation; il vit alors, non de ce produit, mais de ce qu'il a obtenu en échange de ce produit. Aussi, la supériorité de sa pro-

duction sur sa consommation dépend-elle des
conditions auxquelles il l'échange ; et le produit net de tout travail industriel, malgré l'aide
qu'il reçoit aussi ou de la nature, ou de la
science qui tire parti des forces naturelles,
ne se dégage point d'une manière si claire et
si certaine que le produit net de l'agriculture.

Mais, quand le laboureur a fourni à ses propres besoins, le surplus du blé qu'il a produit n'a
de valeur qu'autant qu'il l'échange. Dès-lors,
il s'agit pour lui d'estimer sa valeur relative,
ou la proportion entre la demande du marché
et la production. L'équilibre s'établit en raison
inverse des forces des demandeurs et des producteurs, et le laboureur vend les quinze sacs qui lui
restent, non point au prix des journées de
travail qu'il lui a fallu pour les faire naître,
mais au prix des journées de travail dont on
lui offre les produits pour les acheter. Dans
quelques occasions, le laboureur use en sa faveur de la puissance du monopole, parce que la
quantité de terre en culture est limitée, et que
la demande de la population dépasse ses produits. Alors il élève ses prétentions, et il vend
son blé au prix auquel le producteur le plus
éloigné de son marché consent à le donner sur
ce même marché, quoique ce dernier ait dépensé autant que lui pour le produire, et ait

dépensé de plus que lui tous les frais de transport de ses champs jusqu'au marché. Dans le même cas, ce producteur éloigné voit tourner contre lui la puissance du monopole. Il n'a pas des acheteurs assez proches, et, pour se défaire de son blé, il est obligé d'abandonner aux acheteurs une partie de son produit net.

Lorsque les terres sont affermées, le laboureur, après avoir débattu avec l'acheteur le prix de son blé, débat avec son propriétaire le prix de sa ferme ; et, pour l'établir, il ne fait pas seulement entrer en ligne de compte les facilités du débit, il est obligé de calculer aussi le nombre de ses compétiteurs, qui offrent, comme lui, du travail et des capitaux agricoles, et il fait la loi au propriétaire ou il la reçoit de lui, selon que les capitaux et les bras offerts sont supérieurs ou inférieurs en quantité aux terres.

Ainsi, le produit net de l'agriculture, ou la mieux-value des récoltes sur les reprises du laboureur, est une quantité positive, dont la société s'enrichit, indépendamment des variations du marché, et elle donne une base réelle à la rente des terres. Mais la valeur mercantile de ce produit peut être fixée par une double et même une triple lutte, en sorte que, selon les circonstances, quelquefois elle restera toute entière au propriétaire, même accrue d'un prix de

monopole; quelquefois elle demeurera en partie au fermier ou au journalier qui ont fait
naître les récoltes; souvent, enfin, le consommateur en profitera. Ainsi, dans les colonies nouvelles les plus occidentales du continent de
l'Amérique, dans le territoire des Illinois, où
le colon achète la terre à raison de deux dollars l'acre, ce qui en élève la rente tout au plus
à vingt *cents* par an (1), ce n'est pas que l'a-
griculture ne donne sur ces terres fertiles, un
profit net beaucoup plus considérable; mais ce
profit net se partage entre le fermier, le journalier, et le marchand de blé de la Nouvelle-Orléans,
de manière à ce que le premier fasse un beaucoup
plus grand profit, que le second obtienne un beaucoup plus fort salaire, et que le troisième achète
son blé beaucoup meilleur marché que tous les
trois ne pourraient le faire à New-Yorck.

Le travail de la nature, ce travail créateur,
qu'elle ferait sans l'homme, mais qu'elle ne
tournerait pas à son usage, est donc l'origine
du produit net des terres considéré intrinsèquement. La demande du marché ou le rapport entre le revenu des consommateurs, et la
quantité de produit brut offerte en vente, dé-

---

(1) Le *cent*, ou centième partie du dollàr, équivaut à
peu près au sol de France.

termine la valeur du produit net, ou fixe son prix relatif. Le droit de propriété, ou le monopole garanti par la société, qu'exerce tout propriétaire contre deux classes de personnes, d'une part, ceux qui demandent des denrées, d'autre part, ceux qui offrent du travail pour les faire naître, empêche que, d'un côté, le prix du fermage, de l'autre, celui des denrées, ne soient réduits à leur moindre valeur.

Ce n'est qu'après que ces trois causes ont opéré, avec des variations infinies, selon les circonstances, que les autres causes reconnues par M. Ricardo, se font sentir. Dans un même district, un fermier, choisissant entre deux terres, paiera en effet au propriétaire de la meilleure une mieux-value égale à ce que cette terre rend de plus que l'autre avec un même travail. Pour estimer cette supériorité, il fera entrer en ligne de compte les améliorations que le propriétaire a faites à sa terre avec son propre capital, tout aussi-bien que la nature du terrain. Parmi ces améliorations, plusieurs sont séculaires; les canaux de la Lombardie, les terrasses de la Toscane, datent de trois ou quatre siècles. Des bonifications semblables se confondent avec la nature même du sol.

Quelquefois le produit net que donne la nature cesse absolument, tandis que le pro-

duit net que le monopole assure à la propriété, augmente de valeur. Les jardins cultivés dans l'enceinte de Paris rapportent un
loyer très-considérable ; ce loyer représente le
travail de la nature, qui est fort actif; car cette
terre, enrichie par des améliorations séculaires, rend beaucoup plus de subsistance qu'on ne
doit en consommer pour la travailler. Mais qu'on
bâtisse une rue marchande au travers de ces
jardins, le sol cessera absolument de produire ;
et il se vendra plus cher encore que lorsqu'il
se couvrait de riches récoltes. Le propriétaire
se fait payer l'avantage du lieu, et de plus tous
les fruits qu'il a renoncé à produire. Ce fermage d'un terrain qu'on empêche de fructifier
se retrouve dans toutes les villes prospérantes. A
Pittsburgh, à Lexington, dans des villes même
de l'Amérique occidentale, qui ont été fondées
il n'y a pas dix ans, mais dont la prospérité
s'accroît rapidement, le sol pour bâtir dans les
meilleurs quartiers est plus cher que dans les
plus belles rues de Londres (1).

En résultat, loin de conclure avec M. Ricardo,
que *le fermage retombe toujours sur le consommateur et jamais sur le fermier* (2), nous re-

<hr />

(1) *Fearon Sketches of America*, p. 203.
(2) Ricardo, ch. VI, trad., p. 167.

gardons le fermage, ou plutôt le produit net, comme naissant immédiatement de la terre, au profit du propriétaire; il n'ôte rien ni au fermier, ni au consommateur; mais nous croyons que, selon l'état du marché, tantôt le fermier ou le consommateur profitent d'une partie de ce fermage; tantôt le propriétaire, non-seulement le perçoit en entier, mais se fait payer en outre un prix de monopole dont la perte se partage inégalement entre le cultivateur et le consommateur. On doit en général se défier en économie politique des propositions absolues, tout comme des abstractions. Chacune des forces qui sont destinées à se balancer dans chaque marché, peut par elle-même, et indépendamment de celle avec laquelle on la met en équilibre, éprouver des variations. On ne trouve nulle part de quantité absolue, on ne rencontre jamais de force toujours égale; et toute abstraction est toujours une déception. Aussi l'économie politique n'est-elle pas une science de calcul, mais une science morale. Elle égare quand on croit se guider par des nombres; elle ne mène au but que quand on apprécie les sentimens, les besoins et les passions des hommes.

FIN DU TROISIÈME LIVRE.

LIVRE QUATRIÈME.

DE LA RICHESSE COMMERCIALE.

CHAPITRE PREMIER.

Prospérité nationale dans le système commercial.

L'HOMME a tiré de la terre, par son travail, ses
premières richesses; mais à peine eut-il satisfait
lui-même à ses plus pressans besoins, que ses
désirs lui firent concevoir d'autres jouissances,
qu'il ne pouvait obtenir qu'à l'aide de ses semblables. Les échanges commencèrent; ils s'éten-
dirent à tout ce qui a de la valeur, et à tout ce
qui peut en donner; ils comprirent les services
mutuels et les travaux, aussi-bien que les fruits
du travail, et ils donnèrent lieu à la formation
et à l'accroissement d'une nouvelle richesse, qui
ne se mesura plus sur les besoins de celui qui
la produisait, mais sur les besoins de tous ceux
avec qui celui-ci pouvait faire des échanges,
avec qui il pouvait commercer; aussi la nom-
merons-nous *commerciale*.

Cette richesse se présenta dès-lors comme absolument séparée de la possession de la terre : elle consista dans la réunion de tout ce que le travail de l'homme avait façonné à son usage, et rendu propre à satisfaire tous ses besoins, ou à flatter toutes ses fantaisies. Depuis le moment où les produits de la terre, de quelque nature qu'ils fussent, étaient sortis des mains du cultivateur, jusqu'à celui où ils passaient aux mains du consommateur, ils constituèrent la richesse commerciale. Durant cet espace de temps, les uns subissent les opérations diverses qui doivent les rendre toujours plus précieux au consommateur ; tant qu'ils sont l'objet d'un travail, on les nomme matière première, car chacun de ceux qui les mettent en œuvre, oublie les ouvriers qui l'ont précédé, et donne le même nom aux substances qu'il emploie ; d'autres, déjà achevés et prêts à être employés par le consommateur, voyagent pour se rendre aux lieux où ce consommateur les désire, ou bien ils attendent sa convenance dans les magasins et les boutiques, et alors on les nomme marchandises ; d'autres encore sont destinés à la consommation des producteurs eux-mêmes, leur valeur doit être accumulée avec celle des matières premières que travaille l'ouvrier, et alors on les considère comme capital circulant

des manufactures ; d'autres enfin sont destinés
à seconder l'ouvrage de l'homme et à augmenter les divers produits de son industrie, et alors
on les nomme *capital fixe*. Tous également
appartiennent à la richesse commerciale, et
les classes diverses de capitalistes, de fabricans, d'ouvriers de fabrique, de marchands,
de détaillans, de marins et de voituriers, occupés à la confection et au transport de la marchandise, vivent également du commerce.

Nous avons vu que la richesse territoriale se
partage avec plus ou moins d'inégalité entre
ceux qui contribuent à la faire naître ; mais
que, pour qu'une nation soit vraiment prospérante, s'il n'importe pas que chacun ait une
part égale aux fruits de la terre, il est du moins
essentiel que chacun soit assuré d'obtenir par
son travail, non-seulement l'absolu nécessaire,
mais les jouissances de la vie ; et que la population s'arrête avant d'arriver au point où elle
se disputerait une chétive subsistance. La même
règle doit s'appliquer à la richesse commerciale. Dans l'une comme dans l'autre, ce n'est
point le produit net, ce n'est point l'opulence
de quelques propriétaires ou directeurs de travaux qui importe à la nation, ce n'est pas non
plus la quantité d'ouvrage achevé, sans proportion avec sa récompense ; c'est l'aisance géné-

rale, c'est le bonheur de tous dont la richesse n'est que le signe.

Aussi long-temps que la richesse commerciale ne s'accroît que proportionellement aux besoins qui déterminent sa formation, elle répand le bien-être sur tous ceux qui contribuent à la faire naître ; elle ne cause, au contraire, que misère et que ruine, du moins pour toutes les classes inférieures de la population, dès que sa formation devance le besoin. L'agriculteur, le propriétaire, qui ont besoin d'habits, paieront sans regrets à celui qui les leur procurera, une partie des produits de leurs champs amplement suffisante à le faire vivre ; car ils trouveront, par comparaison, que cette partie est bien moins considérable, que celle qu'ils auraient besoin de consommer pour faire l'ouvrage eux-mêmes. Mais si le drapier et le tailleur ont fait plus d'habits que le propriétaire ou l'agriculteur n'en peuvent ou n'en veulent consommer ; si plusieurs drapiers, plusieurs tailleurs se disputent un acheteur , et offrent leur marchandise au rabais, ils n'obtiendront plus pour vivre qu'une part insuffisante, et l'abondance de la richesse commerciale causera la pauvreté des commerçans.

Une nation est vraiment prospérante, dans sa partie commerciale, comme dans sa partie agricole, lorsque le capital circulant qu'elle a accumulé est suffisant pour mettre en mouvement tout le travail qu'il lui est avantageux de faire ; lorsqu'aucune amélioration, ou aucun produit nouveau, dont la population actuelle a besoin, et qu'elle est en état de bien payer, ne demeure impossible, faute d'un capital accumulé suffisant pour faire vivre les travailleurs jusqu'au moment où ils pourront échanger leurs produits contre le revenu qui les attend. Ce capital qui correspond à un revenu déjà formé, et que ce revenu remplacera, ne manquera point de trouver un loyer convenable pour le service essentiel qu'il rend ; l'intérêt sera haut, et le profit du commerce sera considérable, deux nouvelles parcelles de revenus en naîtront l'année prochaine ; elles feront vivre dans l'aisance ceux qui en diposeront, et elles contribueront, par une consommation rapide, à une reproduction abondante.

Lorsque les capitaux sont, depuis long-temps, inférieurs aux besoins, il est difficile qu'il en résulte de souffrance, puisque la population qu'ils auraient nourrie, n'existe point encore ; il y a seulement privation de jouissance pour des êtres non encore nés. Cependant les capitaux insuffisans qui existent déjà, donnent un plus fort revenu ; ils rendent plus faciles les économies, et encouragent à les faire, en montrant l'emploi auquel on peut les destiner; ils encouragent à élever des enfans, en promettant d'avance l'accroissement des fonds qui permettront de les employer. Tel est l'état de l'Amérique libre. Les capitaux y sont déjà considérables, mais fort inférieurs aux besoins et aux demandes. Ils laissent à faire beaucoup d'ouvrage utile à la société, beaucoup d'ouvrage, par lequel pourrait vivre une population bien plus nombreuse que celle qui existe. Le regret du bonheur auquel pourrait participer cette population qui n'a point reçu la naissance, est le seul inconvénient attaché à l'insuffisance des capitaux américains; tandis que tout ce qui existe obtient, comme salaire, comme profit commercial, ou comme intérêt des capitaux, une part abondante dans le revenu que ces capitaux font naître.

Mais lorsque les capitaux existans ont été détruits, soit par quelque grande calamité, soit par la prodigalité des capitalistes, ou par celle du gouvernement, les capitaux insuffisans qui sont demeurés, se trouvent hors de proportion, non-seulement avec les besoins et les demandes des consommateurs, ce qui n'impose pas des privations très-douloureuses; ils sont aussi sans proportion avec les ouvriers qu'ils doivent faire vivre, et qui, élevés dans une plus grande abondance, sont privés des gages du travail qui devaient leur servir de revenu; ils restent alors exposés à la misère ou à la faim.

Lorsque les capitaux sont, au contraire, supérieurs aux besoins de la consommation, le premier résultat fâcheux de cette surabondance, c'est que se disputant les uns aux autres leur emploi, leurs détenteurs finissent par se contenter d'un moindre loyer; le taux de l'intérêt baisse, le revenu de ceux qui possèdent cette partie essentielle de la richesse commerciale, décroît, et leurs jouissances diminuent.

Ce n'est pas tout, les entrepreneurs réglant dès lors les travaux qu'ils commandent, non plus sur les besoins de la société, auxquels ils doivent pourvoir, mais sur les capitaux dont ils disposent, font plus d'ouvrage qu'on n'en peut consommer; et se disputant les uns aux autres leurs chalands, consentent, pour vendre, à se contenter d'un moindre profit. La baisse du profit mercantile diminue le revenu de tous ceux qui vivaient du commerce, et réduit leurs jouissances.

Enfin, les capitaux supérieurs aux besoins n'ont pas seulement excité une activité démesurée chez les commerçans, ils ont dû avoir la même influence sur les ouvriers : on a établi

de nouveaux ouvrages, non point d'après la
certitude de pouvoir les vendre, mais parce
qu'on avait assez de capitaux pour faire de
longues avances; on a demandé aux pères de
famille des enfans, en leur offrant un salaire
qu'on ne pourra pas continuer. On a fait naître
une population nouvelle, en lui montrant en
perspective un travail qu'on ne pourra pas
toujours demander. Le nombre des mains est
bientôt supérieur aux besoins, aussi-bien que
celui des capitaux; alors, le salaire de chaque
ouvrier diminue; cette troisième classe, qui
vit aussi de la richesse commerciale, a moins
de revenus, moins de jouissances, et moins de
bonheur.

Ainsi, l'économie, qui accumule les capitaux,
et qui, seule, crée de nouvelles richesses, n'est
pas toujours un bien : elle peut quelquefois
être hors de saison, s'il n'y a aucun emplace-
ment avantageux pour ses épargnes. Une nation est dans un état de bonheur, tant qu'elle
se trouve dans une condition progressive, tant
qu'elle peut recevoir des développemens dans
tous les sens à la fois; tant qu'elle peut, en même temps, s'étendre sur un nouveau territoire,
ou mettre en valeur celui qu'elle avait auparavant négligé; pourvoir abondamment à la pleine

subsistance de sa population , et préparer des
vivres à une population plus nombreuse qui
naîtra ; payer largement les vêtemens, les ameublemens, les logemens, les jouissances de tout
genre qu'on prépare pour elle , et en demander
davantage pour l'avenir. Tant qu'elle est dans
cet état, elle peut accumuler sans crainte des
capitaux. Ses économies répandront de nouveaux bienfaits sur une génération à venir.

Mais une nation stationnaire doit l'être en
toute chose. Si elle ne peut augmenter la masse
totale de nourriture, qu'en réduisant la part de
chacun au-dessous de l'aisance, ou en l'achetant
par un travail excessif, elle ne doit pas pousser
plus loin ses travaux agricoles ou la division
du terrain ; si elle ne peut augmenter sa population mercantile, qu'en exigeant de chacun un
plus grand travail pour le même salaire, elle
doit mettre des bornes à sa population industrielle. Si elle ne peut échanger la masse de ses
produits que contre un revenu qui ne s'élève
pas aussi rapidement que ses produits s'accroissent, elle doit mettre des bornes à son travail ;
si les travaux auxquels elle doit pourvoir avec
ses capitaux ne passent point leur somme actuelle, elle doit mettre des bornes à l'accumulation de ses capitaux. Une nation qui ne peut

pas faire de progrès, ne doit pas faire d'économies.

Comme chaque effet devient cause à son tour dans la progression de la richesse, rien n'est si difficile que de concevoir où doit commencer ce mouvement progressif, où il doit s'arrêter. Cependant on sent que la richesse commerciale n'est que la seconde en importance dans l'ordre économique, et que la richesse territoriale, qui fournit la subsistance, doit s'accroître la première. Toute cette classe nombreuse, qui vit du commerce, ne doit être appelée à participer aux fruits de la terre, qu'autant que ces fruits existent ; elle ne doit s'accroître qu'autant que ces fruits s'accroissent aussi. Elle accomplit la nation, mais elle ne la constitue pas. Et si l'on a vu quelquefois de petits peuples se former par le commerce seul, et s'élever à une grande richesse, et même une grande puissance, sans avoir d'agriculture, ou presque de territoire, il faut se souvenir que les divisions politiques qui forment des peuples indépendans, ne s'accordent pas toujours avec les divisions économiques qui naissent des besoins mutuels. Dans les désordres du moyen âge, les villes avaient sauvé seules leur liberté, tandis que les campagnes, d'où elles dépendaient, et qui dépendaient d'elles, demeuraient esclaves; alors l'on vit les capitales se détacher de leurs provinces, pour former, sans elles, des républiques. Leur prospérité parut due au commerce seul; cependant la Hollande avait eu besoin, pour son commerce même, des provinces agricoles des rives du Rhin; les villes anséatiques, des provinces situées sur les bords de l'Elbe et du Weser; et les villes impériales, des fiefs du centre de l'Allemagne.

Le développement national a toujours besoin d'être fondé sur le progrès du revenu; or, nous avons déjà annoncé que tous les revenus commerciaux naissent du travail de l'homme, tandis qu'outre le revenu territorial qui naît de ce même travail, il en naît un second du travail de la terre. Ainsi les progrès de la richesse territoriale, augmentant plus directement le revenu, peuvent donner l'impulsion à tous les autres progrès qui doivent les suivre. Les économistes de la secte de Quesnay avaient donné trop d'extension à ce principe : ils n'avaient point voulu reconnaître d'autre revenu que celui qui naît de la terre, et ils avaient supposé que le commerce, les arts et l'industrie n'avaient d'autre but que de servir le propriétaire foncier. Ce n'est pas d'une manière si exclusive que nous avons considéré le revenu

territorial ; il n'est point unique, il est seule—
ment plus abondant ; et s'il ne s'accroissait pas
en même temps que les autres, il y aurait bientôt disproportion entre la production et la consommation.

CHAPITRE II.

De la connaissance du marché.

Quoique l'administration de la richesse territoriale ait donné lieu à beaucoup de fautes, à
beaucoup de faux systèmes, cependant elle pouvait encore être considérée comme fort simple
à côté de celle de la richesse commerciale. Dans
la première le but qu'on se proposait était constamment en vue ; les intéressés savaient ce qu'ils
voulaient se demander les uns aux autres ; l'a-
griculteur voulait vivre des produits de son
champ, et ses besoins étaient la première mesure de ses travaux. Mais celui qui vit de la richesse commerciale dépend d'un public métaphysique, d'une puissance invisible, inconnue,
dont il doit satisfaire les besoins, prévenir les
goûts, consulter les volontés ou les forces ; qu'il
doit deviner sans qu'elle parle, et qu'il ne peut
s'exposer à mal entendre, sans risquer sa subsistance et sa vie sur chaque mauvais calcul.
Cette situation si critique de toutes les classes
qui vivent de la richesse commerciale, est déjà
pour le législateur une raison puissante de

compter bien moins sur elles, pour la stabilité
de l'État et sa prospérité, que sur les classes
que nourrit la richesse territoriale.

L'homme, lorsqu'il était seul, travaillait pour
ses propres besoins, et sa consommation était
la mesure de sa production. Il s'arrangeait bien
pour avoir ses provisions faites pour un an,
pour deux ans, peut-être; mais ensuite il ne
les accroissait pas indéfiniment; il lui suffisait
de les renouveler de manière à les maintenir
sans cesse au même point; et, s'il avait du temps
de reste, il travaillait à se donner quelque nouvelle jouissance, à satisfaire quelque autre fantaisie. La société n'a jamais fait, par le commerce, que partager entre tous ses membres ce
que l'homme isolé avait fait uniquement pour
lui-même. Chacun travaille de même à faire
l'approvisionnement de tous pour un an, deux
ans ou davantage. Chacun travaille ensuite à
maintenir au complet cet approvisionnement,
à mesure que la consommation en détruit une
partie; et comme la division du travail et le
perfectionnement de l'art permettent de faire
toujours plus d'ouvrage, chacun s'apercevant
qu'il a déjà pourvu à la reproduction de la consommation, s'étudie à éveiller de nouveaux
goûts, à exciter de nouvelles fantaisies, pour
les satifaire.

Mais quand un homme ne travaillait que pour lui seul, il ne songeait aux fantaisies qu'après avoir pourvu aux besoins. Son temps formait son revenu, son temps formait aussi tout son moyen de produire. Il n'y avait pas à craindre que l'un ne fût exactement proportionné avec l'autre; qu'il travaillât jamais pour satisfaire une envie qu'il n'avait pas, ou qu'il estimait moins qu'un besoin. Quand, par l'introduction du commerce, chacun ne travailla plus pour soi, mais pour un inconnu, les proportions diverses entre le désir et ce qui pouvait le satisfaire, entre le travail et le revenu, entre la production et la consommation, ne furent plus si certaines; elles furent indépendantes l'une de l'autre; et chaque ouvrier fut réduit à se conduire par divination, dans une matière où même les plus habiles n'ont que des connaissances conjecturales.

La connaissance que l'homme isolé avait de ses propres moyens, et de ses propres besoins, dut être remplacée par la connaissance du marché, pour lequel l'homme social travaille, de ses demandes, et de son étendue.

Le nombre des consommateurs, leurs goûts, l'étendue de leur consommation, et celle de leurs revenus, constituent le marché pour lequel chaque producteur travaille. Chacun de ces quatre élémens est variable indépendamment des trois autres, et chacune de ces variations retarde ou accélère la vente.

Le nombre des consommateurs peut diminuer, si la guerre a ravagé le pays vers lequel se dirigeait le commerce; si la maladie, la famine ou la misère, y ont augmenté la mortalité; si le gouvernement de qui le pays dépend, a mis par politique des obstacles à la communication entre les acheteurs et les vendeurs; si ces obstacles nouveaux sont le fait de la nature, de sorte que les chemins soient plus mauvais, plus dangereux et plus dispendieux, et que la marchandise n'arrive pas si loin pour le même prix; enfin, si de nouveaux producteurs se sont mis en concurrence avec les premiers; car, plus il y aura de vendeurs pour un nombre donné d'acheteurs, et plus la part qui revient à chacun sera petite.

Les goûts des consommateurs peuvent être changés par la mode, par une interruption plus ou moins longue des anciennes habitudes qui a permis d'en former de nouvelles; par l'introduction dans le pays de nouveaux produits, plus élégans, plus commodes, ou moins dispendieux que les anciens; par un changement dans les opinions religieuses de la masse de la population, qui pourrait faire naître, par exemple, une demande de boissons fermentées chez les musulmans, ou cesser une demande de poissons secs dans les pays catholiques.

La consommation d'un produit quelconque peut diminuer indépendamment du nombre, du goût et du revenu du consommateur, si seulement ce revenu a reçu une autre direction. Un pays qui, menacé de la guerre, aurait fait des approvisionnemens d'armes; qui, menacé de la famine, aurait fait des approvisionne- mens de blé; qui, menacé de la peste, aurait fait des approvisionnemens d'hôpitaux; dimi- nuerait ses autres consommations, lors même que le fléau qu'il aurait redouté ne l'atteindrait pas.

Enfin, le revenu des consommateurs peut diminuer sans que leur nombre diminue; et avec les mêmes besoins, ils n'auront plus les mêmes moyens pour les satisfaire. En effet, si le revenu n'accompagne pas la population, la dernière n'ouvre point seule un marché. En vain ferait-on croître du blé pour ceux qui ont faim, ou fabriquerait-on des habits pour ceux qui sont nus; ce sont les acheteurs, et non les besoins, que cherche le commerce. Lorsque le revenu des riches diminue, encore que leur nombre soit le même, leur consommation doit diminuer. Lorsque le capital circulant des riches diminue, encore que le nombre des pauvres soit le même, la consommation des pauvres doit aussi diminuer; car, nous l'avons vu, le travail, qui forme le revenu des pauvres, n'acquiert une valeur commerciale, que par son échange contre le capital circulant; il se donne tout entier contre ce capital, et il diminue de prix quand ce capital diminue. Ainsi, aucune calamité ne peut frapper la richesse d'une nation, sans resserrer en même temps le marché que cette nation offrait aux producteurs : soit que son capital ou que ses revenus soient atteints, ou ses riches ou ses pauvres seront de plus mauvais acheteurs.

Ces révolutions du marché sont difficiles à connaître avec précision, difficiles à calculer, et l'obscurité est encore augmentée pour chaque producteur, parce qu'il connaît mal le nombre et les moyens des autres marchands, ses concurrens, qui vendent en rivalité avec lui. Mais une seule observation lui tient lieu de toutes les autres; c'est la comparaison de son prix, avec celui des acheteurs. Cette comparaison, d'après le bénéfice ou la perte qu'elle lui a présenté, l'avertit d'augmenter ou de diminuer ses productions pour l'année suivante.

Le producteur établit son prix d'après ce que la marchandise lui coûte, en y comprenant son bénéfice, qui doit être proportionné à celui qu'il pourrait obtenir par toute autre industrie. Ce prix doit suffire pour rembourser les salaires des ouvriers; la rente des terres, et celle des capitaux fixes employés à la production; la valeur des matières premières ouvrées par le producteur; tous les frais de transport, et toutes les avances d'argent. Lorsque tous ces remboursemens calculés au taux moyen dans le pays, sont eux-mêmes remboursés par le dernier acheteur, la production peut continuer sur le même pied. Si les bénéfices s'élèvent au-dessus du taux moyen, le producteur étendra son entreprise, il emploiera de nouveaux bras et de nouveaux capitaux; et, en voulant profiter de ce benéfice extraordinaire, il le réduira tôt ou tard au niveau des autres. Si, au contraire, l'acheteur paye un prix trop bas pour compenser tous les remboursemens que le producteur a dû faire, celui-ci cherchera à réduire sa production, mais ce changement ne sera pas si facile que l'autre.

On a établi comme principe, en économie politique, que la production diminuait aussi bien qu'elle s'accroissait en proportion du besoin; cependant il s'en faut de beaucoup que ce mouvement soit si régulier; et tandis que le besoin qui fait accroître la production, répand une aisance générale, la surabondance qui doit la réduire cause une longue et cruelle souffrance à tout le corps politique, avant d'avoir produit l'effet qu'on en attend. Il n'y a même aucune proportion entre le bien qu'on fait, en appelant à l'être de nouveaux travailleurs, et le mal qu'on fait ensuite, en les repoussant hors de l'existence.

Les ouvriers qu'emploie un producteur qui ne trouve plus dans le prix de l'acheteur, de quoi payer toutes ses avances, sont rarement en état de faire un autre métier; ils s'étaient formés par un apprentissage souvent long et dispendieux; l'habileté qu'ils avaient acquise faisait une partie de leur richesse; ils y renonceraient s'ils embrassaient une autre profession. Il faudrait un nouveau capital, que le plus souvent ils n'ont point, pour payer un nouvel apprentissage; en sorte que, lors même qu'il y aurait dans une autre profession une demande constante de travail, ils ne passeront point d'un métier à l'autre; mais ils continueront à travailler à plus bas prix, et même pour moins que le nécessaire; l'ouvrage sera meilleur marché; mais sa quantité, loin de diminuer, augmentera peut-être. L'ouvrier qui pourvoyait à sa subsistance par un travail de dix heures par jour, lorsqu'il aura subi une diminution de gages, cherchera à se faire la même somme dont il a besoin pour vivre, par une augmentation de travail. Il restera à l'ouvrage quatorze heures par jour, il ne se reposera point les jours de fête; il se refusera tout le temps qu'il donnait auparavant au plaisir et à la débauche, et le même nombre d'ouvriers donnera beaucoup plus de produits.

De la même manière, les capitaux fixes ne peuvent être employés à un autre usage. Un fabricant de coton a fait élever, à grands frais, d'immenses bâtimens pour sa manufacture; il a fait tourner ses rouages par un cours d'eau amené de fort loin, il a établi pour chaque ouvrier un métier dispendieux. La moitié, les trois quarts de sa fortune, sont invariablement destinés à produire des tissus de coton. Le prix que lui en paye l'acheteur ne couvre plus tous ses intérêts et tous ses frais; cessera-t-il pour cela de faire travailler son atelier? non sans doute. En consentant à perdre la moitié du revenu de son capital fixe, il continue à produire, et à réaliser l'autre moitié; mais, s'il ferme son atelier, il perdra tout son revenu.

Enfin, le fabricant lui-même a besoin de son industrie pour vivre, il n'y renonce pas volontiers; il est toujours désireux d'attribuer à des causes accidentelles, le déclin de son

commerce pendant la précédente année ; et
moins il a gagné , moins il est disposé à se retirer des affaires. Aussi la production continue-
t-elle long-temps encore après avoir satisfait le
besoin ; et lorsqu'enfin elle vient à cesser, ce
n'est qu'après avoir causé chez tous ceux qui
contribuaient à la faire naître, une perte et de
capitaux , et de revenus, et de vies humaines,
qu'on ne peut calculer sans frémir. Les producteurs ne se retireront point du travail , et
leur nombre ne diminuera que lorsqu'une partie des chefs d'atelier aura fait faillite , et
qu'une partie des ouvriers sera morte de misère.

Aucune erreur n'est plus généralement ré-
pandue que celle que nous venons de relever ;
elle se soutient en dépit d'une expérience journalière ; elle vient d'être reproduite par un ingénieux écrivain anglais, M. Ricardo, qui a
fondé sur elle des conclusions très-hasardées. Une
sorte d'expérience la confirme il est vrai ; dans
une même manufacture, le directeur passe très-
rapidement de l'étoffe que la mode abandonne
à celle qu'elle commence à favoriser ; des velours rayés aux velours unis, des basins aux pi-
qués. Le même bâtiment sert à l'une et à l'autre,
la même intelligence dans le maître et les ouvriers s'accommode du nouvel ouvrage comme

de l'ancien, et le profit attaché à la nouveauté compense l'avance de quelques nouvelles machines. Mais tous les ouvriers d'acier périraient avant qu'il en passât un aux manufactures de coton. Le passage des chefs d'atelier et de leurs capitaux circulans, sans être tout-à-fait aussi difficile, ne s'opère cependant qu'avec une extrême lenteur; celui de la plupart des capitaux fixes est absolument impossible.

Ce n'est donc pas d'une manière absolue qu'il faut entendre ce que nous avons dit, que le bénéfice du producteur de chaque marchandise doit être proportionné à celui qu'il pourrait attendre de toute autre industrie. Chacun, en considérant les chances d'une nouvelle spéculation, se règle en effet sur ce premier calcul. Il y a dans chaque pays un profit courant du commerce de même qu'un taux commun de l'intérêt; ce profit s'égalise dans tout commerce qu'on peut entreprendre et quitter avec facilité, et il sert de base aux spéculations générales. Mais tout commerce ancien, et surtout toute industrie qui demande un long apprentissage et beaucoup de capitaux fixes, se soustrait absolument à cette concurrence. Ses bénéfices peuvent être beaucoup plus hauts ou beaucoup plus bas, pendant un temps fort long, comparés à ceux d'une industrie exercée dans le

même pays, par des hommes qui n'ont aucun moyen de passer de l'une à l'autre. M. Ga-
nilh a même remarqué avec raison, que les
profits des fermiers ne sont nulle part proportionnés à ceux du commerce, à égalité et
de risques et de considération personnelle. Les
habitudes sont une puissance morale qui n'est
pas soumise au calcul, et les écrivains d'économie politique ont trop souvent oublié que
pour eux il s'agissait d'hommes et non pas de
machines.

Par une réduction considérable de l'intérêt
des capitaux fixes, et une diminution du profit
du fabricant, et du salaire de l'ouvrier, la
marchandise baisse de prix, elle trouve de
nouveaux acheteurs, et l'augmentation d'activité que la misère elle-même a causée peut
quelquefois se maintenir. L'événement nous
apprendra si l'activité nouvelle des manufactures dont on nous avait tout récemment ra-
conté les désastres, ne tient point à cette cause.
Souvent les convulsions d'un moribond semblent indiquer plus de force qu'il n'en avait
dans la vigueur de sa santé.

Le prix de l'acheteur, d'autre part, est établi
par la concurrence. Il ne cherche point ce que
la chose coûte, mais les conditions sous lesquelles il pourrait en obtenir une autre qui

la remplacerait. Il s'adresse aux divers marchands qui lui offrent une même chose, pour s'arrêter à celui qui le servira à meilleur marché; où bien il fait son compte de ce qui lui conviendra le mieux, entre des choses de nature différente, mais qui peuvent se remplacer l'une par l'autre. Chacun, en ne s'occupant que de son intérêt privé, tend au même but; tous les vendeurs d'une part, tous les acheteurs de l'autre, agissent comme de concert; les demandes et les offres se mettent en équilibre, et le prix moyen s'établit.

Le prix du vendeur doit le mettre en état de reproduire avec bénéfice la chose vendue, sous les mêmes conditions, en même quantité. Aussi son marché s'étend jusqu'à tout pays où le prix moyen établi par la concurrence, ne reste pas au-dessous du sien. Sa production n'est point bornée par la consommation de ses voisins et de ses compatriotes; mais elle se met en rapport avec les besoins de tous ceux qui, en quelque lieu qu'ils habitent, trouvent de l'avantage à acheter sa marchandise, où pour lesquels son prix de producteur n'est point supérieur à leur prix d'acheteur. C'est là ce qui constitue proprement l'étendue du marché.

CHAPITRE III.

Comment le vendeur étend son débit.

Nous avons dit que lorsque le prix qu'offre l'a-
cheteur se trouve supérieur à celui qui est nécessaire au producteur pour rembourser toutes
ses avances et lui procurer un bénéfice convenable, celui-ci augmente sa fabrication, pour
profiter de l'avantage qui lui est offert. Il appelle à son aide de nouveaux capitaux qu'il obtient aisément par l'offre d'un intérêt supérieur,
et il forme de nouveaux ouvriers. Au moment où
les fils d'artisans choisissent un état, il est toujours sûr, par l'offre d'un salaire supérieur,
d'attirer à lui ceux qu'il peut employer. Il sai-
sit avec empressement toutes les inventions des
arts qui peuvent multiplier ses produits, et le
profit qui lui est offert l'encourage à avancer
un capital considérable pour l'établissement de
nouvelles machines. C'est la marche de la vraie
prospérité commerciale ; tout profite chez lui ;
son bénéfice mercantile s'est accru ; le capitaliste qui lui prête obtient de lui un plus fort
intérêt ; l'ouvrier, un plus fort salaire ; le

fabricant de machines, un nouveau travail.

Mais cette activité bienfaisante a été mise en mouvement par une demande plus forte que la précédente production ; et cette demande suppose un nouveau revenu destiné à la consommation. La prospérité du fabricant est alors la conséquence de la prospérité d'autrui. C'est parce que d'autres se sont enrichis, qu'il s'enrichit à son tour. Peu importe que le revenu nouveau qui vient s'échanger contre sa production, soit né de la terre ou des arts, qu'il appartienne à ses compatriotes ou à des étrangers, qu'il soit formé près ou loin de lui, qu'il soit entre les mains des pauvres ou des riches ; il lui suffit que l'échange s'accomplisse avec avantage pour lui ; et il suffit à la prospérité sociale que ce revenu soit nouveau, et qu'il demande un nouveau travail.

D'autre part, la division du travail augmentant sans cesse ses pouvoirs productifs, et l'accroissement des capitaux obligeant chaque jour à chercher un nouvel emploi pour l'industrie, et à tenter de nouvelles fabrications, le producteur n'a point d'intérêt plus pressant que celui d'étendre son marché. S'il ne trouve pas de nouveaux chalands, c'est en vain qu'il aura augmenté son capital par l'économie ; il ne lui conviendra ni d'augmenter ses ateliers, ni de prendre de nouveaux ouvriers, ni d'augmenter les pouvoirs productifs du travail par un perfectionnement dans les machines qu'il emploie. Avec une quantité donnée de consommation, tout ce qu'il fera faire dans un nouvel atelier il l'ôtera à l'ancien ; tout ce qu'il fera faire par des machines il l'ôtera à ses ouvriers. Tous les progrès de sa fortune dépendent des progrès de son débit.

Aucune vérité n'est plus anciennement connue par tous les commerçans, aucune n'est liée à une observation plus journalière ; il est donc bien étrange qu'elle ait été perdue de vue par les écrivains modernes sur l'économie. Tandis que tout le talent d'un négociant tend essentiellement à augmenter son débit, que toute la politique mercantile a pour but d'accroître le débit national, que toute calamité commerciale s'explique par la diminution du débit, que doit-on penser de la doctrine qui réduit la science sociale à former un nombre toujours plus grand de producteurs toujours plus actifs, et qui suppose qu'en augmentant indéfiniment la production on augmente aussi indéfiniment le débit ?

Bien au contraire, l'intérêt de la société, dans l'augmentation de la production et de la richesse commerciale, doit être modifié par des considérations qui sont sans influence sur chaque producteur particulier. La société demande qu'un nouveau revenu appelle un nouveau travail; il suffit à chaque producteur qu'un ancien revenu se détourne de son ancien canal pour venir à lui; qu'il abandonne ses rivaux qu'il faisait vivre, pour animer son propre atelier. La société doit toujours désirer que le travail se règle sur la demande, afin que le débit soit universel, et qu'aucun producteur ne reste en souffrance; mais chaque producteur, au lieu de se régler sur la demande générale, proportionne son activité à la quantité de capitaux qui se trouvent à sa disposition. Ce sont toujours les moyens de produire qu'il considère, et non les moyens de consommer. La plus légère attention donnée au mouvement du commerce, suffit pour convaincre qu'un négociant ne ralentit pas ses efforts, parce qu'il y a peu d'affaires sur la place, mais que c'est, au contraire, une raison pour lui de travailler avec plus de zèle pour les attirer toutes à lui.

Le gouvernement, loin de pousser indistinctement à la production, paraît donc devoir veiller à modérer un zèle aveugle, et qui se tourne le plus souvent contre des concitoyens, tout au moins, contre d'autres hommes. Dans le premier cas, il est contraire à la politique; dans le second, il l'est à l'humanité.

Il ne dépend nullement du producteur d'augmenter les revenus de la société ou du marché qu'il sert, de manière qu'ils puissent s'échanger contre une augmentation de produits; aussi toute son industrie tend seulement à s'attribuer la plus grande part dans l'échange de ceux qu'il a vus préexister. Entre commerçans, on regarde comme une mauvaise action de se séduire réciproquement ses pratiques; mais la concurrence que chacun exerce contre tous, ne présente point une idée aussi précise; et un commerçant n'a pas moins d'empressement à étendre son débit aux dépens de ses confrères, qu'à le proportionner à l'accroissement des richesses, lorsque celles-ci lui offrent l'échange d'un nouveau revenu.

Il vendra plus, s'il vend meilleur marché, parce que les autres vendront moins : l'attention du fabricant est donc sans cesse dirigée à faire la découverte de quelque économie dans le travail, ou dans l'emploi des matériaux, qui le mette en état de vendre meilleur marché que ses confrères. Comme les matériaux, à leur tour, sont le produit d'un travail précédent, son économie se réduit toujours, en dernière analyse, à employer moins de travail pour un même produit. Quelque travail qu'il mette en mouvement pour élever une nouvelle fabrique, pour construire de nouveaux métiers, pour diriger à son service l'eau, le vent, le feu, ou la vapeur, il ne fait l'avance de ces travaux extraordinaires, que parce qu'il se croit assuré que le travail ordinaire en sera considérablement diminué, et qu'à l'avenir, selon l'expression vulgaire des fabriques, un enfant pourra faire ce que dix hommes faisaient auparavant.

Le but cependant du fabricant n'a pas été de renvoyer une partie de ses ouvriers, mais d'en conserver le même nombre et de produire davantage. Supposons qu'il l'atteigne : il enlèvera leurs pratiques à ses confrères; il vendra plus, eux vendront moins ; la marchandise baissera un peu de prix. Si tous les intéressés dans ce marché sont concitoyens d'un même état, voyons quel en sera le résultat national.

Les autres fabricans imiteront, s'ils le peuvent, les procédés du premier ; alors il faudra bien que les uns ou les autres renvoient leurs ouvriers, et qu'ils le fassent dans la proportion de tout ce que la machine nouvelle ajoute au pouvoir productif du travail. Si la consommation est invariable, et si le même travail est fait avec dix fois moins de bras, les neuf dixiè-

mes des revenus de cette partie de la classe ouvrière lui seront retranchés, et sa consommation
en tout genre sera diminuée d'autant. Les anciens métiers seront perdus, et avec eux, cette
partie du revenu des capitaux fixes, qui provenait de leur valeur; les bénéfices du commerce seront établis par la concurrence, précisément au point où ils étaient auparavant.
Enfin, les consommateurs auront seuls gagné;
ils feront un léger bénéfice sur l'achat de leurs
provisions. Mais ce bénéfice ne sera nullement
proportionné avec la diminution du travail qui
le cause. Le premier fabricant n'eût-il fait qu'une
économie de cinq pour cent, en substituant une
machine à des ouvriers, aurait forcé tous ses
confrères à l'imiter, et à renvoyer, comme lui,
les trois quarts, les neuf dixièmes de leurs
journaliers. Le résultat de la découverte, si la
nation est sans commerce étranger, et si sa
consommation est invariable, sera donc une
perte pour tous, une diminution du revenu national, qui rendra la consommation générale
de l'année suivante plus faible.

En effet, si l'inventeur d'un procédé nouveau
était sûr d'être immédiatement imité par tous
ses confrères, il ne le mettrait probablement
pas en pratique, à moins que les besoins de la
consommation ne passassent de beaucoup la

production. Il cherche donc à en faire un secret;
et, s'il y réussit, il s'empare seul de ce qui faisait auparavant la richesse de tous. Ses confrères
producteurs sont forcés à faire les mêmes rabais que lui; toutefois, ils continueront quelque temps encore à vendre leurs marchandises
à perte ; et ils n'abandonneront probablement
leurs anciennes machines et leur commerce,
que lorsqu'ils se verront dans la nécessité de
faillir; le revenu qu'ils avaient auparavant, dis
paraîtra; leur capital circulant lui-même sera
perdu; leurs ouvriers seront congédiés, et perdront leur gagne-pain. De son côté, le nouvel
inventeur accaparera à lui seul toute cette branche de commerce; il gagnera pour lui toute la
part de revenu que les anciens fabricans se parta-
geaient entre eux, à la réserve, tout au plus, de
celle qu'il cédera aux consommateurs, comme
diminution de prix.

Jusqu'ici, dans l'un et l'autre cas, la découverte d'un procédé nouveau a causé une
grande perte nationale, une grande diminution de revenu, et, par conséquent, de consommation. Et cela devait être; car le travail
lui-même faisant une partie importante du revenu, on n'a pu diminuer le travail demandé,
sans rendre la nation plus pauvre. Aussi le bénéfice qu'on attend de la découverte d'un pro-

cédé économique , se rapporte - t - il presque
toujours au commerce étranger.

La politique accoutumant à renfermer l'obligation des devoirs sociaux dans le cercle des
compatriotes , la rivalité entre des producteurs
étrangers les uns aux autres, s'est manifestée
plus ouvertement. Ils ont cherché à s'exclure
réciproquement des marchés où ils se trouvaient
en concurrence , en vendant à meilleur prix
les uns que les autres ; et lorsque , dans un pays,
on découvre un procédé nouveau de fabrique ,
qui présente une grande économie , ce pays
voit tout à coup augmenter presque indéfiniment le nombre de ses consommateurs étrangers.
Les fabricans de bas, en Angleterre, avant l'invention du métier à bas , n'avaient pour consommateurs que les Anglais ; depuis cette invention , jusqu'au moment où elle a été imitée
hors de leur île, ils ont eu pour consommateurs
tout le continent. Toute la souffrance est tom-
bée alors sur les producteurs continentaux ,
toute la jouissance est demeurée aux Anglais :
le nombre de leurs ouvriers , au lieu de diminuer, s'est augmenté : leurs gages se sont élevés ;
les profits des fabricans se sont accrus aussi , et
la découverte a paru avoir pour résultat une
aisance universelle, puisque tous ceux qui en
souffraient étaient étrangers , et vivaient à de

grandes distances, tandis que tous ceux qu'elle enrichissait, étaient rassemblés sous les yeux de l'inventeur.

Chaque perfectionnement qu'on a apporté aux procédés de l'industrie, a eu presque toujours ce résultat : il a tué, à de grandes distances, d'anciens producteurs, qu'on ne voyait pas, et qui sont morts ignorés ; il a enrichi autour de l'inventeur des producteurs nouveaux, qui, parce qu'ils ne connaissaient pas leurs victimes, ont regardé chaque découverte comme un bienfait pour l'humanité.

Cependant, si un seul fabricant dans une nation, a su faire cette économie de travail qui a étendu son marché, ou si l'usage exclusif du procédé qu'il a découvert, lui est garanti par un privilége, ses compatriotes, fabricans comme lui, auxquels il fait concurrence avec bénéfice, en supportent toute la perte, à supposer qu'ils partageassent auparavant avec lui le marché étranger dans lequel il régne seul ; tandis que lui-même partage ses bénéfices avec les consommateurs étrangers, auxquels il vend à plus bas prix. Dans un siècle où les communications entre les nations sont faciles, où toutes les sciences sont appliquées à tous les arts, les découvertes sont bientôt devinées et copiées, et une nation ne garde pas long-temps l'avantage de fabrication qu'elle ne doit qu'à un secret; en sorte que le marché, momentanément étendu par une baisse dans le prix, se referme bientôt; et si la consommation générale n'est pas augmentée, la production ne l'est pas non plus.

L'on doit sans doute considérer avec plus d'indulgence le producteur qui, par une découverte dans les arts, se met en état de servir ses compatriotes, auparavant servis par les étrangers. L'effet est bien le même; il ôte leur gagne-pain à des ouvriers éloignés de lui, pour en faire naître de nouveaux dans son voisinage; mais c'est la conséquence inévitable du progrès de la civilisation. Les premiers, qui avaient compté, pour leur existence, sur un marché étranger, qui devait leur être fermé par les perfectionnemens de l'industrie, s'étaient mis d'avance dans une situation précaire, où la misère devait bientôt les atteindre. Le gouvernement doit applaudir à la formation d'une classe nouvelle de citoyens, à laquelle son travail procure un revenu suffisant, et l'ami de l'humanité ne peut blâmer ces efforts nouveaux; mais il s'afflige que le résultat de la concurrence entre les producteurs, soit toujours une souffrance nouvelle pour quelqu'un d'entre eux.

Faudrait-il en conclure que toute découverte

dans les arts, qui épargne le travail de l'homme,
est toujours fatale à quelque partie de l'humanité? Non sans doute. Toutes les fois qu'il y
a une demande de travail, qui ne peut être sa-
tisfaite par l'homme, il est heureux que ce
travail soit accompli par des machines : toutes
les fois que le travail de l'homme est employé
tout entier, tout ce que la consommation peut
réclamer encore, et qui sera produit par des
êtres inanimés, sera un bénéfice social; mais
le bénéfice qu'on ne peut obtenir qu'en congé-
diant un homme pour mettre une machine à
sa place, est une calamité humaine.

Les provinces reculées de l'Amérique occidentale, lorsqu'elles ont voulu verser dans la circulation leurs immenses produits, n'auraient trouvé nulle part assez d'ouvriers pour faire toutes
leurs récoltes, assez de rameurs pour conduire
tous les bateaux qu'on en pouvait charger. Jamais invention ne fut plus utile que celle des
bateaux à vapeur, qui, parcourant les immenses
fleuves de l'Amérique, ouvrent aux planteurs
écartés une communication qui leur serait long-
temps restée fermée. L'ouvrage de plusieurs
milliers d'hommes est fait par un petit nombre
de machines; mais loin que leur emploi ait
fait congédier autant d'ouvriers, c'est à cause
d'elles que des milliers d'ouvriers ont été ap-

pelés à un travail qui, sans elles, serait demeuré impossible. La même règle se retrouve vraie dans toutes les applications des sciences au travail de l'homme : elles sont toujours avantageuses dans un pays où la main d'œuvre manque, et où l'on est appelé à remplacer par mille expédiens des ouvriers qui ne naissent point encore assez tôt.

Nous avons vu que chaque procédé nouveau qui économisait le travail était suivi d'une diminution dans le prix du produit. C'est le but que s'était proposé le fabricant; et c'est par elle qu'il a étendu son débit. Il résulte de cette diminution, non-seulement une légère économie pour le consommateur, mais encore une légère augmentation dans la totalité de la consommation. L'acheteur avait destiné une certaine part de son revenu à une certaine partie de sa dépense ; si ce revenu n'est ni augmenté ni diminué, il en consacrera probablement la même partie à se procurer les mêmes objets; et pour la somme qu'il leur destine il obtiendra, après la baisse du prix, ou une quantité, ou une qualité supérieure de la même chose. Il aura un plus grand nombre d'habits pour le même argent, ou des habits plus fins; et, dans l'un et l'autre cas, il ajoutera quelque chose à sa jouissance, sans ajouter précisément à sa richesse. C'est ainsi que nous avons vu de certaines jouissances, qui autrefois étaient réputées de luxe, descendre successivement aux classes qui en avaient été privées. Les fenêtres vitrées, autrefois réservées aux palais, se trouvent aujourd'hui jusque dans les moindres chaumières. Ainsi le vendeur, en baissant son prix de fabrique, contribue indirectement à augmenter le nombre des acheteurs ou le montant des achats, quoiqu'il n'ajoute rien au revenu des consommateurs. Mais la conséquence de cette opération ne s'étend qu'à la quantité matérielle; car la valeur échangeable de la denrée consommée est toujours la même; celle-ci ne peut s'augmenter qu'autant que le revenu des acheteurs augmente.

Le vendeur peut aussi augmenter son débit, sans invention nouvelle, seulement en se contentant d'un moindre bénéfice à la vente. Le plus actif, le plus industrieux, le plus économe pourra par cette méthode enlever les pratiques de ses rivaux, et, comme on l'exprime dans le commerce, gâter le métier. Les Juifs, qui ne se permettent presqu'aucun luxe et presqu'aucune jouissance, sont généralement accusés par les autres marchands, et surtout en Pologne, de rendre impossible, par cette extrême économie, toute concurrence avec eux.

Le résultat, pour le marchand qui se contente de petits profits, est incontestablement avantageux; il n'est pas si facile de connaître le résultat national de cette économie. Le consommateur y gagne exactement autant que le revenu de la classe mercantile y perd. Mais les jouissances que gagne le consommateur, en lui rendant plus agréable l'emploi de son revenu, n'augmentent pas précisément son revenu, quoiqu'elles lui permettent un peu plus d'élégance dans son habillement ou son ameublement. Comme le plus souvent tout le plaisir attaché à cette élégance consiste dans sa rareté, il ne s'aperçoit plus d'un progrès qu'il fait avec tous ses égaux; et l'emploi obligé d'une toile plus fine, pour faire le service que faisait autrefois une plus grossière, n'ajoute rien à sa jouissance. La perte, au contraire, du revenu mercantile des marchands de Varsovie, par exemple, que les porte-balles juifs forcent à fermer leurs boutiques, est une diminution réelle d'un revenu qui aurait à son tour donné de l'activité à une consommation nouvelle.

CHAPITRE IV.

Comment la richesse commerciale suit l'accroissement du revenu.

Le vendeur n'a par lui-même aucun moyen d'étendre son débit, qui ne réagisse sur ses confrères : il leur dispute une quantité donnée de revenu qui doit remplacer son capital; et plus il réussit à en garder pour lui-même, moins il en laisse pour les autres. L'augmentation de ce revenu ne dépend pas de lui; mais, toutes les fois que cette augmentation s'opère, il en profite, et il devient lui-même un des canaux par lesquels se répand la prospérité générale. Or, comme nous l'avons déjà répété plusieurs fois, le revenu national se compose de la part des riches, savoir, du profit résultant de tous les capitaux fixes et circulans; et de la part des pauvres, savoir, du prix de leurs travaux échangés contre le capital circulant. Toute consommation qui n'est pas échangée contre un revenu est une perte pour l'état; toute consommation qui s'échange contre un revenu nouveau est une source de nouvelle prospérité.

Un revenu nouveau naît pour l'état de tout capital fixe ou circulant, nouvellement formé par l'économie, et employé convenablement à faire naître une production nouvelle et demandée.

Un revenu nouveau naît encore de tout travail nouveau qu'un capital circulant fait faire en proportion de la demande; ce travail pleinement payé fait naître ou emploie des ouvriers qui n'existaient pas auparavant ou qui demeuraient oisifs.

Tout capital circulant nouveau, qui trouve un emploi convenable, ou qui fait naître une production dont la consommation est assurée, sans nuire à aucune autre, fait donc profiter la société de deux revenus nouveaux, l'un pour le riche, par l'accroissement que ce capital éprouvera dans sa circulation; l'autre pour le pauvre, par le travail auquel il donnera de la valeur. L'un et l'autre de ces revenus s'échangeront contre une consommation nouvelle, et augmenteront d'autant le débit des vendeurs.

Mais un revenu qui n'a fait que changer de détenteurs n'est point un revenu nouveau. Le marchand qui augmente son revenu de tout celui que perdent ses rivaux, n'en rend pas la nation plus riche; le fabricant qui augmente son revenu de tout le salaire qu'il retranche à ses ouvriers, n'ajoute rien au revenu national;

de même le fonctionnaire public qui élève son traitement de tout ce que les impôts prennent au contribuable, ne crée point ainsi de richesses nouvelles. Chacun d'eux, par sa consommation, procurera sans doute au commerce un débit avantageux, et excitera une certaine production; mais ils ne feront que remplacer la consommation d'autres citoyens, dont le revenu a passé en leurs mains.

De même qu'il n'est pas indifférent, pour le bonheur des citoyens, que la part d'aisance et de jouissances de tous se rapproche de l'égalité, ou qu'un petit nombre ait tout le superflu, tandis qu'un grand nombre est réduit juste au nécessaire, ces deux distributions du revenu ne sont point indifférentes non plus aux progrès de la richesse commerciale. L'égalité des jouissances doit avoir pour résultat de donner toujours plus d'étendue au marché des producteurs; leur inégalité, de le resserrer toujours davantage. Le même revenu est bien employé par le riche et par le pauvre, mais il n'est pas employé de la même manière. Le premier remplace beaucoup plus de capital et beaucoup moins de travail que le second; il favorise beaucoup moins la population, et sert par conséquent bien moins à la reproduction de la richesse.

Lorsque la grande culture a succédé à la petite, plus de capitaux ont peut-être été absorbés par les terres et reproduits par elles, plus de richesses qu'auparavant ont pu se trouver réparties entre la masse entière des agriculteurs; mais la consommation d'une famille de riches fermiers, unie à celle de cinquante familles de journaliers misérables, ne vaut pas pour la nation celle de cinquante familles de paysans, dont aucune n'était riche, et aucune n'était privée d'une honnête aisance. De même, dans les villes, la consommation d'un chef d'atelier millionnaire, qui fait travailler sous ses ordres mille ouvriers réduits à l'étroit nécessaire, ne vaut pas pour la nation celle de cent fabricans bien moins riches, qui ne font travailler chacun que dix ouvriers bien moins pauvres.

Il est bien vrai que cent mille livres de revenu, soit qu'elles appartiennent à un seul homme ou à cent, seront toujours également destinées à la consommation; mais cette consommation n'est point de même nature. L'homme très-riche ne peut pas employer pour son usage infiniment plus de choses que le pauvre, mais il en emploie d'infiniment meilleures; il veut de l'ouvrage beaucoup plus fini, des matières beaucoup plus précieuses et tirées de beaucoup plus loin; c'est lui qui encourage surtout le perfectionnement de quelques ouvriers, qui achèvent un petit nombre de travaux avec une habileté rare; et c'est lui qui leur paie des salaires exorbitans. C'est encore lui qui récompense surtout ces ouvriers que nous avons nommés improductifs, parce qu'ils ne lui procurent que des jouissances fugitives, qui ne peuvent jamais en s'accumulant, faire partie de la richesse nationale.

Cent familles aisées se seraient nourries du meilleur pain et de la meilleure viande, elles auraient bu le meilleur vin, ou la meilleure bière du pays, et elles auraient ainsi encouragé l'agriculture nationale; elles auraient encore porté des meilleures étoffes manufacturées dans le pays; elles auraient fait consister leur luxe à avoir plusieurs habits, et une provision suffisante de linge de rechange; en sorte qu'elles auraient donné un puissant encouragement aux manufactures nationales.

Si le même revenu est distribué entre quatre-vingt-dix-neuf familles très-misérables, et une très-opulente, l'encouragement qu'elles donneront à l'industrie nationale sera infiniment moindre. Les premières vivront de pommes-de-terre et de laitage, et consommeront, par conséquent, les fruits d'une portion de terre dix fois moins étendue; elles s'habilleront des

étoffes les moins chères, de celles, par conséquent, qui demandent le moins de main-d'œuvre, et elles auront beaucoup moins d'habits
de rechange ; elles occuperont donc les manufactures nationales beaucoup moins de temps
que les premières.

Pour qu'il n'y ait pas interruption de travaux et souffrance générale, il faut que la seule
famille opulente, qui a réuni tout le revenu
partagé auparavant entre les cent, compense
envers la terre et les manufactures, toute la
consommation que quatre-vingt-dix-neuf d'entre elles ne font plus. Sans doute, elle main-
tiendra un certain nombre de domestiques qui
l'aidera à consommer les fruits de la terre : cependant ce sera bien moins l'agriculture du
pays qu'elle encouragera par sa subsistance,
que celle des climats les plus éloignés. Elle
fera venir ses vins des vignobles célèbres de
France, d'Espagne, de Hongrie et d'Afrique ;
ses liqueurs des îles ; ses épiceries de l'Inde ; et,
au lieu d'employer les terres dont les quatre-
vingt-dix-neuf autres familles ne peuvent plus
consommer les fruits, elle en détachera seulement une portion où des jardiniers habiles dé-
ploieront toute leur industrie : le reste aura
besoin de chercher de nouveaux consommateurs. De même pour ses habillemens et ses

ameublemens, la famille opulente ne pourra jamais employer pour son usage, toutes les étoffes que les quatre-vingt-dix-neuf autres n'achèteront plus; mais elle fera venir des tapis de Perse et de Turquie; des chals de Kachemire, des mousselines de l'Inde; elle occupera des brodeuses et des marchandes de modes; elle récompensera magnifiquement l'industrie, l'élégance et le goût d'un seul ouvrier, et elle laissera sans emploi les neuf dixièmes des manufactures nationales, que les familles aisées ont cessé d'occuper.

Il est assez digne de remarque que, tandis que l'effet de l'augmentation des capitaux, est en général de concentrer les travaux dans de très-grandes manufactures, l'effet des grandes richesses est d'exclure presque absolument les produits de ces très-grandes manufactures, de la consommation des riches. Chaque fois qu'un objet, auparavant produit par l'habileté d'un ouvrier, devient l'ouvrage d'un mécanisme aveugle, il perd quelque chose de sa perfection, comme aussi de son crédit aux yeux de la mode. L'invention des tulles peut être bonne pour les fortunes médiocres, mais elle ne remplace point la dentelle pour les riches; et il en est de même de tous les produits des machines.

Ainsi donc par la concentration des fortunes entre un petit nombre de propriétaires, le marché intérieur se resserre toujours plus, et l'industrie est toujours plus réduite à chercher ses débouchés dans les marchés étrangers, où de plus grandes révolutions la menacent.

Tous les États, dont la production surpasse la consommation, tournent également leurs regards vers ce marché étranger, et comme ses bornes sont inconnues, son étendue paraît illimitée. Cependant depuis que la navigation s'est perfectionnée, que les routes se sont ouvertes, que la sûreté a été mieux garantie, on a commencé à s'apercevoir que le marché de l'univers était borné comme l'était auparavant celui de chaque nation ; qu'une confiance générale de tous les producteurs, qu'ils vendraient aux étrangers, avait partout élevé la production au-dessus de la demande ; et que l'offre d'un grand rabais que les producteurs d'un pays viennent faire aux consommateurs d'un autre, étant en même temps un arrêt de mort qu'ils lancent contre les producteurs de ce même pays, la résistance à cette guerre de commerce a été violente et désordonnée ; mais presque toujours populaire, quelque contraire qu'elle fût au premier aspect, à l'intérêt des consommateurs, qui comprennent cependant tous les habitans du pays.

Aussi ce que nous avons vu au commencement de ce chapitre, que le marché intérieur ne pouvait s'étendre que par la prospérité nationale, et l'augmentation du revenu national, redevient vrai du marché de l'univers pour toute nation, qui destine ses produits aux étrangers, et qui se propose le commerce du monde ; l'augmentation du débit universel ne peut résulter que de la prospérité universelle. Ce n'est qu'autant que les hommes acquerront de nouveaux revenus, qu'ils pourront satisfaire à de nouveaux besoins, et acheter ce que nous voudrons leur vendre.

Le marché du fabricant peut donc s'étendre, et c'est le vœu le plus noble de l'homme d'état, par le progrès de la civilisation, de l'aisance, de la sûreté et du bonheur chez les nations barbares. L'Europe est arrivée au point d'avoir dans toutes ses parties une industrie et une fabrication supérieures à ses besoins ; mais si une fausse politique ne lui faisait pas arrêter sans cesse chez ses voisins les progrès de la civilisation ; si l'Égypte avait été laissée aux mains d'un peuple qui eût besoin des arts de l'Europe, si la Grèce et l'Asie mineure étaient tirées de l'oppression sous laquelle elles gémissent ; si les

victoires remportées sur les Barbaresques,
avaient été mises à profit, en rendant les côtes
d'Afrique à la vie sociale; si l'Espagne n'avait
pas été soumise à un despotisme qui en détruit
et en ruine la population; si les indépendans
de l'Amérique espagnole étaient protégés, de
manière à les faire jouir des avantages auxquels la nature les appelle; si les Indiens sujets
de l'Europe, étaient amalgamés avec les Euro-
péens; si les Francs étaient encouragés à s'é-
tablir parmi eux, au lieu d'en être repoussés; la
consommation dans ces diverses contrées s'augmenterait assez rapidement pour employer
tout ce travail surabondant, dont l'Europe
ne sait aujourd'hui que faire, et pour mettre un terme à cette détresse dans laquelle
les pauvres sont plongés.

Que l'on parcoure les rapports du commerce,
les journaux, les récits des voyageurs, partout
on verra des preuves de cette surabondance de
production, qui passe la consommation; de cette
fabrication qui se proportionne non point à la
demande, mais aux capitaux qu'on veut employer; de cette activité des marchands qui les
porte à se jeter en foule dans chaque nouveau
débouché, et qui les expose tour à tour à des
pertes ruineuses, dans chaque commerce dont
ils attendaient des profits. Nous avons vu les

marchandises de tout genre, mais surtout celles de l'Angleterre, la grande puissance manufacturière, abonder sur tous les marchés de l'Italie, dans une proportion tellement supérieure aux demandes, que les marchands, pour rentrer dans une partie de leurs fonds, ont été obligés de les céder avec un quart ou un tiers de perte au lieu de bénéfice. Le torrent du commerce, repoussé de l'Italie, s'est jeté sur l'Allemagne, sur la Russie, sur le Brésil, et y a bientôt rencontré les mêmes obstacles.

Les derniers journaux nous annoncent des pertes semblables dans de nouveaux pays. Au mois d'août 1818, on se plaignait au cap de Bonne-Espérance, que tous les magasins étaient remplis de marchandises européennes, qu'on offrait à plus bas prix qu'en Europe, sans pouvoir les vendre. Au mois de juin, à Calcutta, les plaintes du commerce étaient de même nature. On avait vu d'abord un phénomène étrange, l'Angleterre envoyant dans l'Inde des tissus de coton, et réussissant par conséquent à travailler à meilleur marché que les habitans demi-nus de l'Indostan, en réduisant ses ouvriers à une existence plus misérable encore ; mais cette direction bizarre donnée au commerce n'a pas duré long-temps, aujourd'hui les produits anglais sont à meilleur marché aux Indes, qu'en

Angleterre même. Au mois de mai, on était obligé de réexporter de la Nouvelle-Hollande, les marchandises européennes, qu'on y avait portées en trop grande abondance. Buenos-Ayres, la Nouvelle-Grenade, le Chili, regorgent de même déjà de marchandises. Le voyage de M. Fearon dans les Etats-Unis, terminé seulement au printemps de 1818, présente d'une manière plus frappante encore ce spectacle. D'une extrémité jusqu'à l'autre de ce vaste continent si prospérant, il n'y a pas une ville, pas une petite bourgade, où la quantité de marchandises offertes en vente ne soit infiniment supérieure aux moyens des acheteurs, quoique les marchands s'efforcent de les séduire par de très-longs crédits, et des facilités de tout genre pour les payemens qu'ils reçoivent à terme et en denrées de toute espèce. Aucun fait ne se représente à nous en plus de lieux, sous plus de faces, que la disproportion des moyens de consommation avec ceux de production ; que l'impossibilité des producteurs de renoncer à une industrie, parce qu'elle décline, et que la certitude que leurs rangs ne sont jamais éclaircis que par des faillites. Comment se fait-il que les philosophes ne veuillent pas voir ce qui de toutes parts saute aux yeux du vulgaire ?

L'erreur dans laquelle ils sont tombés tient tout entière à ce faux principe, c'est qu'à leurs yeux, la production annuelle est la même chose que le revenu. M. Ricardo, d'après M. Say, le répète et l'affirme. « M. Say a prouvé de » la manière la plus satisfaisante, dit-il, qu'il » n'y a point de capital, quelque considérable » qu'il soit, qui ne puisse être employé dans » un pays, parce que la demande des produits » n'est bornée que par la production. Personne » ne produit que dans l'intention de consom- » mer ou de vendre la chose produite, et on » ne vend jamais que pour acheter quelqu'au- » tre produit qui puisse être d'une utilité im- » médiate, ou qui puisse contribuer à la pro- » duction à venir. Le producteur devient donc » consommateur de ses propres produits, ou » acheteur et consommateur des produits de » quelqu'autre personne ». (1)

Avec ce principe, il devient absolument impossible de comprendre ou d'expliquer le fait le plus démontré de tous dans l'histoire du commerce; c'est l'engorgement des marchés. Avec ce principe, il est également impossible de se tirer de ces contradictions que MM. Say

_____

(1) Ricardo, ch. XXI. trad., tome II, pag. 105.

et Ricardo se reprochent réciproquement sur le
sens qu'il faut donner au mot valeur et au mot
richesse ; il est impossible d'expliquer comment le profit des capitaux et le taux des salaires baissent souvent en même temps que la fabrication augmente. La confusion du revenu
annuel avec le produit annuel, jette un voile
épais sur toute la science ; tout s'éclaircit au
contraire, tous les faits s'accordent avec la
théorie, dès qu'on les dégage l'un de l'autre.

Il est essentiel de remarquer qu'Adam Smith
avait évité les erreurs dans lesquelles tombent
ses disciples ; aussi M. Ricardo, dans tout le
chapitre que nous venons de citer, s'occupe-
t-il à le combattre.

CHAPITRE V.

Des salaires.

Puisque la comparaison entre le prix moyen du marché, ou celui qu'offre l'acheteur, et le prix coûtant, ou celui que demande le producteur, doit décider quelle espèce de marchandise convient à chaque pays, quelle production répartit entre le fabricant et le marchand, et tous ceux qu'ils font vivre, un revenu suffisant; quelle production favorise la prospérité générale et doit être encouragée, il est essentiel de passer en revue les divers élémens dont se compose le prix du producteur.

La main-d'œuvre est le plus important; et jusqu'à un certain point, c'est le régulateur des autres, parce qu'il y a un salaire nécessaire, au-dessous duquel la concurrence elle-même ne peut réduire long-temps l'ouvrier; tandis que la réduction de l'intérêt de l'argent, ou du profit des capitaux, qui sont les autres élémens du prix, semble pouvoir aller à l'infini (1).

---

(1) M. Ricardo a poussé ce raisonnement à la rigueur; il

Le bas prix de la main-d'œuvre permet en général au producteur, d'établir sa marchandise à meilleur marché ; il lui fait trouver du profit dans une industrie, qui serait perdante dans un pays où les salaires seraient plus élevés. Il augmente ainsi le débit de la manufacture, et lui donne une apparence de prospérité. Souvent en effet, l'on a regardé la ténuité du prix du salaire comme une cause efficiente du succès des manufactures dans un pays.

Mais le prix de la main - d'œuvre peut être bas, ou réellement ou nominalement, selon que le travail s'échange contre une quantité insuffisante ou surabondante des choses nécessaires à la vie. L'argent n'est que le signe de l'échange, l'ouvrier n'a aucune intention de le garder ; il ne l'a pas plus tôt reçu, qu'il le rend contre les provisions dont il a besoin. Si celles-ci sont à bas prix, et si sa journée de travail s'échange finalement, non-seulement contre le strict nécessaire, mais contre une quantité suf-

---

a regardé le salaire du travail comme la seule cause efficiente du prix. Il faudrait, pour que son calcul fût juste, que les ouvriers fussent réduits à l'étroit nécessaire, et qu'ils ne pussent pas reculer davantage ; ce qui heureusement ne se réalise presque jamais.

fisante pour qu'il ait quelque superflu ; le salaire n'est à bas prix que nominalement. Au
superflu seul est attaché le sentiment de l'aisance ; ce n'est que par lui que la vie a du
prix, et que le travail est mêlé de plaisir.
Lorsque l'ouvrier obtient par son travail, du
superflu, la nation doit désirer l'existence de
cet ouvrier ; car la vie sera un bonheur pour lui,
par quelque bas prix que la valeur de sa journée
soit représentée en argent.

Mais lorsque les denrées sont chères en
même temps que la main-d'œuvre est à bas
prix, lorsque par conséquent les ouvriers, forcés par la concurrence, se contentent du nécessaire ou de moins que le nécessaire pour vivre ;
lorsqu'ils retranchent sur toutes leurs jouissances
et toutes leurs heures de repos ; que leur existence
est un combat continuel contre la misère ; les
prix sont réellement bas, et leur tenuité est une
calamité nationale. De tels ouvriers créent bien
aussi une portion de richesse échangeable, ils
emploient bien le capital national, et ils donnent au fabricant des bénéfices ; mais cet accroissement de richesses est acheté trop cher
aux dépens de l'humanité. On a reconnu dès
long-temps, que la trop grande division du
terrain, amenait dans la population agricole,
un état de misère universelle, dans lequel

l'ouvrier, par le plus grand travail, n'obtenait pas un salaire suffisant pour vivre ; et quoique de l'activité à laquelle il était forcé, il résultât une augmentation de produit brut, on a reconnu que cette richesse insuffisante pour ceux qu'elle devait nourrir, était une calamité nationale. La même chose est vraie de la même manière pour les ouvriers des manufactures. La nation s'appauvrit au lieu de s'enrichir, lorsque son revenu augmente comme un, et sa population comme deux.

Lorsque les salaires ne sont bas que nominalement ; que la journée d'un homme, par exemple, ne se payera que dix sous par jour, mais que, pour ces dix sous, il aura autant de denrées ou d'objets de première nécessité qu'il en aurait pour vingt sous ailleurs, la prospérité nationale non-seulement permet, mais requiert l'établissement de nouvelles manufactures. Ce bas prix des denrées, qui a causé celui du salaire, indique un état de souffrance de l'agriculteur. Il ne trouve pas apparemment un marché suffisant pour ses denrées ; les consommateurs sont trop éloignés et les frais de transport trop considérables. Établir une manufacture près de lui, c'est faire pour lui mieux encore que si on ouvrait un canal de lui jusqu'au marché, c'est rapprocher le marché de lui. Les

ouvriers qu'on établit auprès de son exploitation agricole consommeront les denrées qu'il
avait de trop; et leurs produits, toujours moins
volumineux que ces denrées, s'exporteront
plus facilement. Tout le monde gagne alors;
l'agriculteur tire plus de parti de ses fonds,
l'ouvrier vit dans l'aisance et le marchand s'enrichit.

On a souvent réussi à faire considérer comme
un avantage national le bas prix de la main-
d'œuvre, sans vouloir examiner s'il était no-
minal ou réel; on a loué de leur patriotisme les
fabricans qui refusaient d'augmenter les gages
de leurs ouvriers, et les gouvernemens les ont
quelquefois secondés, en fixant le taux des salaires et en le maintenant par la force. Il est
difficile de porter une loi en même temps plus
impolitique et plus injuste. Ce n'est pas le profit du fabricant qui constitue l'intérêt national,
c'est le bénéfice que la fabrication répartit entre
toutes les classes qui y concourent; c'est la participation de toutes au revenu national qui
naît du travail. Si l'administration devait se
proposer pour but l'avantage d'une des classes
de la nation aux dépens des autres, ce sont
justement les journaliers qu'elle devrait favoriser. Entre ceux qui participent au prix de la
production, ils sont les plus nombreux; et as-

surer leur bonheur, c'est rendre heureuse la
grande masse de la nation. Ils ont moins de
jouissances que tous les autres, ils retirent
moins d'avantages que tous les autres de l'ordre
social; ils font naître la richesse, et n'y ont
eux-mêmes presque pas de part : obligés de
lutter pour leur subsistance avec ceux qui les
emploient, ils ne sont point leurs égaux en
forces. Les maîtres et les ouvriers sont, il est
vrai, réciproquement nécessaires les uns aux
autres; mais cette nécessité presse chaque jour
l'ouvrier, elle donne du répit au fabricant; le
premier doit travailler pour vivre, le second
peut attendre et vivre encore sans faire travailler. Qui ne serait pénétré d'une profonde douleur, quand il voit les ouvriers d'une ville
manufacturière abandonner en corps leur ouvrage, parce que leurs maîtres sont résolus à
ne point augmenter de nouveau des salaires
qu'une année d'affreuse détresse avait fait baisser; quand il les voit se résigner à toutes les
privations, dans l'espérance de lasser enfin
l'obstination des manufacturiers, et qu'il cal-
cule en même temps que chaque jour détruit
le petit capital d'une malheureuse famille, que
la nudité, le froid et la faim menacent déjà,
pendant que des années d'interruption ne feraient pas encore sentir au manufacturier les

étreintes du besoin ? Et tandis que ces infortu-
nés disputent un gage duquel dépend leur vie
et celle de leurs enfans, et que dans leur désespoir ils respectent encore une organisation qui
les écrase, des soldats et des archers les veil-
lent; ils attendent impatiemment le premier
désordre pour les livrer aux tribunaux et les
punir sévèrement; qui sait même si quelques
traîtres ne se mêlent pas parmi eux pour les
exciter au crime qu'on est si impatient de
châtier?

Les nations s'enrichissent quand elles augmentent leur revenu, mais non pas quand le
revenu de l'une de leurs classes est usurpé par
l'autre : elles s'enrichissent quand elles vendent une plus grande quantité de leurs produits
au même prix, parce qu'alors, produisant davantage, le revenu du pauvre s'accroît aussi-
bien que celui du riche; mais non pas quand
le riche ne gagne que ce que le pauvre perd,
quand le profit du commerce n'est autre chose
que la diminution du salaire. Lors même que la
diminution du prix de la main-d'œuvre per-
mettrait de donner plus d'étendue au commerce
national, la production nouvelle qu'elle excite-
rait serait payée trop chèrement, si elle faisait
naître une classe malheureuse et souffrante. Il
ne faut point oublier que la richesse n'est que

la représentation des douceurs et des commo-
dités de la vie ; et c'est prendre le mot pour la
chose , que de créer une opulence factice en
condamnant la nation à tout ce qui constitue
réellement la souffrance et la pauvreté.

Le salaire n'est pas seulement une compensation du travail, calculée à tant par heure
d'après sa durée ; c'est le revenu du pauvre;
et en conséquence il doit suffire non-seulement
à son entretien pendant l'activité , mais aussi
pendant la rémission du travail : il doit pourvoir à l'enfance et à la vieillesse comme à l'âge
viril , à la maladie comme à la santé , et aux
jours de repos nécessaires au maintien des forces, ou ordonnés par la loi ou le culte public,
comme aux jours de travail.

Loin d'être avantageux , il est contraire à la
prospérité de l'état d'encourager un travail dont
le salaire ne pourvoit pas à tous ces besoins
divers. Ce travail nouveau fera toujours naître
une population qui consentira à l'accomplir.
Cette population malheureuse et souffrante sera
toujours inquiète et ennemie de l'ordre public;
elle sera aussi dangereuse aux autres qu'à charge
à elle-même. Quand elle existe , il faut bien la
sauver du désespoir; mais il faut se garder de
l'appeler à l'existence.

Si un fonds est formé par l'autorité suprême,

et administré au nom de la loi pour venir au
secours des pauvres dans leurs maladies, dans
les saisons rigoureuses, pendant l'interruption
de leurs travaux, dans leur enfance ou dans
leur vieillesse; ce fonds, qui existe en effet en
Angleterre, dans la taxe des pauvres, sera bientôt regardé comme le supplément de leurs gages;
et si, d'après une suite des combinaisons sociales, les pauvres se trouvent déjà dans la
dépendance des riches; s'il y a déjà plus d'offre
que de demande de travail, les pauvres, assurés
de recevoir des secours dans leur vieillesse ou
leur maladie, d'en obtenir pour leurs enfans,
se contenteront d'un salaire moindre, et se
résigneront à ce qu'une partie de ce qui leur
revient en justice, soit administrée par d'autres
que par eux, pour leur servir comme fonds de
réserve. Au reste, il faut convenir que, dans
cette situation, s'il n'y avait point de taxe des
pauvres, ils se soumettraient néanmoins à travailler pour un salaire insuffisant : seulement
cet état de privations ne pourrait pas durer,
parce que leur classe dépérirait rapidement.

Dans l'état où la taxe des pauvres a réduit
l'Angleterre, on peut considérer le revenu des
pauvres comme se composant de deux parties :
d'une part, le salaire insuffisant qu'ils reçoivent
pour leur travail; d'autre part, le fonds levé

par une contribution sur le public pour les soulager. Ce fonds qui, l'année dernière, montait
à 8,168,340 liv. sterling, devait distribuer des
secours au onzième de la population; savoir, à
cinq cent seize mille neuf cent soixante-trois
personnes constamment assistées, à quatre cent
vingt-trois mille six cent soixante-trois qui
l'étaient occasionellement, en tout neuf cent
quarante mille six cent vingt-six personnes,
sur une population totale de dix millions cent
cinquante mille six cent quinze individus, dont
environ six millions n'ont aucune propriété.
Les assistés, recevant à peu près 8 liv. 14 shellings par tête annuellement, pouvaient se contenter pour vivre d'un salaire d'autant moindre.
Ces 8 liv. 14 shellings que leurs maîtres leur
épargnaient sur leurs gages étaient autant d'a-
jouté au bénéfice que ces maîtres faisaient par
le travail des ouvriers assistés. Mais parmi les
injustices ou les calamités qui résultent de cette
désastreuse institution, on ne doit point oublier la bizarrerie d'ôter aux propriétaires une
partie de leur revenu, pour en faire un aux
manufacturiers, de telle sorte que ceux-ci puissent vendre leurs produits aux étrangers sans
profit pour la nation, et se payer de leur peine,
seulement moyennant la perte qu'ils font faire
aux autres ordres de la société.

En général on croit avoir fait quelque chose pour la prospérité d'une nation, quand on a trouvé moyen d'employer l'activité des enfans, et de les associer, dès leur plus bas âge, au travail de leurs pères, dans les manufactures. Cependant il résulte toujours de la lutte entre la classe ouvrière et celle qui la paye, que la première donne en retour du salaire qui lui est alloué, tout ce qu'elle peut donner de travail sans dépérir. Si les enfans ne travaillaient point, il faudrait que leurs pères gagnassent assez pour les entretenir, jusqu'à ce que leurs forces fussent développées ; sans cela les enfans mourraient en bas âge, et le travail cesserait bientôt. Mais depuis que les enfans gagnent une partie de leur vie, le salaire des pères a pu être réduit. Il n'est point résulté de leur activité une augmentation de revenu pour la classe pauvre, mais seulement une augmentation de travail, qui s'échange toujours pour la même somme, ou une diminution dans le prix des journées, tandis que le prix total du travail national est resté le même. C'est donc sans profit pour la nation que les enfans des pauvres ont été privés du seul bonheur de leur vie, la jouissance de l'âge où les forces de leur corps et de leur esprit se développaient dans la gaîté et la liberté. C'est sans profit pour la richesse ou l'industrie, qu'on

les a fait entrer, dès six ou huit ans, dans ces moulins de coton, où ils travaillent douze et quatorze
heures au milieu d'une atmosphère constamment
chargée de poils et de poussière, et où ils périssent successivement de consomption avant d'a-
voir atteint vingt ans. On aurait honte de calculer la somme qui pourrait mériter le sacrifice
de tant de victimes humaines; mais ce crime
journalier se commet gratuitement.

De même on a quelquefois pensé qu'on sou-
lagerait la classe ouvrière, en la dispensant de
l'observation du jour du repos établi par la législation religieuse; on ne ferait encore qu'ag-
graver sa situation. Contrainte comme elle est
d'échanger tout le travail qu'il lui est permis
de faire contre sa subsistance, elle donne six
jours de son labeur pour ce qui la fait vivre
sept, parce qu'il ne lui est pas permis d'en donner davantage; dès que l'observation du jour
du repos ne lui serait plus imposée, elle serait
réduite à travailler sans discontinuation pour le
prix hebdomadaire qu'elle reçoit aujourd'hui. Le
premier pays qui supprimerait le jour du repos,
aurait, il est vrai, l'avantage d'étendre son débit en baissant les prix; il ferait la guerre à tous
les ouvriers des autres pays, et les priverait de
leur gagne-pain, jusqu'à ce qu'ils se fussent soumis à la même condition. Mais dès que les ou-

vriers des autres pays auraient renoncé à leur seule jouissance, l'avantage du novateur cesserait, le marché se resserrerait, et le travail serait seulement devenu plus rude pour tous.

Ce n'est donc point une simple observance hébraïque, que le repos du dimanche; ce n'est point une forme extérieure du culte, qui peut n'appartenir qu'à une seule nation, comme les purifications et les sacrifices; c'est une loi de bienfaisance, qu'il est heureux de voir observer également par les cultes divers, juif, musulman, et chrétien. Ce repos n'a point été prescrit à l'homme pour qu'il pût vaquer à ses prières et à ses cérémonies religieuses; mais pour qu'il connût le délassement et la joie, pour que la douce gaîté, pour que la danse, le chant, tous les plaisirs honnêtes dont l'homme sent le besoin, fussent aussi de temps en temps à portée de l'esclave et de l'ouvrier. Ce n'est pas au fidèle seul que le décalogue accorde un jour de repos, c'est aussi à l'esclave et à l'étranger qui sont au service du Juif; ce n'est pas même à l'homme seul, c'est au bœuf et à l'âne qui travaillent pour l'homme, afin que le bétail connaisse aussi les jouissances de la vie.

Il est difficile de comprendre d'où vient que cette loi bienfaisante a été altérée par un seul entre les peuples chrétiens, et d'où vient que chez lui le jour du repos et de la joie a été changé en un jour de tristesse. Plus d'une conséquence funeste est résultée de ce rigorisme prétendu. L'interdiction des plaisirs innocens a donné une teinte sombre, et quelquefois cruelle au caractère de la masse du peuple; l'interdiction des exercices bruyans a fait chercher un refuge dans l'ivresse. Plus en effet l'observation du jour du repos est dénaturée par la suspension de tous les amusemens publics, et plus l'ivrognerie devient un vice populaire; ainsi la morale a perdu ce qu'on a cru donner aux observances.

Mais, dira-t-on, si tous les ouvriers d'une nation travaillaient sept jours au lieu de six, ils feraient plus d'ouvrage et produiraient plus de richesse. Si chaque homme au lieu de dix heures en travaillait douze ou quatorze par jour; si au lieu de travailler à journée il travaillait à la tâche, et par conséquent avec toute l'activité et le zèle que l'intérêt peut lui faire mettre à l'ouvrage; si chaque enfant commençait dès le plus bas âge, si chaque vieillard continuait jusqu'au dernier terme de la vieillesse, la production en serait infiniment augmentée. C'est ainsi à peu près qu'Arthur Young jugeait la France à laquelle il reprochait son oisiveté, et qu'il calculait le temps perdu, ou plutôt le temps ga-

gné pour la jouissance, par les petits propriétaires, comparés aux grands fermiers et aux
journaliers d'Angleterre.

Ce sophisme tient à l'oubli d'un principe essentiel que nous avons reconnu en faisant l'histoire de la formation de la richesse : l'homme
travaille pour que l'homme se repose ; il faut
toujours un repos correspondant au travail qui
lui a préparé ses jouissances. On doit aux progrès de la civilisation d'avoir fait qu'un homme
puisse se reposer pour dix, pour cent, pour
mille ; c'est-à-dire, d'avoir fait qu'en se repo-
sant il puisse consommer en un jour ce que
d'autres auront fait par dix, par cent, par mille
jours de travail.

Cette disproportion n'est ni le but de la société, ni celui de l'économie politique et de la
garantie donnée aux richesses. Si vous privez
l'enfance et la vieillesse du pauvre de leur repos, si vous retranchez sur les nuits du journalier des heures que vous donnerez au travail,
si vous ôtez à sa religion et aux solennités de
son culte des heures que vous ajouterez à la
lutte par laquelle il gagne sa subsistance, de
la même main vous serez obligé d'ajouter au
luxe du riche de nouvelles jouissances et une
nouvelle mollesse, afin qu'il puisse consommer
ce que ce travail nouveau aura produit. Certes,

lui-même ne vous remercîrait pas de lui avoir
procuré ces nouvelles jouissances, si chèrement
achetées et si peu senties; il ne s'aperçoit pas
même que son linge est un peu plus fin, que
l'acier dont il se sert est un peu plus brillant,
parce que quelques centaines de créatures humaines ont été privées de leur sommeil, pour
faire naître en lui, et satisfaire ensuite cette
nouvelle fantaisie.

Au reste, ce n'est pas le riche qui est le but
de l'ordre social; la richesse n'est désirable dans
la société que pour l'aisance qu'elle répand
sur toutes les classes. Autant que l'augmentation
du travail contribue à augmenter cette aisance,
ce travail est lui-même une bénédiction nationale : aussitôt, au contraire, qu'on ne considère
plus ceux qui l'accomplissent, mais seulement
ceux qui doivent en jouir, il peut se changer
en effroyable calamité.

~~~~~~

CHAPITRE VI.

Du taux de l'intérêt.

LE salaire et le profit sont les élémens consti-
tutifs du prix de chaque chose. Le salaire représente le travail immédiat qui l'a accomplie. Le
profit représente l'avantage qui résulte des travaux passés, au moyen desquels elle s'est accomplie plus facilement. Dans ce profit, on
distingue toujours deux parties, l'intérêt du
capitaliste, qui n'est que le pur loyer du capital, dégagé de tout travail et de toute compensation pour l'habileté de celui qui l'emploie,
et le profit mercantile, qui est cette compensation même, et qui, tout en se proportionnant
à la somme du capital employé, participe cependant à la nature du salaire, s'accroît par
l'habileté, et se perd par la négligence.

Les marchands, auxquels il est toujours indifférent de gagner par la perte d'autrui, ou
par l'avancement commun de la richesse, met-
tant leurs profits en opposition avec l'intérêt
des capitalistes, ont regardé le commerce comme d'autant plus avantageux à l'état, que le

taux de l'intérêt était plus bas. En effet, lorsque le résultat d'une opération leur rapporte
dix pour cent sur le capital employé, il vaut
mieux pour eux en mettre six ou sept dans leur
bourse, et ne donner au capitaliste que quatre,
ou que trois, que de donner cinq et ne garder
que cinq. Mais l'on sent que cet avantage d'une
classe est acquis au détriment de l'autre, et que
le revenu national n'en est nullement augmenté.

La baisse du taux de l'intérêt montre seulement de deux choses l'une; ou que le capital
est augmenté pour un besoin donné, ou que
le besoin a diminué pour un même capital;
l'une de ces deux circonstances est un moyen
de prospérité, et l'autre une calamité; et jusqu'à ce qu'on sache avec précision quelle est
celle des deux qui prévaut, et jusqu'à quel point
elles se combinent l'une avec l'autre, on ne
peut conclure de la baisse de l'intérêt autre
chose, si ce n'est que les capitalistes perdent
une partie de leurs revenus. Si cette baisse est
l'effet de l'abondance des capitaux, cette partie
des revenus des capitalistes passe aux négocians;
et, leur tenant lieu du profit qu'ils pouvaient
faire, elle leur permet de vendre à plus bas
prix, et d'étendre leurs affaires. Si cette baisse
est l'effet de la suspension des affaires, cette

partie des revenus des capitalistes passe aussi
aux négocians, pour compenser le profit qu'ils
ne font pas; mais elle n'ajoute rien à leurs revenus, et il y a perte nationale.

D'après cela, l'on comprend que les efforts
de plusieurs législateurs pour réduire le taux
de l'intérêt, pour le fixer, ou pour le supprimer tout-à-fait, étaient déraisonnables. Les
tentatives de suppression et de proscription de
tout intérêt, sous le nom d'usure, ont été en
général, la conséquence des préjugés religieux,
et de la manie d'appliquer la législation des
Hébreux à l'Europe moderne. Elles n'ont jamais eu d'autre résultat que de forcer les contractans à s'envelopper d'un mystère qu'ils ont
dû se faire payer, et qui a été un piége pour la
bonne foi des uns ou des autres, ou de forcer
les capitalistes à employer hors de leur pays
des capitaux qu'ils ne pouvaient placer autour
de chez eux avec la même sûreté ou le même
avantage. La fixation du taux de l'intérêt est
déraisonnable, car le profit que les capitaux
peuvent rapporter étant variable, et dépen-
dant des besoins de la place, le loyer qui doit
être alloué pour leur emploi, doit varier avec
ces besoins et ces profits. Enfin, la tentative
même de réduire le taux de l'intérêt est impolitique. Cet intérêt est une partie du revenu

national; et, considéré isolément, il est avantageux qu'il soit considérable. Au contraire, la diminution de la rente des capitaux nationaux est un mal national. Il est vrai que ce mal est souvent le symptôme d'un bien qui peut lui être infiniment supérieur, savoir l'accroissement des capitaux eux-mêmes; mais, en augmentant le symptôme, on n'augmente nullement la chose, pas plus qu'en faisant tourner l'aiguille d'une montre, on ne fait passer le temps.

Lorsque le bas prix de l'intérêt est la conséquence de l'abondance des capitaux, il en résulte de grands avantages pour le commerce, et une augmentation de débit, qui est accompagnée d'une augmentation réelle de revenus. Avec de plus grands capitaux, le fabricant et le commerçant font leurs achats et leurs ventes dans un moment plus opportun; ils ne sont point pressés pour l'une ou l'autre opération, ni réduits à pourvoir au moment présent par un sacrifice. En faisant tous leurs travaux plus en grand, ils épargnent sur le temps, et sur tous les faux frais, qui sont les mêmes pour une petite et pour une grande somme.

Ce sont là, peut-être, les seuls avantages qui résultent, pour la fabrication, de l'emploi d'un plus grand capital circulant, lorsque le besoin est borné. Mais le plus souvent le besoin, ou la demande du marché, est susceptible de s'étendre, et l'augmentation du capital circulant permet de faire une plus grande quantité d'ouvrage, sur lequel le profit total sera plus grand, quoique le profit proportionnel soit plus petit. Ainsi, quand la société, qui avait vingt millions de capital circulant, rapportant dix pour cent, moitié de capital, moitié de profit, se trouve en avoir quarante, qui ne rapportent plus que huit pour cent, partagés de même, le revenu des capitalistes, d'une part, celui des négocians, de l'autre, ne s'en trouvent pas moins accrus d'un million à seize cent mille francs. La baisse du taux de l'intérêt détermine presque toujours le fabricant à employer dans sa fabrication un plus grand capital fixe, et à pousser plus loin la division du travail et les machines, d'où il résulte une nouvelle réduction dans le prix de ses produits, qui fera le sujet du chapitre suivant.

L'augmentation des capitaux circulans, d'où résulte une diminution du taux de l'intérêt, et une économie dans l'administration de la fabrication, est un avantage pour chaque nation comparée avec les autres, parce qu'elle lui permet de réduire ses prix de fabrication, d'étendre son marché et d'augmenter son débit aux dépens de ses rivales. Mais si l'on considère une nation absolument isolée, ou bien si l'on considère l'ensemble du monde commerçant, l'augmentation des capitaux n'est désirable qu'autant que l'emploi qu'on en peut faire augmente en même temps. Or, toutes les fois que leur intérêt baisse, c'est un signe certain que leur emploi diminue proportionnellement à leur quantité; et cette baisse d'intérêt, qui est toujours un avantage pour quelqu'un, est toujours aussi liée avec le mal d'autrui, ou parmi les compatriotes, dont elle diminue les rentes, ou parmi les étrangers, dont elle suspend le travail.

CHAPITRE VII.

De la division du travail et des machines.

L'ACCUMULATION des capitaux et la réduction du taux de l'intérêt, déterminent presque toujours le fabricant à employer deux expédiens, qui marchent ordinairement ensemble, la division du travail et les machines. Tous deux tendent à réduire son prix de fabrique, et par conséquent à étendre son débit. La division du travail suppose que l'entreprise est faite sur une beaucoup plus grande échelle; puisque chaque ouvrier réduit à une seule opération trouve moyen de s'en occuper constamment; elle exige donc plus de capital circulant : d'autre part la multiplication des machines qui remplacent ou abrégent le travail de l'homme, demande toujours un premier établissement coûteux, une première avance qui ne rentre qu'en détail : elle suppose donc aussi la possession de capitaux oisifs qu'on peut ôter au besoin présent, pour en fonder une sorte de rente perpétuelle.

La division croissante du travail, est, comme nous l'avons déjà vu, la plus grande cause de

l'accroissement de ses pouvoirs productifs. Chacun fait mieux ce qu'il fait uniquement ; et
lorsque enfin tout son travail est réduit à l'opération la plus simple, il arrive à la faire avec
tant d'aisance et de rapidité, que les yeux ne
peuvent le suivre, et que l'on comprend à peine
comment la main de l'homme peut parvenir à
ce degré d'adresse et de promptitude.

Souvent cette division fait reconnaître que
l'ouvrier n'équivalant plus qu'à une machine,
une machine peut en effet le remplacer. Plusieurs grandes découvertes dans les mécaniques
appliquées aux arts, ont été le résultat d'une
semblable observation de l'ouvrier ou de celui
qui l'emploie. Mais par cette division, l'homme
a perdu en intelligence, en vigueur de corps,
en santé, en gaîté, tout ce qu'il a gagné en
pouvoir pour produire la richesse.

C'est par la variété de ses opérations que
l'âme se développe ; c'est pour en faire des citoyens, qu'une nation veut avoir des hommes,
non pour en faire des machines à peu près semblables à celles que le feu ou l'eau font mouvoir. La division du travail a donné du prix à
des opérations si simples que des enfans dès le
plus bas âge en sont capables ; et des enfans,
avant d'avoir développé aucune de leurs facultés,
avant d'avoir connu aucune des jouissances de

la vie, sont condamnés en effet à faire mouvoir
une roue, à tourner un robinet, à dévider une
bobine. Plus de galons, plus d'épingles, plus
de fils et de tissus de soie et de coton sont
le fruit de cette grande division du travail;
mais à quel prix odieux ils ont été achetés, si
c'est par le sacrifice moral de tant de milliers
d'hommes !

A l'occasion de la division du travail, une
partie du capital national a toujours été fixée,
non pas dans une machine, mais dans l'ouvrier
lui-même qui en fait les opérations. Il lui a
fallu un certain apprentissage, un certain emploi de son temps, une certaine consommation
de subsistance sans revenus, pour acquérir
cette habileté, par laquelle il est supérieur au
commun des hommes. L'épinglier, le tisserand,
l'ouvrier dans une filature, savent faire quelque chose de plus que le manœuvre ordinaire;
ils ont acquis la connaissance de leur métier
par plus de travail et de plus longues privations.
On ne remarque point l'emploi et la déperdition du capital qui les a formés, parce qu'il est
pris sur leurs petites avances ou sur les petites
économies de leurs parens. Cependant ils ont
réellement coûté une certaine somme, et leur
travail devrait en rapporter la rente à fonds
perdu, en sus du salaire commun. Il arrive pres-

que toujours tout le contraire ; on voit le plus
souvent le manufacturier travailler à plus bas
prix que ne ferait l'ouvrier de terre, ou le
manœuvre des maçons ; l'habileté qu'il a acquise n'a servi qu'à compléter la valeur insuffisante de son travail, de manière à la rendre
égale au prix de sa subsistance.

C'est un malheur que d'avoir appelé à l'existence un homme qu'on a privé en même temps
de toutes les jouissances qui donnent du prix
à la vie, que d'avoir donné à la patrie un citoyen qui n'a aucune affection pour elle, et aucun attachement à l'ordre établi ; c'est en
même temps une mauvaise spéculation économique, car cet homme ne fait pas naître
par son travail un revenu égal à sa dépense,
il ne remplace pas le capital qui avait été accumulé pour le former lui-même. Telles sont les
funestes conséquences de l'ardeur avec laquelle
chaque producteur, cherchant à étendre son
débit, fait la guerre en même temps à ses rivaux
et à ses ouvriers, et convoite un profit nouveau
qui ne peut être pris que sur la vie des hommes.

L'emploi des machines pour remplacer le
travail de l'homme, est une opération analogue à l'appel et à la formation de nouveaux
ouvriers. De la même manière, la baisse du
taux de l'intérêt engage à chercher quel em-

ploi productif on pourra faire d'un capital surabondant. De la même manière, l'augmentation de production qui en résulte est un avantage si elle est excitée par la demande, et si elle ne fait que correspondre à une augmentation de consommation; mais elle est une cause de souffrance générale, si elle n'est déterminée que par l'accroissement des capitaux et non par celui des revenus, si elle donne seulement à l'inventeur un moyen de faire la guerre à ses confrères, et de leur enlever leurs pratiques.

Au renouvellement des arts et de la civilisation, il se présenta tant d'ouvrage à faire et si peu de bras; l'oppression avait tellement réduit la classe pauvre; il restait tant de terres incultes dans les champs, tant de métiers abandonnés dans les villes, et les souverains réclamaient tant de soldats pour la guerre, qu'il semblait qu'on ne pouvait jamais assez épargner la main-d'œuvre, et que tout artisan renvoyé d'un métier, en trouverait toujours dix autres qui s'offriraient à lui. Les circonstances ne sont plus les mêmes aujourd'hui, et le travail ne suffit plus aux travailleurs. Nous en avons déjà indiqué quelques causes, et nous en verrons d'autres encore; en attendant, personne ne contestera sans doute qu'il n'y a de l'avantage à substituer une machine à un

homme, qu'autant que cet homme trouvera
de l'ouvrage ailleurs, et qu'il vaut mieux que
la population se compose de citoyens que de
machines à vapeur, lors même que les étoffes
fabriquées par les premiers seraient plus chères que celles des secondes.

Une plus grande division du travail, toujours
liée à un plus grand capital circulant, et l'emploi d'un plus grand capital fixe, peuvent présenter un avantage à l'entrepreneur, et faire
fleurir sa manufacture, sans qu'on doive encore
conclure qu'il en résulte un avantage social.
S'il a été déterminé à lui donner cette extension par une demande plus considérable, l'a-
vantage est certain; car il conservera le même
salaire à ses ouvriers, quoiqu'un plus grand
capital circulant soit employé à en maintenir un
plus grand nombre; il paiera le même intérêt
aux capitalistes, quoique les machines qu'il aura
fait construire emploient de nouveaux capitaux; il réservera pour lui-même le même profit
proportionnel, quoiqu'il le prélève sur une
plus grande somme.

Si le fabricant n'a point été déterminé par
une nouvelle demande, mais par l'offre de capitaux surabondans, que les propriétaires consentent à faire travailler à plus bas prix, l'emploi de ces capitaux à construire des machines

qui le mettent en état de vendre à meilleur
marché, et par conséquent, d'aller chercher
plus loin des consommateurs nouveaux pour
lui, pourra encore être un avantage national
acquis aux dépens de producteurs étrangers.
Il fera naître un revenu par des capitaux qui sans
lui seraient demeurés oisifs ; il ne diminuera
rien sur les salaires de ses compatriotes, quoiqu'il fasse perdre leur salaire à ses compétiteurs étrangers ; et il fera naître pour lui-même
un profit mercantile du même capital nouveau
qui paiera un intérêt au prêteur.

Mais si le fabricant, sans augmentation de
demande, et sans augmentation de capitaux,
convertit seulement une partie de son capital
circulant en machines, renvoie un nombre de
ses ouvriers proportionné à l'ouvrage qu'il fait
faire par des agens aveugles, et sans étendre son
débit, n'augmente que son profit parce qu'il se
procure à meilleur marché ce qu'il vend, la
perte sociale est certaine, quelque avantage
qu'il y trouve en son particulier.

Ces trois cas différens ne se présentent point
au reste d'une manière isolée ; une légère
augmentation de demande est souvent suivie
d'une production qui la surpasse de beaucoup ;
les capitaux consacrés à de nouvelles machines
peuvent être en partie nouveaux, en partie

retranchés du capital circulant qui payait les salaires ; et le résultat de ces combinaisons diverses se complique assez pour que le fabricant lui-même puisse rarement savoir s'il a provoqué la demande, ou si elle est venue le chercher.

Dans un pays où les denrées sont à vil prix, une manufacture qui emploie beaucoup de main-d'œuvre est convenable, parce qu'elle multiplie les consommateurs de ces denrées. De même, dans un pays où les capitaux sont à vil prix, une manufacture qui fixe beaucoup de capitaux, qui demande de très-grandes avances, peut être convenable, parce qu'elle fera fructifier des capitaux qui ne trouvaient pas d'emploi. Cependant il est plus facile encore de déplacer les capitaux que l'industrie. Les capitaux qui ne trouveront pas d'emploi dans une ville riche, pourront en aller chercher un dans une ville pauvre; mais les ouvriers qui auront été congédiés pour que leur ouvrage fût fait par une machine, courront risque de mourir de faim.

L'abondance ou des denrées ou des capitaux, est une bonne indication de la direction qu'il convient de donner à la population industrieuse d'un pays. Ce ne sont point en général les mêmes régions qui présentent aux manufac-

tures ces deux avantages. Dans les villes opulentes où les capitaux sont abondans, lors
même que les denrées sont à bon marché, la
vie est chère, parce que les loyers sont élevés.
Si l'on y établit quelque manufacture, ce doit
être de celles qui emploient beaucoup de capitaux, beaucoup de science, et peu de bras. En
revanche, dans les pays pauvres où les transports sont difficiles, où les denrées ne se vendent pas, où l'agriculture languit faute de
consommateurs, si l'on établit quelque manufacture, ce doit être de celles qui emploient
beaucoup de bras, et peu de capitaux, peu de
pouvoirs scientifiques. Ainsi la manufacture
d'horlogerie et de bijouterie convient éminem-
ment à Genève; plus elle se perfectionne, plus
elle demande et de fonds et de talent, plus
elle est propre à une ville opulente et où la vie
est chère; plus, d'autre part, cette même ville
doit renoncer à la manufacture de dentelles, à
celles de toilerie et de lainage, où la main-
d'œuvre commune entre dans le prix pour une
plus grande part que les profits des capitaux.

CHAPITRE VIII.

Résultats de la lutte pour produire à meilleur marché.

Nous avons vu que la lutte établie entre les producteurs pour s'enlever réciproquement leurs pratiques, tendait à leur faire produire davantage à plus bas prix, sans égard à la demande du monde commerçant; et nous avons démontré que, si cette demande ne croissait pas, la concurrence qui enrichissait quelques individus, causait une perte certaine à tous les autres. On objectera avec raison qu'une production nouvelle crée à son tour un revenu nouveau, et que, lors même que la demande qui résulte de ce revenu ne vient qu'après la production, cela n'empêche pas qu'elle ne puisse l'absorber. Il est vrai : mais le revenu nouveau qui résulte de ce que les producteurs ont consenti à travailler à meilleur marché, doit être moindre que la production nouvelle. Cette proposition nous paraît évidente par elle-même; nous allons cependant la développer encore par des exemples.

Le premier effet de la concurrence a été de

faire baisser les salaires, et de faire croître en
même temps le nombre des ouvriers. Supposons cent ouvriers gagnant chacun, dans une
manufacture d'étoffes, 300 francs dans l'année; leur production annuelle peut être représentée par dix mille aunes d'étoffe, leur revenu
et leur consommation monteront à 30,000
francs. Que dans dix ans, on ait dans la même
manufacture, deux cents ouvriers, dont le salaire annuel ne soit que de 200 francs par an,
leur production sera certainement double, ils
donneront vingt mille aunes de la même étoffe,
cependant leur revenu et leur consommation,
ne monteront qu'à 40,000 francs. Il n'y a donc
point dans le revenu des ouvriers, une augmentation proportionnelle à celle de leur production.

Dans la même manufacture, un capital circulant de 100,000 francs, rapportait annuellement au fabricant 15,000 francs, sur lesquels
il payait 6 pour cent d'intérêt au capitaliste,
ou 6,000 francs, et il en gardait 9,000 pour
lui. L'augmentation des capitaux et la baisse
du prix de l'intérêt lui ont permis d'étendre
ses affaires, et de se contenter lui-même d'un
moindre bénéfice, parce qu'il travaille sur une
plus grande somme. Il a mis 200,000 francs
dans sa fabrique, il n'en paye que 4 pour

cent, ou 8,000 francs au capitaliste; il ne garde pour lui que le 8 pour cent, et croit pourtant avoir très-bien fait ses affaires; car son revenu s'est élevé de 9 à 16,000 francs, et celui du capitaliste de 6 à 8,000. Cependant leur production a doublé; mais leur revenu, et par conséquent leur consommation, ne se sont augmentés que dans le rapport de 5 à 8.

Profitant encore de l'abondance des capitaux, le fabricant a ajouté à sa manufacture des machines nouvelles assez perfectionnées pour doubler son produit annuel. Il y a consacré 200,000 francs qu'il compte avoir placés avec un grand avantage, car il en retire le même profit que des premiers 200,000 francs qu'il a mis en circulation, c'est-à-dire, 8 pour cent pour lui, 4 pour cent pour le capitaliste; en tout, 24,000 francs.

Mais ici le décroissement de la consommation se fait surtout sentir. Il y a dix ans, le produit était dix mille aunes d'étoffe, et le revenu représentant la consommation était 45,000 francs, savoir: 30,000 aux ouvriers, 6,000 au capitaliste, et 9,000 au fabricant. Aujourd'hui, le produit sera quarante mille aunes des mêmes étoffes, et le revenu total, représentant la consommation, ne sera que de 88,000 francs, savoir: 40,000 aux ouvriers,

8,000 au capitaliste qui a prêté le capital circulant, 8,000 à celui qui a prêté le capital fixe, et 32,000 au fabricant, dont 16,000 pour profit du capital circulant, et 16,000 pour profit du capital fixe. La production aura quadruplé, et la consommation n'aura pas même doublé. Il ne faut point faire entrer en ligne de compte la consommation des ouvriers qui auront fait les machines. Elle est couverte par les 200,000 francs qui y ont été consacrés, et elle fait partie du compte d'une autre manufacture, où les mêmes faits pourront se représenter.

Cependant, lorsque la production quadruple, et que la consommation ne fait que doubler, il faut qu'il y ait quelque part une industrie dont la consommation quadruple, tandis que sa production ne fait que doubler ; ou bien il y aura surcharge dans le commerce, embarras dans la vente, et perte finale. Chaque fabricant compte sur l'inconnu, sur l'étranger ; il se figure que, dans quelque autre profession, il naît des revenus nouveaux dont il ne cherche point à se rendre compte ; mais toutes les industries se ressemblent, tous les étrangers se mettent en rapport et comparent leur prix, et le compte qu'on avait fait d'abord pour une seule manufacture, s'applique bientôt à toute

une nation; et enfin à tout le marché du monde
connu.

Les faits que nous venons de présenter,
sont universels; chaque fabricant qui aura
augmenté sa manufacture, non pas en raison
du besoin qui lui aurait permis de conserver à
chaque ouvrier le même salaire, tout en en
prenant de nouveaux, à chaque capital le
même intérêt, tout en employant une plus
grande somme, trouvera les mêmes résultats,
s'il fait les comptes de sa fabrique. Si, au lieu
de ne songer qu'à lui-même, il fait ceux de la
branche d'industrie qu'il exploite dans son
pays, il verra encore le même calcul se vérifier. Le commerce peut s'accroître; mais si son
accroissement tient à la diminution de ce qui
était payé autrefois pour chaque salaire, et
pour l'intérêt de chaque millier de francs, la
consommation ne marchera point d'un pas
égal avec la production, et le résultat général
ne sera point une plus grande prospérité.

Ce calcul contredit, par sa base, un des
axiomes sur lesquels on a le plus insisté en économie politique; c'est que la plus libre concurrence détermine la marche la plus avantageuse
de l'industrie, parce que chacun entendait
mieux son intérêt qu'un gouvernement ignorant et inattentif ne saurait l'entendre, et que

l'intérêt de chacun formait l'intérêt de tous.
L'un et l'autre axiome est vrai, et la conclusion
n'est cependant pas juste. L'intérêt de chacun
contenu par tous les autres serait en effet l'intérêt de tous ; mais chacun cherchant son intérêt propre aux dépens des autres, aussi-bien
que dans le développement de ses propres
moyens, n'est pas toujours contenu par des
forces égales aux siennes ; le plus fort trouve
alors son intérêt à prendre, et le plus faible
trouve encore le sien à ne pas lui résister ; car
le moindre mal, autant que le plus grand bien,
est le but de la politique de l'homme. L'injustice peut souvent triompher, dans cette lutte de
tous les intérêts les uns contre les autres , et
l'injustice sera presque toujours, dans ce cas ,
secondée par une force publique qui se croira
impartiale , qui le sera en effet, puisque, sans
examiner la cause, elle se rangera toujours du
côté du plus fort.

Reprenons notre même manufacture, et nous
verrons l'intérêt de chacun, mais l'intérêt forcé,
le conduire à un résultat bien décidément contraire à l'intérêt du plus grand nombre , et peut-
être, en fin de compte, contraire à l'intérêt
de tous.

Du progrès naturel de la société résulte un
accroissement constant de capitaux, et d'un vice

dans l'organisation sociale, que nous examine-
rons ailleurs, résulte un accroissement constant
de la population ouvrière, et une offre de
bras habituellement supérieure à la demande
du travail. C'est entre ces deux puissances pro-
gressives que le fabricant est placé, avec sa
manufacture, où il n'emploie que 100,000 fr.,
et cent ouvriers, à 300 francs de gages. Un
autre capitaliste lui offre encore 100,000 francs;
il est de son intérêt de les prendre, puisque,
comme nous l'avons vu, il portera son revenu
de 9,000 francs à 16,000. Il est de l'intérêt des
deux capitalistes de se soumettre à une réduction d'intérêt, puisque, sans cela, la moitié
du capital resterait oisif, tandis qu'en acceptant
le 4 pour 100, au lieu du 6, leur revenu réuni
montera de 6 à 8,000 francs. Il est de l'intérêt
de la classe ouvrière de se soumettre à une diminution de gage, soit qu'elle ait réellement
augmenté en nombre, ou que la demande pour
son travail ait été diminuée par des machines.
Si elle profitait de ce qu'elle est la plus nombreuse, pour détruire ces machines, la force
publique la repousserait. Chacun, pour son intérêt, renonce à une partie de son revenu,
jusqu'à ce que celui pour le profit duquel tous
les sacrifices semblaient avoir été faits, et qui
paraissait prêt à en recueillir les fruits, trouve à

son tour que, quand les revenus diminuent, on achète moins, et que la production de la manufacture n'est plus en rapport avec la demande du marché.

Sous quelque point de vue que l'on considère le progrès de la richesse, on arrive toujours au même résultat. Lorsqu'il est gradué, lorsqu'il est proportionnel avec lui-même, lorsque aucune de ses parties ne suit une marche précipitée, il répand un bien-être universel; mais dès qu'un des rouages accomplit son action plus tôt que les autres, il y a souffrance : nous avons vu celle qui naissait d'une consommation plus rapide que la formation du revenu, celle qui résultait d'une production plus grande que la consommation ; nous venons de voir celle qui provenait d'une économie qui formait plus de capitaux que les besoins de l'industrie n'en pouvaient employer ; une souffrance plus grande encore résulte d'un accroissement de population supérieur à la demande du travail. De toutes parts il semble donc que l'action de chaque individu tend à presser le jeu de la machine. Peut-être le devoir du gouvernement consisterait-il à ralentir ces mouvemens, pour les régulariser.

Ce n'est pas qu'il n'y ait place pour le développement de l'activité humaine dans la créa-

tion de la richesse, toutes les fois qu'elle s'exerce
à ajouter au fonds général, et non à se le dispu-
ter; toutes les fois que l'homme lutte avec
la nature, et non avec un autre homme. Ainsi,
l'application des sciences aux arts ne s'est pas
bornée à l'invention des machines, qui elle-
même était hautement utile, lorsque plus d'ouvrage était demandé que la population ne pouvait en offrir. Les sciences ont encore servi à
la découverte de matières premières, d'ingré-
diens de teinture, de procédés conservateurs
plus sûrs et plus économiques : elles ont fait
faire à meilleur marché de meilleur ouvrage.
Elles ont soigné la santé des ouvriers, aussi-bien
que les produits de leur industrie; et elles n'ont
pas seulement augmenté la richesse numérique,
mais aussi le bien-être qui en résulte pour l'humanité.

De même, lorsque les nations n'ont fait que
suivre les indications de la nature, et profiter
de leurs avantages de climat de sol, d'exposition, de possession de matières premières,
elles ne se sont point mises dans une position
forcée; elles n'ont point recherché une opulence
apparente, qui se change pour la masse du
peuple en misère réelle. C'est encore pour elles
un avantage naturel, que la supériorité des
facultés des hommes même dont elles se com-

posent. La nature, prodigue pour de certains climats, semble avoir réservé à ceux qui les habitent, une industrie, une intelligence, une force de corps, une constance au travail, qui n'ont pas même besoin d'être développées par l'éducation. Mais d'autres qualités, d'autres vertus semblent contribuer plus efficacement encore à l'accroissement de la richesse, comme au bonheur de la société; ce sont l'amour de l'ordre, l'économie, la sobriété, la justice. Ces vertus sont presque toujours l'ouvrage des institutions publiques. La religion, l'éducation, le gouvernement et le point d'honneur changent la nature des hommes; et, de même qu'ils peuvent en faire de bons ou de mauvais citoyens, ils les rapprochent ou les éloignent du but que doit se proposer l'économie politique.

Les nations intelligentes et industrieuses, avec le même emploi de forces, feront plus de travail; les nations sobres et vertueuses, avec le même revenu, auront plus de jouissances; les nations libres et amies de l'ordre, avec les mêmes capitaux, auront plus de sécurité. Aucune des vertus sociales n'est perdue, pourvu qu'on ne les mette pas à l'enchère. Les nations le plus sagement constituées seront les plus heureuses, tant qu'elles ne perdront pas de vue la proportion fondamentale entre la demande

et le travail; mais si elles descendent une fois
à la misérable manœuvre de travailler au rabais
pour enlever des pratiques aux peuples rivaux,
ni l'intelligence, ni la sobriété, ni la liberté,
ne les sauveront de la souffrance.

CHAPITRE IX.

Des monopoles établis par le gouvernement.

Nous venons de dire qu'il n'était point vrai que le gouvernement n'eût aucun besoin de se mêler du développement de la richesse commerciale; en l'abandonnant aux libres effets de la concurrence, il n'est point certain qu'il n'en résultât pas une oppression et une souffrance excessives pour plusieurs individus, et peut-être, par le progrès même de la richesse, une gène universelle et la ruine finale de ceux qui s'étaient le plus élevés. Si le gouvernement exerce sur la poursuite de la richesse une action régulatrice et modératrice, elle peut être infiniment bienfaisante : seulement il ne lui est pas facile, dans l'état d'obscurité où se trouve encore la science, ou de connaître nettement le but qu'il doit se proposer, ou de modifier sa marche suivant des circonstances qui peuvent exiger une conduite opposée; et lorsque l'on examine ce que les divers gouvernemens ont fait pour l'avancement de cette richesse, rarement peut-on y reconnaître autre chose que les conséquences de faux systèmes, ou les effets du hasard.

En général, les gouvernemens, dans la richesse commerciale, n'ont vu que les marchands; ils ont cru l'intérêt de ceux-ci constamment conforme à celui de la nation; et c'est presque toujours d'après leurs conseils qu'ils ont réglé leur législation. Ils ont cherché à les rendre riches le plus tôt possible; ils leur ont souvent accordé un monopole direct, ou le droit exclusif d'acheter et de vendre, pour leur assurer mieux l'avantage d'acheter bon marché et de vendre cher; et lorsque les clameurs de ceux qui voulaient vendre plus cher, de ceux qui voulaient acheter meilleur marché, et de ceux qui regrettaient de ne pouvoir ni acheter ni vendre, ont forcé les gouvernemens à renoncer à des lois aussi partiales et aussi impolitiques, il est néanmoins toujours demeuré, dans la partie de la législation commerciale qu'ils ont laissé subsister, quelques restes du monopole.

Tout ce système de législation était constamment annoncé comme destiné à favoriser l'accroissement du commerce, de l'industrie et des capitaux qui les alimentent. Sous ce point de vue, il n'y a presqu'aucune des lois, même des nations qui passent pour les plus habiles, dont on ne pût prouver qu'elle opérait justement à fin contraire. Mais nous venons d'annoncer que si le gouvernement pouvait être en même temps

assez éclairé, assez bienveillant et assez impar-
tial pour modérer la marche de l'industrie, et
arrêter un accroissement désordonné, il rendrait par là un grand service à la société. Quelques-uns des règlemens de commerce, aujour-
d'hui proscrits par l'opinion universelle, s'ils
méritent leur condamnation comme aiguillon
à l'industrie, peuvent être justifiés peut-être
comme frein.

Dans les temps de barbarie, on a vu les gouvernemens accorder à quelques individus, à
prix d'argent, ou se réserver pour eux-mêmes,
le droit de vendre certaines denrées ou certaines marchandises, sur lesquelles le monopoleur
faisait dès lors un profit exorbitant. Avec plus
de lumières, on a bientôt reconnu qu'un monopole de cette nature n'était qu'un impôt, et
on a cessé de le ranger parmi les faveurs qu'on
pouvait accorder au commerce.

Cependant il n'y a aucune différence entre
ces monopoles, accordés autrefois par les seigneurs de châteaux, aujourd'hui par les pachas,
et les priviléges des compagnies de commerce,
auxquelles on accorde une garantie publique,
tantôt pour suivre sans rivaux un certain genre
de spéculations, comme la banque et les assu-
rances, tantôt pour commercer seules dans un
certain pays, comme dans l'Inde ou à la Chine.

On a donné pour motifs d'une faveur accordée à un petit nombre de privilégiés, aux dépens de toute leur classe, la nature particulière du commerce qu'on soumettait au monopole, le besoin qu'il avait d'un très-grand crédit, de fonds très-considérables ou de forces imposantes pour se faire respecter par des peuples ou des gouvernemens barbares.

En général, l'opinion a fait justice des principes sur lesquels on avait cru fonder le monopole des compagnies de commerce. On a montré que ce monopole n'a jamais manqué de renchérir la marchandise pour le consommateur, de diminuer la production et la consommation, de donner aux capitaux nationaux une direction fâcheuse, tantôt en les attirant trop tôt vers un commerce qui ne pouvait convenir encore, tantôt en les repoussant lorsqu'ils cherchaient vainement un emploi. On a fait remarquer aussi que malgré le privilége des compagnies, qui leur permettait d'acheter bon marché et de vendre cher, leur composition les rendait peu propres aux spéculations commerciales et à l'économie; en sorte que ces corps, puissamment riches, et quelquefois souverains, ont presque tous fini par faire faillite, faute de vigilance, si ce n'est de probité de la part de leurs administrateurs. L'expé-

rience de ce demi-siècle n'a rien ajouté à ce
qu'Adam Smith avait déjà enseigné aux hommes d'état sur les vices des compagnies.

Les compagnies de commerce ne pouvaient
guère être établies que pour commercer avec
des pays absolument étrangers à la politique
européenne : on n'aurait pas souffert ailleurs
leur monopole ; mais on pouvait quelquefois
obtenir, par la faveur d'un gouvernement
étranger, par la crainte, par l'espérance d'une
alliance, des avantages pour les commerçans
d'une nation de préférence à toute autre, qui
leur auraient donné une sorte de monopole dans
le pays qui se soumettait à de tels arrangemens.
C'est le but des traités de commerce qui, pendant un demi-siècle, ont été un objet important de la politique européenne.

Une exemption des droits d'entrée payés
par toutes les autres nations, ou une diminution de ces droits, donne incontestablement à
la nation qui l'obtient presque tout le commerce étranger de la nation qui l'accorde. Celui
qui, produisant au même prix, peut vendre à
5 ou à 10 pour 100 meilleur marché qu'un autre
à cause des impôts qu'il paie de moins, est
presque sûr de vendre seul. Mais le gouvernement qui accorde une exemption semblable,
accorde aux étrangers le droit de lever un im-

pôt sur ses sujets. Le fisc ou le consommateur perdent tout ce que l'étranger gagne.

Lorsque le traité de commerce portait une concession d'exemptions réciproques, chaque état aurait dû trouver qu'il achetait trop cher le monopole accordé à ses producteurs, par le monopole accordé aux étrangers contre ses consommateurs, d'autant plus qu'il n'existait aucune sorte de rapports entre l'un et l'autre commerce. On peut trouver une apparence de raison à ce que les consommateurs de draps soient taxés pour l'avantage des fabricans de draps ; mais il n'y en a aucune à ce que les consommateurs de vin en Angleterre éprouvent une perte, en compensation de l'avantage des vendeurs d'étoffe en Portugal.

Il serait inutile de poursuivre les erreurs du système des anciens traités de commerce ; on ne pourrait plus espérer aujourd'hui en Europe d'en établir un à des conditions inégales, et il est probable que les premiers qu'on sera appelé à négocier seront fondés sur des bases plus libérales ; qu'ils auront pour but d'écarter les entraves du système prohibitif, que l'industrie ne pourra pas supporter long-temps encore ; et que, commençant par supprimer les barrières entre deux nations voisines, ils accoutumeront les hommes à se regarder comme frères, lors même qu'ils ne sont pas compatriotes.

Aucun traité de commerce ne peut satisfaire pleinement l'avidité des marchands qui désirent un monopole; aussi les gouvernemens inventèrent-ils l'expédient bizarre de fonder par une colonie une nation nouvelle, tout exprès pour être les acheteurs de leurs marchands. On interdit aux colons l'établissement de toute manufacture dans leur pays, afin de les rendre plus dépendans de leur mère-patrie; on les empêcha rigoureusement de suivre tout commerce étranger; on les soumit aux règlemens les plus vexatoires et les plus contraires à leur intérêt propre, non pour le bien de la métropole, mais pour celui d'un petit nombre de marchands. Les avantages infinis attachés à un pays nouveau, où tout travail est profitable, parce que tout est encore à faire, ont fait prospérer les colonies, même sous un régime qui les sacrifiait en toutes choses. Comme leurs produits bruts étaient propres à un commerce lointain, elles ont pu soutenir un échange fort inégal, dans lequel on ne voulait rien recevoir d'elles de ce qu'on pouvait faire chez soi. Mais leur accroissement rapide dépose contre le système même qui les a fait fonder; car elles ont prospéré par un régime diamétralement opposé à celui que suivait la métropole. On a en-

couragé chez elles l'exportation de tous les
produits bruts, l'importation de tous les produits ouvrés, et elles ont présenté à ceux qui
croient à l'existence d'une balance commerciale, et qui la calculent, un résultat aussi
désavantageux pour elles, qu'avantageux à la
métropole.

En rapportant au système que nous avons
exposé nous-mêmes le régime des colonies,
on voit que c'était un moyen forcé de faire
participer une vieille nation aux progrès d'une
nouvelle. L'industrie ne trouvait plus de développemens en France, les capitaux plus d'emploi, le travail plus de demande; ou du moins
le progrès de l'économie, du travail et de la
consommation était ralenti : Saint-Domingue
absorba tout ce surplus; un travail immense
était nécessaire pour créer un pays neuf, en
faveur d'hommes qui ne travaillaient point
eux-mêmes : la violence leur donna des esclaves
pour leurs terres; et le commerce français
construisit leurs villes, les meubla, les garnit
de boutiques, et en nourrit les habitans. Il y
avait à gagner, sans doute, pour la nation qui
s'emparait ainsi du développement de sa colonie, et qui le tournait tout à son profit; mais
l'injustice était si grande, que le gain ne pouvait pas durer long-temps. D'autre part, les re-

venus avec lesquels la colonie pouvait acheter le travail français démontrent que l'industrie agricole, même lorsqu'elle est conduite d'une manière très-dispendieuse, comme est celle de l'esclavage, suffit pour enrichir une nation. Nous ne voyons point, dans la vieille Europe, l'agriculture élever de fortunes, parce que tous ses profits sont absorbés par la rente des terres. Dans un pays neuf, où la terre est abondante, et la rente nulle, le bénéfice de l'agricult re est le plus riche de tous.

Les métropoles s'étaient réservé, dans leurs colonies, tout le bénéfice du monopole, mais dans un marché fort resserré ; un libre commerce de toute l'Europe avec toutes les colonies aurait sans doute été plus avantageux à toutes deux, parce qu'il aurait étendu infiniment le marché de la première, en accélérant les progrès des secondes. Malgré une liberté absolue, les colonies se seraient abstenues long-temps encore de rivaliser avec l'Europe dans les travaux des manufactures. Ce que la justice et la politique auraient dû enseigner, la force l'obtiendra, et le régime des colonies ne peut plus se continuer long-temps.

Tous les autres expédiens pour étendre le marché des producteurs s'étant trouvés insuf-fisans, quelques gouvernemens sont allés jus-

qu'à payer leurs marchands pour les mettre en
état de vendre meilleur marché; plus ce sacrifice était étrange et contraire aux calculs les
plus simples, plus on l'a attribué à une haute
politique. La prime est une récompense que
l'état décerne au fabricant en raison de sa fabrication, et qui lui tient lieu de bénéfice : elle
encourage par conséquent à suivre une industrie qui ne donne aucun revenu; et lorsqu'elle
est accordée sur l'exportation, le gouvernement paie ses marchands aux dépens de ses sujets, pour que les étrangers puissent acheter
d'eux à meilleur marché. On a supposé que
cette manœuvre a été souvent suivie pour ruiner des établissemens étrangers dont on redou-
tait la concurrence. Le sacrifice paraît bien
disproportionné avec le but qu'on se serait
proposé; le peuple qui, pendant dix ans, aurait payé une prime pour décourager ses rivaux,
risquerait, s'il la discontinuait à la onzième année, de les trouver tout prêts à recommencer;
et si, dans l'intervalle, il avait empêché de
nouveaux ouvriers et de nouveaux capitaux de
s'engager dans une manufacture dont le débit
présenterait si peu de bénéfice, il leur aurait
fait plus de bien que de mal.

Une prime ne peut se justifier en politique,
que lorsqu'elle est accordée sur la fabrication

d'une marchandise que l'on juge assez nécessaire ou à la défense, ou à la subsistance d'un
peuple, pour vouloir s'en assurer à tout prix
la production, comme des armes, des agrès de
navire, des médicamens, des denrées propres
au pays, quoique leur culture y soit encore inconnue. L'accumulation de la richesse n'est pas
le but principal de l'existence d'une nation, et
elle doit être sacrifiée à tout ce qui garantit sa
sûreté ou sa santé (1).

Il ne faut pas confondre avec les primes, les
restitutions d'impôts, qui portent souvent le
même nom, mais que les Anglais désignent
par celui de *drawback*. Au moment de l'exportation d'une marchandise produite dans le pays,
il est juste de restituer tous les impôts qui
avaient été perçus sur sa fabrication, comme
tous ceux qui avaient été perçus sur l'importation d'une marchandise venue du dehors et qu'on réexporte. On ne réussit point à
lever un impôt sur la consommation d'étrangers

(1) A mon grand étonnement, M. Ricardo justifie les
primes, que je croyais abandonnées par tous les économistes
(chap. xxii). Mais, en général, son système tend à conclure que tout est égal, et que rien ne fait de mal à rien : ce
qui simplifie fort la science : il n'y a plus qu'un pas de cette
doctrine à nier l'existence du mal.

qui sont libres de se pourvoir où ils veulent. Un impôt sur la fabrication qui ne serait pas restitué, limiterait donc le marché du producteur national; en le lui rendant à la sortie, le gouvernement le met seulement sur un pied d'égalité avec tous ses rivaux.

CHAPITRE X.

Restrictions apportées par les lois à la multiplication des producteurs.

Les monopoles que nous venons de passer en revue, n'étaient point les seuls dont les marchands eussent réussi à obtenir l'établissement. Ils s'étaient formés en corps et communautés, sous l'autorité du gouvernement; ils avaient fait sanctionner par des lois leurs statuts et leurs priviléges; et le résultat de leur organisation avait été tout ensemble de limiter leur nombre et l'activité de chacun, de sorte que la production ne surpassât jamais la demande, ou même ne l'égalât jamais.

Tous les métiers avaient été classés, et personne ne pouvait travailler ou vendre s'il n'appartenait à l'une des classes qu'on nommait communautés, et qui avaient pour chefs des délégués du corps, qui exerçaient la *jurande*. Ceux-ci maintenaient la police dans la communauté, et ils levaient des amendes pour chaque contravention à ses règlemens. En général, le nombre des *maîtres* était fixé dans

chaque communauté, et le maître pouvait seul
tenir boutique, acheter et vendre pour son
compte. Chaque maître ne pouvait former qu'un
certain nombre d'apprentis, auxquels il ensei-
gnait son métier; et, dans plusieurs communautés, il n'en pouvait tenir qu'un seul. Chaque
maître pouvait de même tenir un nombre limité
d'ouvriers, qui portaient le nom de *compagnons;*
et, dans les métiers où l'on ne pouvait avoir
qu'un seul apprenti, on ne pouvait avoir non
plus qu'un seul, ou que deux compagnons. Aucun homme ne pouvait acheter, vendre, ou travailler dans un métier s'il n'était apprenti,
compagnon ou maître; aucun homme ne pouvait devenir compagnon, s'il n'avait servi un
nombre d'années déterminé comme apprenti,
ou devenir maître, s'il n'avait servi un nombre
égal d'années comme compagnon, et s'il n'a-
vait de plus fait son chef-d'œuvre, ou exécuté
un travail désigné dans son métier, qui devait
être jugé par sa jurande.

On voit que cette organisation mettait entièrement dans la main des maîtres le renouvellement des corps de métier. Eux seuls pouvaient
recevoir des apprentis; mais ils n'étaient point
obligés à en prendre; aussi se faisaient-ils
payer cette faveur, et souvent à un prix très-
élevé; en sorte qu'un jeune homme ne pouvait

entrer dans un métier s'il n'avait, au préalable, la somme qu'il fallait payer pour son apprentissage, et celle qui lui était nécessaire pour se substanter pendant la durée de cet apprentissage; car, pendant quatre, cinq ou sept ans, tout son travail appartenait à son maître. Sa dépendance de ce maître était tout aussi long-temps absolue; car un seul acte de la volonté, ou même du caprice de celui-ci, pouvait lui fermer l'entrée des professions lucratives.

L'apprenti, devenu compagnon, acquérait un peu plus de liberté; il pouvait s'engager avec quel maître il voulait, passer de l'un à l'autre; et comme l'entrée au compagnonage n'était ouverte que par l'apprentissage, il commençait à profiter du monopole dont il avait souffert, et il était à peu près sûr de se faire bien payer un travail que personne ne pouvait faire, si ce n'est lui. Cependant il dépendait de la jurande pour obtenir la maîtrise; aussi ne se regardait-il point encore comme assuré de son sort, comme ayant un état. En général, il ne se mariait point qu'il ne fût *passé maître.*

Pour obtenir des lois qui mettaient une partie de la population dans une dépendance aussi absolue de l'autre , on avait représenté au gouvernement que les statuts d'apprentissage et tous les règlemens des jurandes étaient néces-

saires pour empêcher des ouvriers ignorans
d'exercer un métier qu'ils ne savaient point
encore, ou des maîtres de mauvaise foi, de
tromper le consommateur. Cette prétention ne
peut pas soutenir le plus léger examen ; il est
prouvé que l'émulation peut seule donner aux
artisans l'éducation convenable ; que la longueur
de l'apprentissage émousse l'esprit et décourage
l'industrie ; que le consommateur a seul droit
de juger ce qui lui convient, et d'abandonner
une production encouragée par les statuts des
jurandes, pour en rechercher une qui leur est
contraire ; que la fraude enfin n'est jamais pré-
venue ou punie plus sûrement que par l'acheteur.

Les progrès de l'industrie s'étaient déjà dé-
robés aux jurandes avant leur abolition : leurs
statuts ne s'exerçaient, en général, que dans
les villes fermées ; les faubourgs étaient considérés comme des lieux privilégiés, où l'industrie
était libre : les métiers inventés depuis les dernières lois, s'étaient maintenus indépendans ;
la plupart des grandes manufactures, soit en
France, soit en Angleterre, se trouvaient dès
lors affranchies de l'apprentissage et de la do-
mination des jurandes ; et cette bigarrure augmentait l'irritation de ceux qui se voyaient
refuser dans leur patrie la libre propriété de

leur travail, et l'exercice de talens qu'ils sentaient en eux.

Les jurandes furent abolies en France par la révolution, et leur rétablissement n'est, en général, demandé que par ces défenseurs des anciens préjugés, des anciens abus, qui interdisent l'examen, et qui, dans les questions politiques aussi-bien que religieuses, sont toujours prêts à dire : *placet, quia absurdum*. Cependant l'influence de tous ces priviléges, comme obstacle à l'accroissement de la population, et au développement accéléré de l'industrie, n'a jamais été examinée, et n'est pas si facile à juger. Ces institutions sont nées dans des petites républiques libres et marchandes, et dans des communautés affranchies, où les législateurs exerçaient eux-mêmes les professions qu'ils soumettaient à ces lois. Ils étaient intéressés, il est vrai, dans les monopoles qu'ils établissaient ; mais l'expérience d'hommes libres mérite toujours un examen plus sérieux que la législation de ministres étrangers aux affaires qu'ils prétendent régler.

On ne prévient point la misère des classes pauvres, si l'on attend, pour y pourvoir, la naissance d'une population surabondante. Aussitôt qu'elle existe, en dépit de tous les soins que prendra d'elle le législateur, elle fera baisser le gage du travail par la concurrence. Si son travail ne doit pas suffire pour la faire vivre et jouir de la vie, le seul moyen de l'empêcher de souffrir, c'est de l'empêcher de naître. Aucun gouvernement, quelque éclairé, quelque actif, quelque bienfaisant qu'on le suppose, ne connaîtra jamais assez les rapports de la demande de travail avec le nombre des travailleurs, pour prendre sur lui de régler les progrès de la population. Ce qu'il peut faire de plus sage, c'est d'abandonner ce soin à la tendresse paternelle et au point d'honneur des pères de famille, en leur donnant en même temps tous les moyens de s'éclairer sur leur position. Dans aucune condition, les citoyens ne songent à se marier, s'ils ne voient devant eux un moyen de faire vivre leurs enfans sans souffrir et sans se dégrader pendant leur bas âge, de les établir, dans le rang qu'ils occupent eux-mêmes, quand ils pourront travailler. Le pauvre a un revenu, aussi-bien que le riche ; lorsqu'il connaîtra bien ce revenu, il y proportionnera sa famille.

En parlant de la richesse territoriale, nous avons vu que le paysan propriétaire poussait la population et la division des terres, jusqu'aux bornes où il pouvait léguer à ses enfans l'aisance par le travail : mais que la division des terres et la population s'arrêtaient là; tandis que le journalier, qui ne vivait que d'un salaire, croyait léguer à ses enfans un revenu égal au sien, lorsqu'il les élevait jusqu'à l'âge de travailler; et que la population dans cette classe croissait sans aucune proportion avec la demande de travail. La même observation se répète parmi ceux qui vivent de la richesse commerciale.

Lorsque l'artisan a une propriété dans son travail, qu'il en résulte un revenu fixe, il le connaît, il y proportionne sa famille; lorsqu'au contraire la valeur de ce travail doit être établie par la concurrence, cette valeur peut décroître à l'infini; il ne connaît que le travail lui-même, sur lequel il compte et qu'il lègue à ses enfans, mais il est trompé dans son estimation; la journée de ses deux fils ne vaudra pas deux fois la sienne, et, en croyant les laisser dans la même position que lui, il les placera dans une condition beaucoup pire.

L'intérêt de l'artisan exige que son gagne-pain ne lui soit pas disputé par celui qui, n'ayant que des bras et du zèle, offrira de faire son métier à meilleur marché que lui : tout comme l'intérêt du paysan propriétaire exige que son champ ne lui soit pas disputé par celui qui, n'ayant que des bras et du zèle,

offrira de tirer de ce champ plus de subsistance
que lui. L'intérêt de la société n'est point de
mettre tout à l'enchère, et de tirer le plus de
travail possible du métier, le plus de subsistance possible du champ ; car la société se compose de ces membres même qui enchériraient
les uns contre les autres, et qui se réduiraient
tous finalement au dernier degré de misère,
pour partager une somme quatre fois plus forte
entre un nombre dix fois plus grand.

L'intérêt, il est vrai, de celui qui voudrait
être artisan et qui n'a point de métier, ou de
celui qui voudrait être paysan et qui n'a point
de terre, se trouve contraire à cette garantie
donnée par la loi contre une concurrence infinie. La société a dû choisir entre ces intérêts
opposés ; mais son meilleur motif pour se décider en faveur de la propriété, c'est qu'en le
faisant elle ne nuit qu'à ceux qu'elle empêche
de naître, tandis qu'en établissant une concurrence universelle, elle nuit à ceux qu'elle fait
mourir.

Il est bien certain, et comme fait et comme
théorie, que l'établissement des corps de métier empêchait et devait empêcher la naissance
d'une population surabondante. Il est de même
certain que cette population existe aujourd'hui,

et qu'elle est le résultat nécessaire de l'ordre actuel.

D'après les statuts de presque tous les corps de métier, un homme ne pouvait être passé maître qu'après vingt-cinq ans; mais s'il n'avait pas un capital à lui, s'il n'avait pas fait des économies suffisantes, il continuait bien plus long-temps à travailler comme compagnon; plusieurs, et peut-être le plus grand nombre des artisans, demeuraient compagnons toute leur vie. Il était presque sans exemple, cependant, qu'ils se mariassent avant d'être reçus maîtres : quand ils auraient été assez imprudens pour le désirer, aucun père n'aurait voulu donner sa fille à un homme qui n'avait point d'état.

Le nombre des naissances n'est pas uniquement réglé par celui des mariages. Un père sait qu'il doit établir ses enfans, et il redoute une fécondité qui ferait sa ruine. Chaque fils qu'il devait mettre en apprentissage demeurait entièrement à sa charge jusqu'à près de vingt ans; il fallait encore trouver un capital pour payer cet apprentissage et établir son fils dans le monde; il évitait donc d'avoir plus d'enfans que sa fortune ne lui donnait le moyen d'en pourvoir. La population des villes n'était donc pas renouvelée par la plus basse classe, mais par la plus haute entre les artisans, puisque les

maîtres seuls se mariaient, et l'augmentation
de la famille de ceux-ci se proportionnait toujours à leur richesse. En effet, la population des
villes, loin de se trouver surabondante, avait
constamment besoin de se recruter dans la
campagne.

Aujourd'hui au contraire, le manufacturier
vivant au jour le jour, et parvenant jusqu'au
dernier terme de sa vie sans acquérir jamais
une plus grande garantie sur le revenu qu'il peut
obtenir par son travail, ne voit aucune époque
précise à laquelle il doive se décider entre le
célibat et le mariage; et comme il s'est accoutumé
à cette incertitude, et qu'il la regarde comme
l'état naturel de toute sa classe, au lieu de renoncer à tous les plaisirs, à toutes les consola-
tions domestiques, il se marie dès la première
bonne année, quand les gages du travail sont
élevés. D'ailleurs le mariage lui est rendu plus
facile; sa femme aussi-bien que lui travaille
dans la manufacture; tous deux vivaient séparément, tous deux croient pouvoir vivre ensemble. La même manufacture attend leurs enfans, et leur donne de l'emploi dès l'âge de six ou
huit ans; lorsque l'ouvrier a fait l'avance bien
peu coûteuse de la première nourriture de son
enfant, chaque fils nouveau qui parvient à l'âge
où son travail est payé, lui paraît ajouter à

son revenu; une prime semble offerte à la multiplication des pauvres ouvriers. Dans les mauvaises années, quand le travail manque, la paroisse et la maison des pauvres, en Angleterre, ailleurs l'hôpital, maintiennent dans un état de souffrance, entre la vie et la mort, une famille qui n'aurait pas dû naître.

En effet, la multiplication de la population, causée par le mariage des pauvres ouvriers, est aujourd'hui la grande calamité de l'ordre social. En Angleterre, l'agriculture n'occupe que 770,199 familles, le commerce et les manufactures, 959,632, les autres états de la société, 413,316. Une si grande aliquote de la population nourrie par la richesse commerciale, sur un total de 2,143,147 familles ou 10,150,615 individus est vraiment effrayante. Heureusement la France est bien loin d'avoir un si grand nombre d'ouvriers dont la subsistance tienne aux chances d'un marché éloigné, qui dans leur plus haute prospérité jouissent à peine de la vie, et qui la voient menacée par chaque progrès d'une industrie rivale de la leur, ou par chaque découverte des sciences qui remplace leurs bras par une force aveugle. Cependant les ouvriers dans les manufactures de draps du Dauphiné ne gagnent que huit sous par jour; ils gagnent moins peut-être encore dans celles

de coton : on a vu dans ces dernières, les
éplucheuses gagner moins de quatre sous par
jour. N'est-ce donc pas un devoir étroit d'humanité d'empêcher qu'une génération nouvelle ne soit appelée à une existence aussi misérable ?

Ce ne sont point les jurandes qu'il s'agit de
rétablir ; ce n'était que par hasard en quelque
sorte qu'elles produisaient un effet avantageux
que le législateur n'avait pas eu en vue. D'ailleurs, depuis le grand perfectionnement des
machines, tous ceux qui travaillaient eux-mêmes presque comme des machines, avaient
été soustraits à leur influence protectrice. Mais
c'est dans les effets que produisaient les jurandes, qu'il faut puiser des leçons sur la manière
de combattre la calamité dont la société est aujourd'hui affligée. C'est dans cette expérience
qu'il faut étudier les bornes que l'autorité législative peut mettre à la concurrence, de telle
sorte qu'elle assure à chaque ouvrier une propriété certaine dans son travail, qu'à une époque de sa vie il puisse compter sur un revenu,
et qu'il sache les chances qu'il court, lorsqu'il
élève une famille. Nous chercherons quels sont
les résultats de cette expérience, quand nous
parlerons de la population.

CHAPITRE XI.

Des douanes.

Les divers expédiens que nous venons de passer en revue, et auxquels les gouvernemens ont eu recours pour protéger le commerce, sont généralement décriés ; mais presque tous les souverains s'accordent encore à regarder les douanes, dont ils garnissent les frontières de leurs états, comme donnant une protection nécessaire à l'industrie. Leur système général est d'employer la douane à empêcher l'exportation des matières premières, sur lesquelles l'industrie nationale doit s'exercer, pour que le marchand qui les revendra, gagne davantage en les achetant bon marché ; et à repousser en même temps de leurs États les produits des manufactures étrangères, ou à les charger du moins de pesans droits d'entrée, pour donner un avantage aux producteurs nationaux.

Cette première distinction entre les matières premières et les matières ouvrées, qui paraît fort simple en l'exprimant en termes généraux, ne l'est point dans la pratique. Il n'y a de ma-

tière absolument première, que le marbre
dans la carrière, le minerai dans la mine, le
bois de construction dans la forêt. Lorsqu'ils
ont été tirés de leur place natale, leur prix se
compose déjà en partie de celui du travail de
l'homme. Le prix de tous les produits de l'a-
griculture s'en compose essentiellement. Cependant, chaque travailleur qui vient ensuite
considère tous ceux qui le précèdent, comme lui
préparant seulement la matière première. Le
lin est une matière ouvrée pour le rouisseur,
c'est une matière première pour le fileur; le
premier veut, d'après le principe général, qu'on
en favorise la sortie, le second qu'on la prohibe :
le fil est de nouveau matière ouvrée pour le
fileur, matière première pour le tisserand ; la
toile est matière ouvrée pour le tisserand, matière première pour l'indienneur; l'indienne
ou la toile peinte est matière ouvrée pour l'indienneur, matière première pour le modiste,
le décorateur ou le tailleur. Le dernier venu
demande toujours à rester seul maître du marché à l'égard de tous ceux qui ont travaillé
avant lui. Il arrête leur industrie par des prohibitions à la sortie, et il diminue par conséquent la quantité d'ouvrage qu'ils peuvent
faire. Quand on considère l'ensemble d'un code
de douanes, on trouve presque toujours que

les prohibitions accordées successivement aux divers degrés d'industrie sont en contradiction directe les unes avec les autres.

Au reste, il ne pouvait en être autrement, puisque le principe lui-même sur lequel ces prohibitions successives à la sortie sont fondées, est faux. Ce n'est pas sur les producteurs que le commerce doit faire des profits, ce n'est que sur les consommateurs. Tout bénéfice qui n'est obtenu que par une épargne sur le prix de production, n'est qu'un déplacement de revenu, et non un profit réel. Si le tisserand vend plus cher sa toile, le commerce gagne; mais si, la vendant au même prix, il fait un plus grand bénéfice, parce qu'il paye moins cher le fil, ce n'est plus le commerce ou le pays qui gagne, c'est lui seul, et son gain est compensé par la perte du fileur. Cette règle est également vraie à quelque degré de la production qu'on s'arrête.

Les matières premières des arts, sont originairement sorties de la terre; elles forment donc partie de la richesse du propriétaire, ou de celle du cultivateur. Si l'on ne trouvait point d'avantage à les exporter, personne ne songerait non plus à en prohiber l'exportation. Cette prohibition indique suffisamment que les producteurs étaient plus

payés en les vendant aux étrangers, ou qu'ils
gagnaient davantage, et la loi restreint leur
marché, en contradiction avec le principe que
nous avons reconnu plus haut, comme base de
l'intérêt commercial, celui d'obtenir pour
chaque produit le plus haut prix possible. Il
doit résulter de ces prohibitions de sortie, d'a-
bord une diminution de prix de la matière
première; car ce prix n'est plus soutenu par
une libre concurrence des acheteurs; puis une
diminution de la quantité de produit, parce que
celle-ci se proportionne désormais à la seule
demande intérieure; et enfin une diminution de
qualité, parce qu'une industrie qui se trouve mal
récompensée, est aussi toujours négligée.

Mais si chaque nouveau manipulateur parvient à faire regarder toutes les opérations qui
ont précédé la sienne, comme n'ayant fait que
préparer pour lui une matière première, et s'il
obtient de nouvelles prohibitions de sortie, il
est difficile de savoir où s'arrêteront les contre-
coups qu'il porte ainsi à la production. Le décorateur, s'il réussissait à faire prohiber la
sortie des toiles peintes, frapperait en même
temps l'indienneur, le tisserand, le fileur, le
blanchisseur; le revenu qu'il prétend se faire
est pris sur le leur; mais il n'est pas sûr qu'il
puisse employer tous leurs produits; le mal

qu'il leur fait est beaucoup plus grand que le
bien qu'il en espère pour lui-même, car il ne
gagne que le rabais qu'il obtient sur le prix
qu'il leur paye; mais il ne gagne rien sur ce
qu'il les empêche de produire.

Les prohibitions à l'entrée n'ont pas un effet
si immédiatement ruineux que les prohibitions
à la sortie : elles ont été inventées pour donner
à une nation une manufacture qu'elle n'avait
pas encore, et on ne saurait nier qu'elles équivalent, pour une industrie commençante, à la
plus forte prime d'encouragement. Cette manufacture produit peut-être à peine la centième
partie de ce que la nation consomme de marchandises analogues; mais les cent acheteurs
devront rivaliser l'un avec l'autre, pour obtenir
la préférence du seul vendeur, et les quatre-
vingt-dix-neuf qu'il aura refusés, seront obligés
de se pourvoir de marchandises entrées en
contrebande. Dans ce cas, la perte sera pour la
nation comme cent, et le bénéfice comme un;
quelque avantage que l'on puisse trouver à donner à une nation une manufacture nouvelle, il
en est peu, sans doute, qui méritent de si
grands sacrifices, et l'on pourrait trouver toujours des moyens moins dispendieux de la mettre
en activité.

Il faut d'ailleurs faire entrer en ligne de compte

l'inconvénient grave d'établir le régime vexa-
toire des douanes, decouvrir les frontières d'une
armée de commis, et d'une autre armée, non
moins redoutable, de contrebandiers, et d'ac-
coutumer les sujets à la désobéissance. Il faut se
souvenir surtout qu'il n'est pas de l'intérêt d'une
nation de tout produire indifféremment; qu'elle
doit s'attacher seulement aux marchandises ou
aux denrées qu'elle peut manufacturer mieux
que ses rivales, ou à celles qui, à quelque prix
qu'elles lui reviennent, sont essentielles à sa
sûreté. Il faut enfin ne jamais perdre de vue le
but qu'on s'était proposé en favorisant le commerce : c'est d'augmenter le revenu de la nation
proportionnément à sa population, et de lui
procurer ainsi plus d'aisance. Une manufacture
nouvelle, à quelque perfection qu'elle ait porté
ses produits, et même quelque bénéfice qu'elle
donne à son entrepreneur en chef, n'est point
prospérante, si le salaire des ouvriers ne les
maintient pas dans une certaine aisance, ou si
elle ne se soutient qu'en faisant exister une population dont la vie même est une souffrance.

Si le système prohibitif donne aux manufactures commençantes un encouragement très-
puissant, mais très-dispendieux, il ne fait point
éprouver de bénéfices à celles qui sont deja
prospérantes; ou du moins le sacrifice qu'il im-

pose aux consommateurs, devient tout-à-fait inutile à leur égard. Si la manufacture était destinée à l'exportation, le gouvernement, en lui donnant le monopole du marché intérieur, lui fait abandonner ses anciennes habitudes pour en prendre qui, probablement, sont moins avantageuses. Toute manufacture destinée à l'exportation donne la preuve qu'elle ne craint point la concurrence des étrangers sur un marché libre. Dès l'instant qu'elle la peut supporter au loin, malgré les frais de transport, elle a moins encore de raison de la redouter dans le lieu même de la production. Aussi rien n'est plus fréquent que de voir prohiber des marchandises qu'on n'aurait pu importer avec avantage, et qui n'acquièrent quelque crédit que par la prohibition même.

Les gouvernemens s'étaient proposé, par le système prohibitif, d'accroître le nombre et les pouvoirs productifs de leurs fabricans; on peut douter qu'ils aient bien connu le prix auquel ils achetaient cet avantage, et les sacrifices prodigieux qu'ils imposaient aux consommateurs, leurs sujets, pour appeler à l'existence une classe de producteurs qui n'était pas encore née; mais enfin ils ont réussi, et même beaucoup plus rapidement que les spéculateurs en économie politique ne s'y étaient attendus. Ils ont

excité pendant un temps les plaintes les plus
amères de la part des consommateurs, mais
ces plaintes même ont cessé ensuite, parce
qu'en effet les sacrifices ont cessé aussi, et que
les manufactures, si puissamment encouragées,
ont bientôt pourvu, même avec abondance,
aux besoins nationaux. Cependant cette émulation de tous les gouvernemens pour faire établir partout des manufactures, a produit sur
le système commercial de l'Europe deux effets
étranges et inattendus; l'un est l'accroissement
démesuré de la production, sans aucun rapport
avec la consommation; l'autre, est l'effort de
chaque peuple pour s'isoler, pour se suffire à
lui-même, et se refuser à tout commerce étranger.

Avant que les gouvernemens fussent saisis de
cette ardeur manufacturière, l'établissement
d'une manufacture nouvelle avait toujours à
lutter avec une foule de préjugés et d'habitudes
nationales, qui constituent comme la force
d'inertie de l'esprit humain. Pour vaincre cette
force, il fallait présenter aux spéculateurs un
avantage bien manifeste; aussi une industrie
nouvelle ne pouvait guère naître sans une demande préalable bien prononcée; et le marché
était toujours trouvé avant la manufacture qui
devait le pourvoir. Ce n'est pas ainsi qu'ont procédé les gouvernemens dans leur zèle : ils ont

commandé des bas et des chapeaux par avance, comptant qu'on trouverait ensuite des jambes et des têtes. Ils ont vu leurs peuples habillés complétement et économiquement par les étrangers, mais ils n'en ont pas moins fait faire des habits dans le pays même. Pendant la guerre on n'a pas pu apprécier bien exactement cette nouvelle production ; mais, à la paix, il s'est trouvé que tout était fait à double ; et plus les communications entre les peuples sont devenues faciles, plus on a été embarrassé pour disposer de tous ces travaux faits sans commande.

Les consommateurs qui, au commencement, avaient été sacrifiés, ont alors été appelés à des bénéfices inattendus ; car les marchands, pressés de rentrer dans leurs fonds, ont été forcés de vendre une très-grande quantité de leurs marchandises à perte. Les fabricans ont donné le signal de ces sacrifices. Se résignant à une perte considérable sur leurs capitaux, ils ont déterminé les gros marchands à se charger de marchandises au-delà de leur coutume et de leurs forces, pour profiter de ce qui paraissait une bonne occasion. Plusieurs de ceux-ci ont été obligés de répéter une perte semblable, pour faire passer leurs approvisionnemens démesurés dans les boutiques des détaillans, et ces derniers, pour les faire accepter aux consommateurs. Une gêne universelle s'est fait sentir aux fabricans, aux marchands, aux détaillans, et cette gêne a été suivie de l'anéantissement de capitaux destinés à alimenter l'industrie. Le fruit de longues économies et de longs travaux a été perdu en une année. Les consommateurs y ont gagné, il est vrai, mais ce gain est à peine aperçu, même par eux. En faisant des approvisionnemens pour plusieurs années, pour profiter du bon marché, ils se sont mis à la gêne, et ils ont retardé encore le moment où l'équilibre pourra se rétablir entre la consommation et la production; en pourvoyant à leur habillement, à leur ameublement avec des marchandises plus finés et de meilleur goût, ils ne se croient pas plus riches, parce que, pour toutes les jouissances de vanité, le prix seul et la rareté, non la qualité de la marchandise, constituent la valeur.

Dans l'ancienne organisation de l'Europe, tous les états ne prétendaient point à toutes les industries : les uns s'étaient attachés à l'agriculture, d'autres à la navigation, de troisièmes aux manufactures; et l'état de ces derniers, même dans leur prospérité, n'aurait pas dû paraître tellement digne d'envie, qu'on fît des efforts inouïs pour se mettre à leur place. Une population misérable et dégradée produisait presque toujours ces riches tissus, ces meubles et ces ornemens élégans dont elle ne devait jamais jouir ; et, si les hommes qui dirigeaient ces malheureux ouvriers élevaient quelquefois des fortunes rapides, on les voyait aussi fréquemment culbutés.

Le développement national procède naturellement dans tous les sens; il est presque toujours imprudent de l'arrêter, mais il n'est pas moins dangereux de le presser; et les gouvernemens de l'Europe, pour avoir voulu faire violence à la nature, se trouvent aujourd'hui chargés d'une population qu'ils ont créée, en demandant un travail superflu, et qu'ils ne savent plus comment sauver des horreurs de la famine.

La naissance de cette population manufacturière, et l'obligation de pourvoir à ses besoins, ont contraint les gouvernemens à changer le but de leur législation. Ils avaient encouragé les manufactures dans le vrai esprit du système mercantile, pour vendre beaucoup aux étrangers, et s'enrichir à leurs dépens. Aujourd'hui ils s'aperçoivent que le système prohibitif, ou est adopté partout, ou est partout réclamé par les producteurs : ils ne peuvent donc plus compter sur la pratique des étrangers, et ils s'étudient seulement à trouver dans

leurs propres états des consommateurs pour
leurs propres ouvriers, c'est-à-dire, à se suffire
à eux-mêmes et à s'isoler. Ce système de politique, qui est plus ou moins suivi aujourd'hui
par tous les peuples de l'Europe, détruit tous
les avantages du commerce; il empêche chaque
nation de tirer parti des prérogatives qu'elle
doit à son climat, à son sol, à sa situation,
au caractère propre de ses citoyens; il arme
l'homme contre l'homme, et il brise ce lien
qui était destiné à adoucir les préventions nationales, et à accélérer la civilisation du globe.

Dans la marche naturelle de l'accroissement
des richesses, lorsque les capitaux sont encore
peu considérables, il est sans doute à désirer
qu'ils se destinent plutôt à un commerce rapproché qu'à celui qui est fort éloigné; et comme
le commerce d'exportation et d'importation
emploie ses fonds à remplacer alternativement
les capitaux des étrangers et ceux des nationaux, un pays qui a très-peu de capitaux peut
désirer de les employer tout entiers au commerce intérieur ou à son propre usage; d'autant plus que, si le marché est rapproché, le
même capital répétera plusieurs fois, dans un
temps donné, sa circulation, tandis qu'un autre
capital, destiné à un marché éloigné, aura peine
à l'accomplir une seule fois.

Mais nous avons vu que les capitaux peuvent surpasser les besoins présens tout aussi-bien que rester au-dessous; que, lorsqu'ils les surpassent, la nation souffre d'abord par la perte d'une partie des revenus des capitalistes, et qu'elle est exposée à souffrir davantage encore, lorsque les capitalistes, pour employer leurs fonds, mettent en mouvement une industrie qui ne trouvera point ensuite un marché suffisant. Il est alors bien dangereux pour une nation de fermer ses portes au commerce étranger; on la contraint ainsi en quelque sorte à une fausse activité qui tournera à sa ruine. En laissant aux capitaux la plus grande liberté, ils se rendront où les profits les appellent, et ces profits sont l'indication des besoins nationaux.

D'ailleurs les nations, en faisant le compte de leurs produits et de leurs besoins, oublient presque toujours que des étrangers voisins sont des producteurs et des consommateurs beaucoup plus commodes et beaucoup plus avantageux que des compatriotes éloignés. Le rapport entre les marchés des deux rives du Rhin est beaucoup plus important, et pour le marchand allemand, et pour le français, que ne l'est pour le premier le rapport entre les marchés du Palatinat et ceux du Brandebourg, et pour le second le rapport entre ceux de l'Alsace et ceux de la Provence.

L'ardeur avec laquelle tous les gouvernemens ont excité toute espèce de production au moyen de leur système de douanes, a établi une telle disproportion entre le travail et sa demande, qu'il devient peut-être nécessaire à chaque corps politique de songer d'abord, non point à l'aisance, mais à l'existence de ses sujets, et de maintenir des barrières qui ont été si imprudemment élevées. On ne peut jamais compter avec assez de certitude sur les théories même les mieux établies, pour oser ordonner un mal immédiat, dans la confiance qu'il en résultera un bien à venir. On doit moins encore prendre une semblable décision, lorsqu'on peut craindre qu'elle n'entraîne la misère et la mort de nombreuses familles qui se sont élevées ou qui ont embrassé leur industrie sous la garantie des lois existantes et de l'ordre établi ; il faut d'abord songer à sauver les êtres qui souffrent, on s'occupera ensuite de l'avenir.

Mais, lorsque l'on considère la marche de l'industrie en Europe, on ne peut presque pas douter que le résultat prochain de cette lutte universelle ne soit l'impossibilité de la continuer nulle part. Chaque jour l'on apprend l'ou-

verture d'une fabrique nouvelle, ou le perfectionnement d'une fabrique ancienne, qui lui
permet d'augmenter ses produits; mais chaque
jour aussi l'on apprend que quelque marché
s'est fermé au commerce libre, et qu'un peuple
qui n'avait auparavant jamais songé aux manufactures, a résolu à son tour de se suffire à lui-
même, et de n'être plus, selon l'expression aussi
fausse que vulgaire, *tributaire des étrangers*.
Chaque fabricant, au lieu de songer à son pays
qu'il connaît, a eu en vue l'univers qu'il ne
peut connaître, et l'univers se resserre toujours
plus pour lui. La souffrance est universelle,
chaque manufacturier a perdu une partie de ses
capitaux; partout les ouvriers sont réduits à
un salaire qui suffit à peine à les faire vivre
misérablement. On apprend, il est vrai, tantôt
dans un canton, tantôt dans l'autre, que la fabrication se ranime, et que tous les ateliers sont
occupés; mais cette activité momentanée est
plutôt l'effet de spéculations hasardées, de confiances imprudentes, et de la surabondance
des capitaux, que de nouvelles demandes; et,
en considérant le monde commercial d'un seul
coup d'œil, on ne peut révoquer en doute que
les profits de l'industrie diminuent plus encore
que ses produits n'augmentent.

Que fera-t-on lorsqu'on ne pourra plus ven-

dre à aucun étranger? Que fera-t-on, lorsque
chacun, forcé de comparer les produits de son
peuple avec les besoins de son peuple, et ne
comptant plus du tout sur les illusions du marché extérieur, reconnaîtra clairement que ce
peuple ne peut acheter tout ce qu'il veut vendre? Comment dira-t-on aux artisans qu'on a
multipliés avec tant d'efforts, qu'on a rendus si
actifs avec tant d'industrie : Nous nous sommes
trompés, nous n'avions pas besoin de vous;
vous ne deviez pas vivre? L'approche de ce dé-
noûment d'un faux système est peut-être im-
minente, et cette calamité fait frémir. Lorsque
ce moment sera venu, toutes les barrières élevées entre les états tomberont de nouveau,
parce qu'on sentira l'impossibilité de les maintenir : la fatale concurrence de ceux qui cherchent aujourd'hui à s'enlever leur gagne-pain,
cessera; chacun s'en tiendra à l'industrie que la
nature du sol, du climat, et le caractère des habitans rendent plus profitable, et ne regrettera
pas plus de devoir tous les autres produits à un
étranger, que de ne pas faire ses souliers lui-
même; mais, avant d'en venir là, qui sait combien de vies auront été sacrifiées à la poursuite
d'une erreur?

CHAPITRE XII.

De l'influence du gouvernement sur la richesse commerciale.

Nous en avons assez dit dans les chapitres qui précèdent, pour engager les hommes d'état à méditer de nouveau sur une grande question. « Convient-il au gouvernement d'accélérer le » développement de la richesse commerciale? » Le commerce crée une richesse beaucoup plus considérable que celle qui naît de la terre, et surtout il la rend beaucoup plus facilement disponible; il fournit ainsi pour la guerre, pour des besoins subits, des moyens de force qu'on ne saurait trouver dans un pays purement agricole; mais, en augmentant cette richesse, il augmente plus encore le nombre de ceux à qui elle fait besoin; il rend le sort d'une classe nombreuse de l'humanité beaucoup plus précaire, sa dépendance beaucoup plus cruelle, sa moralité beaucoup plus dégradée, son attachement à la patrie et à l'ordre social beaucoup plus incertain. Le commerce trouve chez les étrangers des ressources que la nature a refusées au pays, mais il place à son tour la nation dans la dépendance des étrangers, et au lieu de laisser à chacun la confiance que par sa sagesse il peut pourvoir à sa propre existence, il fait dépendre notre prospérité des erreurs et des fautes d'autrui. Le commerce est un lien entre les nations, et il contribue à la civilisation universelle ; mais le commerce excite aussi une rivalité secrète de chacun contre tous, et il ne fonde la prospérité d'un fabricant que sur la ruine de son confrère.

Nous n'avons vu aucune société conduite avec assez de sagesse pour que la richesse territoriale ou la richesse commerciale y procurassent aux citoyens tout le bonheur qu'on peut en attendre. Dans chaque état nous pouvons relever des fautes grossières, des injustices criantes auxquelles nous pouvons attribuer les calamités qu'on y éprouve ; il n'est pas facile de tracer avec précision la limite de leurs conséquences, en sorte que l'expérience ne nous a point encore appris quels effets l'une de ces richesses pourrait produire sans l'autre, ou comment l'une naîtrait de l'autre au moment opportun. Mais enfin l'état dont la prospérité passe aujourd'hui celle de tous les autres est sans contredit la confédération de l'Amérique septentrionale : le bonheur dont on y jouit est fondé sur les développemens rapides de la richesse territoriale.

On annonce que de nombreux émigrans vont y porter toutes les manufactures de l'Angleterre : faut-il s'en réjouir pour les Américains? Est-il bien évident qu'il ne valût pas mieux pour eux être servis par les peuples de l'ancien monde, qui consentaient pour un misérable salaire à faire un ouvrage qui convient à peine à des hommes? Doit-on appeler les acheteurs, les tributaires, ou les producteurs, les salariés de l'étranger?

Le dernier ouvrage destiné à nous faire connaître les États-Unis, ouvrage que nous avons déjà cité à plusieurs reprises, répond à cette question de manière peut-être à dissiper tous les doutes. M. Henri Bradshaw Fearon avait été envoyé, au mois de juin 1817, par trente-neuf familles anglaises, qui, gênées dans leur liberté civile et politique, accablées sous le poids des taxes, et désireuses de changement, voulaient savoir dans quelle partie des États-Unis il leur conviendrait de s'établir. M. Fearon, avec une grande bonne foi, a adressé à ses mandataires huit rapports successifs de ses observations. Le dernier est en date du mois d'avril 1818. M. Fearon arriva aux États-Unis tout rempli d'ardeur et d'enthousiasme pour la nouvelle patrie qu'il voulait adopter, et l'esprit aigri par le souvenir des souffrances des pauvres en Angleterre. Peu à peu ses illusions s'évanouissent, les regrets pour les jouissances de la civilisation, pour celles attachées à la culture de l'esprit, remplacent ses premiers sentimens, et il revient en Angleterre, désireux d'y finir ses jours.

On peut sans doute attribuer en partie son jugement à la puissance de ses habitudes qu'il fallait vaincre, à l'empire des préjugés qu'il ne soupçonnait pas même en lui, et qui se trouvaient heurtés par des préjugés contraires. Cependant le tableau qu'il nous présente des États-Unis est une des plus imposantes leçons que nous puissions recevoir sur l'économie politique. Il nous montre quelles ont été les conséquences de l'adoption presque absolue de ce qu'on a coutume d'appeler les saines doctrines en administration, dans le pays du monde qui semblait le plus propre à les recevoir.

Les Américains se sont attachés au principe nouveau, de travailler à produire sans calculer le marché, et à produire toujours plus. Comme ils avaient derrière eux un immense continent, traversé par un nombre prodigieux de rivières navigables, leur population pouvait s'accroître, et s'étendre dans un pays toujours nouveau, presqu'aussi rapidement que leurs richesses; la terre ne leur coûtant presque rien, la rente des plus fertiles étant presque nulle, les produits croissans des champs semblaient toujours prêts pour acheter les produits croissans des villes; et la population croissante, et toujours richement récompensée pour son travail, semblait également prête pour acheter les uns et les autres.

Cependant le trait caractéristique du commerce des États-Unis, d'une extrémité du pays jusqu'à l'autre, c'est la surabondance des marchandises de tout genre sur les besoins de la consommation. Les Anglais surtout y envoient infiniment trop de toutes choses. Ils accordent d'assez longs crédits pour que tous les marchands, tous les détaillans, se chargent à leur tour de trop de marchandises. Leurs magasins sont toujours pleins beaucoup au-delà de toute possibilité d'écoulement; et des faillites journalières sont la conséquence de cette surabondance de capitaux mercantiles qu'on ne peut échanger contre un revenu. La dernière liste des débiteurs insolvables publiée à New-Yorck dans l'année 1817, contenait plus de quatre cents noms (1).

Des manufactures en très-grand nombre ont été déjà établies, surtout dans le cours de la

_____

(1) Fearon. p. 209.

dernière guerre; mais comme tous les perfectionnemens des machines y ont été introduits
dès leur origine, et comme ils acquièrent une
double importance dans un pays où la main-
d'œuvre est très-chère, ces manufactures n'emploient jusqu'à ce jour qu'un assez petit nombre d'ouvriers. Pittsbourg en Pensylvanie, la
plus importante ville manufacturière de tous
les États-Unis, et qu'on y désigne par le surnom
de *Birmingham américain*, n'emploie pour
quarante-un métiers divers, qui roulent sur un
capital de tout près de deux millions de dollars, que douze cent quatre-vingts ouvriers.
Cependant les manufactures y sont déjà dans
un état de grande souffrance; il n'y a plus
de proportion entre l'offre et la demande de
travail, et des réclamations sont adressées de
toutes parts au congrès, pour obtenir un système *protecteur* de douanes, semblable à celui
de l'Europe (1).

Mais la conséquence la plus remarquable de
l'accroissement si rapide de la population et de
la richesse en Amérique, et de la tendance de
toutes les institutions sociales à redoubler encore cette rapidité, c'est l'influence qu'a eue cette
folle enchère universelle sur le caractère moral

(1) Fearon, p. 206 et 299.

des habitans. La partie stationnaire de la nation, la partie conservatrice des anciennes habitudes, en a été totalement retranchée : il n'y a aucun Américain qui ne se propose uu progrès de fortune, et un progrès rapide. Le gain à faire est devenu la première considération de la vie ; et, dans la nation la plus libre de la terre, la liberté elle-même a perdu de son prix, comparée au profit. L'esprit calculateur descend jusqu'aux enfans, il soumet à un constant agiotage les propriétés territoriales; il étouffe les progrès de l'esprit, le goût des arts, des lettres et des sciences; il corrompt jusqu'aux agens d'un gouvernement libre, qui montrent une avidité peu honorable pour les places, et il imprime au caractère américain une tache qu'il ne sera pas facile d'effacer.

L'entreprise de quelques centaines de mille émigrans, qui sont appelés à peupler un beau pays, fait pour autant de centaines de millions d'hommes, est un événement tellement extraordinaire, ou plutôt tellement unique au monde, qu'on ne saurait ni prescrire des règles à suivre, ni blâmer ce qui paraît affligeant. Peut-être, dans le moment actuel, n'y avait-il pas autre chose à faire pour les Américains que ce qu'ils font. Mais ils ne commenceront à connaître toutes les vertus, toutes les hautes conceptions, toutes les nobles pensées des nations anciennement civilisées, que lorsqu'ils seront devenus, si ce n'est stationnaires, du moins plus lents dans leurs progrès; que lorsqu'ils auront un autre but que celui de peupler et de gagner. A la même époque, et lorsqu'il faudra modérer ce développement si rapide, ils souffriront cruellement, avant de se résigner à prendre une autre allure. C'est une grande et instructive expérience sur laquelle les vieilles nations doivent toujours avoir les yeux. Mais, en attendant, elles ne doivent pas perdre de vue qu'elles n'ont point les avantages des Américains; et ces avantages ne fussent-ils rachetés par aucun des inconvéniens qu'a remarqués M. Fearon, les vieilles nations ne doivent pas prétendre à une activité qui n'est point faite pour elles, et qui n'a point un champ si vaste pour s'y déployer.

On peut douter que le gouvernement doive encourager le commerce, de manière à le faire naître avant son temps, ou devancer l'agriculture; mais plusieurs économistes célèbres ont douté qu'il pût le faire, ou qu'il exerçât presque d'autre action sur lui que celle de lui nuire. En effet, la plupart des faveurs qu'il a accordées au commerce et à l'industrie, lorsqu'on les soumet au calcul, semblent devoir avoir un effet contraire à celui qu'il en attendait. Mais l'économie politique est, en grande partie, une science morale. Après avoir calculé le profit pour les hommes, elle doit encore prévoir ce qui agira sur leurs passions. Quelque dominés qu'ils soient par leurs intérêts personnels, il n'est pas vrai qu'il suffise de leur faire voir leur avantage, pour les déterminer à le rechercher. Les nations ont quelquefois besoin d'être secouées, en quelque sorte, pour être réveillées de leur torpeur. Le poids léger qui suffisait pour faire pencher la balance chez un peuple calculateur, ne suffit plus lorsqu'elle est rouillée par les préjugés et les longues habitudes. Alors, un habile administrateur doit quelquefois se résigner à laisser faire un perte réelle et calculable, pour détruire une vieille coutume, ou changer une prévention funeste.

Lorsque des préjugés enracinés ont abandonné au mépris toutes les professions utiles et industrieuses; lorsqu'une nation croit qu'il ne peut y avoir de dignité que dans un noble loisir; lorsque des savans eux-mêmes, entraînés par l'opinion publique, rougissent des applications utiles qu'on a faites de leurs découvertes, il devient peut-être nécessaire d'accorder à l'industrie qu'on veut créer, des faveurs tout-à-fait extraordinaires, de fixer sans cesse la pensée d'un peuple trop vif sur la carrière de fortune qui lui est ouverte, d'associer intimement les découvertes de la science à celles des arts, et de tenter l'ambition de ceux qui avaient toujours vécu dans l'oisiveté, par des fortunes si brillantes, qu'ils songent enfin à ce qu'ils pourraient faire de leurs richesses et de leur activité.

A ces efforts Adam Smith avait objecté, que le capital mercantile d'une nation est limité dans un temps donné, et que ceux qui en disposent, désirant toujours le faire valoir à leur plus grand avantage, n'ont besoin d'aucun stimulant nouveau pour être engagés à l'accroître, ou à le faire couler dans les canaux où il fructifiera le plus. Mais tout le capital d'une nation n'est pas mercantile. Le penchant à la fainéantise, que les institutions publiques ont nourri chez certains peuples, ne lie pas seulement les personnes, il enchaîne aussi les fortunes. La même indolence qui fait perdre à ces hommes leur temps, leur fait perdre encore leur argent. Le revenu annuel des fortunes nationales fait à lui seul un capital immense, qui peut être ajouté ou retranché à la somme qui nourrit l'industrie, et qui, en général, est d'autant plus constamment prodigué, qu'il serait plus à désirer qu'il ne le fût pas. Dans les pays du Midi, tandis que les capitaux ne suffisaient pas à une industrie dont la nation avait besoin, tous les revenus de la noblesse étaient dissipés chaque année dans un faste inutile. Mais il a suffi de rappeler les chefs des familles à l'activité, pour leur donner aussi des habitudes d'économie. Le grand seigneur français ou italien, devenu chef d'atelier, a donné en même temps une direction utile aux revenus de ses fonds de terre, et en ajoutant sa propre activité à celle d'une nation devenue plus industrieuse, il y a ajouté aussi toute la puissance d'une richesse qui reposait auparavant.

La torpeur d'une nation peut quelquefois être assez grande pour que la plus claire démonstration des avantages qu'elle retirerait d'une industrie nouvelle, ne la détermine jamais à la tenter. L'exemple seul peut alors réveiller l'intérêt personnel. L'industrie française a trouvé, dans le petit État de Lucques, plus de dix branches nouvelles, où elle pouvait se développer avec un grand avantage pour le pays autant que pour les entrepreneurs. La liberté la plus absolue ne suffisait point pour y faire songer. Le zèle et l'activité de la princesse Elisa, qui appela dans sa petite souveraineté plusieurs chefs de manufactures, qui leur fournit de l'argent et des logemens, qui mit à la mode les produits de leurs ateliers, rendit une activité bienfaisante à des hommes et des capitaux qui, sans elle, seraient à jamais demeurés oisifs, et fonda dans une ville en décadence, une prospérité qui n'a cessé que par l'action contraire du nouveau gouvernement.

Lorsque l'administration veut protéger le commerce, souvent elle agit avec précipitation et une complète ignorance de ses vrais intérêts, souvent avec une violence despotique qui foule la plupart des convenances privées, et presque toujours avec un oubli complet de l'avantage des consommateurs, dont le bien-être est identique avec celui de la nation. Cependant il ne faut point en conclure que le gouvernement ne fasse jamais de bien au commerce. C'est lui qui peut donner des habitudes de dissipation ou d'économie, qui peut attacher l'honneur ou le discrédit à l'industrie et à l'activité, qui peut tourner l'attention des savans vers l'application de leurs découvertes aux arts. Il est le plus riche de tous les consommateurs; et il encourage les manufactures, par cela seul qu'il leur donne sa pratique. S'il joint à cette influence indirecte le soin de rendre toutes les communications faciles, d'ouvrir des chemins, des canaux, des ports; de garantir la propriété, d'assurer une bonne justice; s'il n'accable point ses sujets d'impositions, et s'il n'adopte point, pour leur perception, de système désastreux, il aura servi efficacement le commerce; et son influence bienfaisante compensera beaucoup de fausses mesures, beaucoup de monopoles, beaucoup de lois prohibitives, en dépit desquelles, et non point à cause desquelles, le commerce prendra sous lui des accroissemens.

FIN DU QUATRIÈME LIVRE ET DU TOME PREMIER.

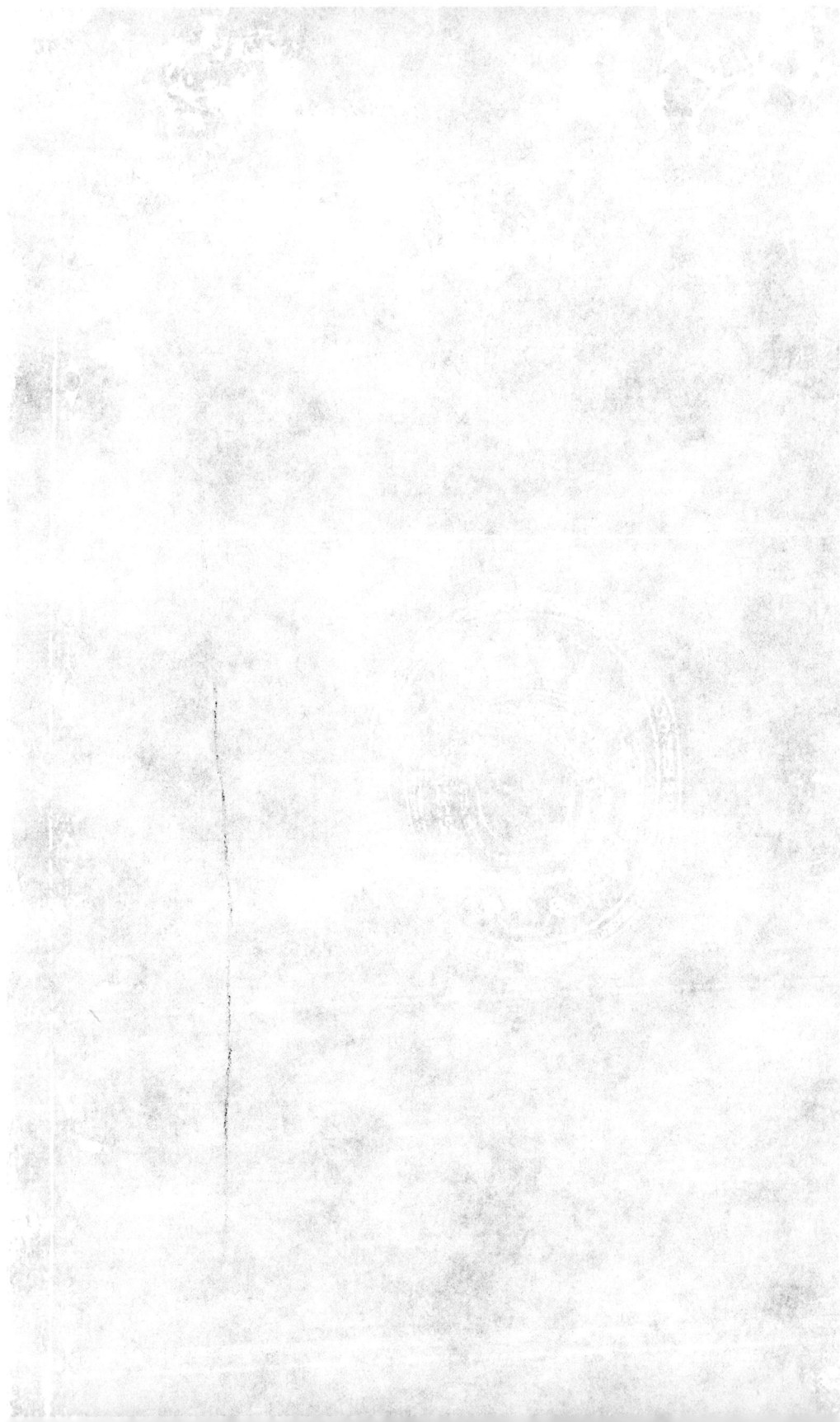

www.ingramcontent.com/pod-product-compliance
Lightning Source LLC
Chambersburg PA
CBHW060531220326
41599CB00022B/3494